高等职业院校学前教育专业融媒体系列教材

0~3岁婴幼儿家庭早期教养指导

教养护一体　课岗赛融通　知信行合一

主　编　王雁茹

编　委　芮秋琴　倪漪纹

翁倩青　陈梦源

ZHEJIANG UNIVERSITY PRESS

浙江大学出版社

·杭州·

图书在版编目（CIP）数据

0～3 岁婴幼儿家庭早期教养指导 / 王雁茹主编. 杭州 : 浙江大学出版社，2024. 7. -- ISBN 978-7-308-25150-1

Ⅰ. G781

中国国家版本馆 CIP 数据核字第 20240KC384 号

0～3岁婴幼儿家庭早期教养指导

0～3 SUI YINGYOU’ER JIATING ZAOQI JIAOYANG ZHIDAO

王雁茹 主编

策划编辑 黄娟琴 柯华杰
责任编辑 陈丽勋
责任校对 朱 辉
封面设计 林智广告
出版发行 浙江大学出版社
（杭州市天目山路148号 邮政编码 310007）
（网址：http://www.zjupress.com）
排 版 杭州林智广告有限公司
印 刷 杭州高腾印务有限公司
开 本 787mm×1092mm 1/16
印 张 12
字 数 245千
版 印 次 2024年7月第1版 2024年7月第1次印刷
书 号 ISBN 978-7-308-25150-1
定 价 49.00元

浙江大学出版社市场运营中心联系方式：0571-88925591；http://zjdxcbs.tmall.com

PREFACE

前　言

教育是国之大计、党之大计。党的二十大报告指出："坚持以人民为中心发展教育，加快建设高质量教育体系，发展素质教育，促进教育公平。""培养造就大批德才兼备的高素质人才，是国家和民族长远发展大计。"①托育是民生领域重点工程，婴幼儿照护服务不仅事关婴幼儿健康成长，也关系着千家万户的福祉与国家民族的未来。婴幼儿托育服务与管理专业是培养托育领域专业人才的支撑专业，托育领域专业人才属于高素质、复合型、技能型人才。

本教材为"岗课赛证"综合育人新形态教材，以培养婴幼儿托育服务与管理专业高素质复合型技术技能人才为宗旨，以典型工作任务、案例为载体组织教学单元，适应托育专业结构化、模块化课程教学需要，并配有丰富的视频资源、案例资源、习题资源，为学生自主学习、基于真实任务的情境化学习提供支撑。教材在编写过程中，坚持校企合作、工学结合、理实一体的理念，充分依托婴幼儿托育服务与管理专业教师教学创新团队平台，吸收学前专业教师、护理专业教师、托育机构教师加入教材编写团队，做到课程建设团队与教材编写团队相结合、校内校外相结合、学校与托育机构相结合。

本教材具有如下特色。

1. 立足育儿困境，养教护有效融合

本教材内容涵盖家长养育幼儿过程中常见的基本问题，围绕生活照

① 习近平. 高举中国特色社会主义伟大旗帜 为全面建设社会主义现代化国家而团结奋斗——在中国共产党第二十次全国代表大会上的报告[R]. 北京：人民出版社，2022：34，36.

护、疾病护理、教育三个模块展开，具体包括饮食、睡眠、如厕、护理、认知、语言、动作、情感、社会性等方面内容，有利于托育专业人员对家长进行有针对性的指导。

2. 任务驱动，产教融合

本教材以产教融合和成果导向教育（outcome-based education，OBE）理念为指导，在内容的选取上，旨在追求工作任务的典型性、工作过程的完整性、教材内容的适切性。针对典型任务进行工学结合的课程改革，对教材内容进行解构和重构。

3. 校企合作，多元开发

本教材注重行业指导，由托育机构教师、医院护理医师、高校教师三方合作开发教材，选取托育机构和医院婴幼儿护理的一手资料，确保教材内容在实践性、针对性、科学性等方面均有创新与突破。编写团队成员均为家长，具有养育婴幼儿的经验，也深知家长养育婴幼儿时所关心的问题。编写团队成员的双重身份使得本教材既具有科学性，又具有针对性。

本教材由宁波幼儿师范高等专科学校王雁茹副教授担任主编并进行全书的大纲制定与统稿工作，由宁波幼儿师范高等专科学校芮秋琴担任副主编，其他参编人员有宁波幼儿师范高等专科学校倪漪纹、翁倩青、陈梦源。编写分工如下：绪论、项目三任务三由王雁茹负责编写，项目一由芮秋琴负责编写，项目二由倪漪纹负责编写，项目三任务一、任务二由翁倩青负责编写，项目三任务四、任务五由陈梦源负责编写。

本教材在编写过程中参考与选用了大量全国医生、护理人员、一线学前教师的优秀案例，引用了国内外专家与学者的研究成果。在此代表编写组向各位专家、学者表示诚挚的谢意！由于编者能力和水平有限，教材中不可避免地会出现一些待斟酌之处，敬请同行专家和读者指正。

本教材系 2023 年浙江省产学合作协同育人项目（“互联网+”视域下托育专业教学内容与课程体系改革的研究与实践）成果；2024 年浙江省教育科学规划课题（项目编号：2024SCG137）研究成果；2022 年度宁波市产教融合“五个一批”双师型教师建设项目（“教、养、医”三位一体的托育专业“双师型”教师团队培养模式探索）成果；浙江省高职教育“十四五”第一批教学改革项目（项目编号：jg20230013）成果；宁波幼儿师范高等专科学校 2022 年新形态教材建设项目成果。

编者

2024 年 6 月

目 CONTENTS 录

项目二

婴幼儿疾病护理指导

项目三

婴幼儿家庭教育指导

绪 论

走进婴幼儿家庭早期教养

学习目标

1. 了解家庭早期教养的概念、功能及特点。
2. 理解影响家庭早期教养质量的因素。
3. 掌握婴幼儿家庭教养的实施方法。

内容图解

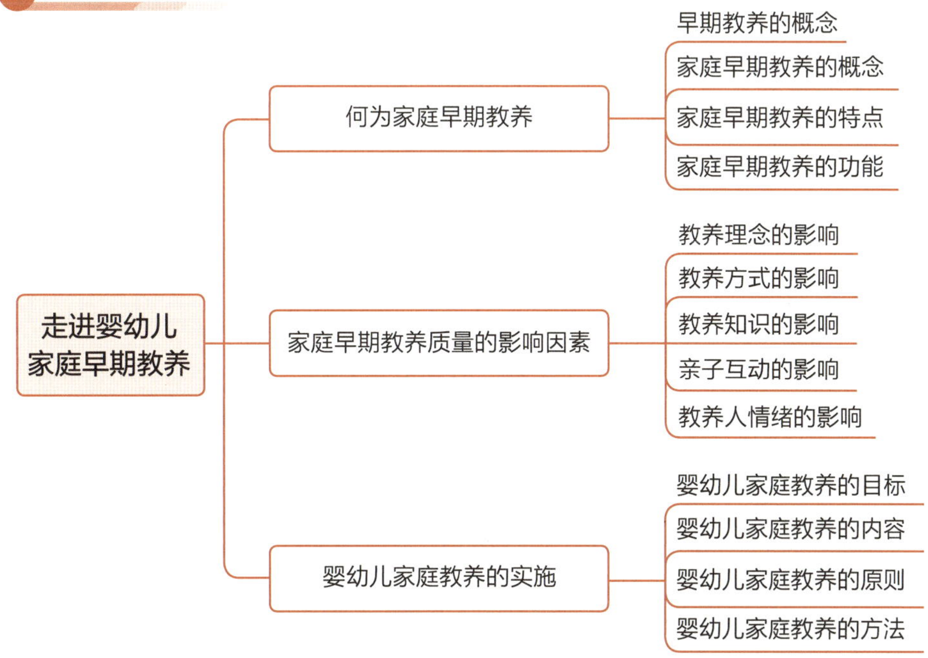

第 1 节　何为家庭早期教养

问题导入

皮克勒博士在对多国生活在育儿机构中的孩子进行研究时，发现了一个重要的问题——孤儿综合征。这个词是施皮茨博士发明的，描述的是在那些脱离家庭养育的孩子身上出现的、由身体或智力发育滞后所带来的非正常行为症候群。孤儿综合征通常会给孩子带来不可挽回的影响。这些孩子经常表现得较为被动、精神倦怠，并会为今后留下一些人格障碍的隐患①。

家庭早期教养的特点与功能

那些在孤儿院成长的孩子与家庭养育的孩子相比，哪些要素的缺失使其成长受限？

一、早期教养的概念

国内学者对早期教养这一概念尚未达成统一认识，有人采用“早期教养”，有人则使用“早期教育”。“早期教养”最初源于欧美，是指由专业人员为 0～8 岁儿童提供的服务项目，包含保育和教育两方面②。我国学者李娜认为，早期教养主要指早期教育和养育，早期教养兼具教育和抚养两种职能，二者的区分是相对的③。学前教育专家华爱华认为，早期教养中的“教”和“养”分别对应于心理发展和身体发育④。由此可见，早期教养实际上包含教育和养育两方面。从狭义上说，早期教养是针对 0～3 岁婴幼儿进行的教育和养育，具体来说是指在 0～3 岁婴幼儿的家庭中，父母或其他长辈等不同家庭成员对晚辈进行的教育和养育。

二、家庭早期教养的概念

关于家庭教养的概念，国内学者有不同看法，有的说成“抚养方式”，也有的称之为“养育方式”，甚至是“教育方式”。赵亚霞将家庭教养定义为父母或长辈在抚养、教育孩子的活动中通常使用的方法和形式，它是父母或长辈各种教养行为的特征概括，是一种相对稳定的行为风格⑤。泰勒认为，早期教养是指根据儿童的

---

① 嘉宝，约翰逊．美国 0～2 岁婴幼儿育养圣经 [M]．圣孙鹏，译．北京：化学工业出版社，2017：13.
② 陈向明．质的研究方法与社会科学研究 [M]．北京：教育科学出版社，2000.
③ 李娜．农村 3～6 岁幼儿早期教养的生态学研究 [D]．西安：陕西师范大学，2009.
④ 华爱华．早教实践中的六对关系 [J]．幼儿教育·教育教学，2008（7）：26-28.
⑤ 赵亚霞．基于人类发展生态学理论的白族农村地区 0～3 岁婴幼儿家庭教养研究——以云南省大理市七里桥镇为个案 [D]．昆明：云南师范大学，2006.

生理特点、发展规律并结合个体差异，用科学的教育方法，将教育和养育结合起来，促进儿童感知觉、动作、语言、思维的发生和发展[①]。张民生认为，教养关系是对应于身心关系的。“教”对应于心理发展，是对婴幼儿认知、情感、社会性等方面施加的有意识的影响；“养”对应于身体发育，是为了满足婴幼儿生存、生长的需要而采取的保障性措施[②]。总体来讲，家庭教养是父母在养育婴幼儿时使用的方法和形式，行为风格比较稳定[③]。

综上所述，我们将家庭早期教养定义为，父母或者主要抚养人为了应对0～3岁婴幼儿的发育和发展，所采取的教育及养育的固定行为方式。其中包括父母或者主要抚养人在教养过程中的认知、行为及情绪[④]。

三、家庭早期教养的特点

0～3岁婴幼儿身心发展的特殊性，决定了这个阶段的家庭教养有别于其他阶段。从早期教养的概念和教养活动的实践看，0～3岁婴幼儿家庭教养具有以下特点。

（一）保育先于教育的教养理念

婴幼儿家庭教养的出发点和落脚点在于促进婴幼儿生命个体的健康成长。它以“养”为基础，通过科学喂养促进婴幼儿身体正常生长发育，通过科学抚养培养婴幼儿良好的生活习惯，通过亲子陪伴、亲子互动拓展婴幼儿的生活经验，促进其动作、语言、认知、情感与社会性的发展。在家庭教养中，保育是前提和基础，教育是基于保育的发展与延伸。

（二）生活之中渗透学习的教养内容

婴幼儿家庭教养以一日生活为载体，是与婴幼儿全部生活融为一体的教养活动，教养的载体决定了婴幼儿教养内容具有在生活之中渗透学习的特点。婴幼儿在日常生活中通过吃、喝、拉、撒、睡、玩等环节学会基本生存技能，积累生活经验，学会与人相处，养成良好的习惯等。

（三）基于养育者特点的个别化教养方式

婴幼儿的养育以家庭为单位，养育者的学历、工作类型、性格特点、育儿理念、教养态度等均会对其教养方式产生影响。研究证明，婴幼儿行为和情绪问题的发生与家庭教养方式存在显著相关，与母亲的教养方式相关性最高。在亲子关

---

① Organization for Economic Cooperation and Development. Starting Strong II: Early Childhood Education and Care [M]. Paris: OECD Publishing, 2006.

② 张民生. 0～3岁婴幼儿早期关心与发展的研究[M]. 上海：上海科技教育出版社，2007.

③ 马鹏. 文化变迁视野下布依族0～3岁婴幼儿家庭教养观念研究[D]. 长春：东北师范大学，2019.

④ 薛晋阳. 0～3岁婴幼儿教养人早期教养问题的分析——基于互联网文本挖掘技术[D]. 上海：上海师范大学，2017.

系中，亲子互动越好，家庭教养的质量越高[①]。

四、家庭早期教养的功能

张民生指出，儿童早期教养不是对儿童进行简单的知识和技能训练，而是支持和促进婴幼儿发展的教养，包括情绪安全和依恋的发展、社交能力的发展、认知和语言的发展、动作的发展[②]。家庭早期教养主要对婴幼儿的身体发育、社会情绪、语言和认知产生影响。

（一）促进身体发育

20世纪90年代被称为“脑的十年”，它向世人证明了脑开发的重要性。在此基础上，神经生理学、心理学、教育生态学等研究不断深入，使得婴幼儿早期教养在人一生中的重要作用被越来越多的人认识。婴幼儿阶段如果没有得到良好的生活照料，成年之后容易体弱多病。诺贝尔经济学奖得主赫克曼对儿童早期投入与健康的研究表明，早期没有享受到来自家庭与社会的健康、营养和保健等方面的照料和服务的婴幼儿，成年以后会比得到精心照顾和养育的婴幼儿承担更高的疾病风险[③]。

（二）促进社会情绪发展

正确的家庭早期教养能够促进婴幼儿的社会情绪发展。托尔-古德曼等在研究中观察了父母对婴幼儿回应的敏感性及频率，发现父母对婴幼儿的敏感性越高、互动越频繁，婴幼儿的社会性发展就越好，并且父亲对婴幼儿的影响比母亲要高[④]。一项对美国1960年以来的123项研究的元分析结果得出，儿童早期保育与教育有助于个体认知和社会性发展，包括学业表现、自律、自我效能感、学习动机、教育期待、社会交往和亲社会行为等多个方面[⑤]。

（三）促进语言和认知发展

长期、系统的早期教养和潜能开发，能够促进婴幼儿智能的发展。良好的家庭环境会通过教养人的育儿方式，间接影响婴幼儿入园后的认知及行为发展。教养人员的学历水平会影响其育儿理念与育儿方式，教养人员对婴幼儿早期教育重要性的认识、对婴幼儿开展的教育引导、为婴幼儿成长提供的支持与帮助，均会影响婴幼儿的认知及语言发展。

---

① 边玉芳，梁丽婵，张颖．充分重视家庭对儿童心理发展的重要作用[J]．北京师范大学学报（社会科学版），2016（5）：46-54.

② 张民生．婴幼儿的早期科学教养对终身发展影响重大[J]．上海教育科研，2009（7）：1.

③ CAMPBELL F, CONTI G, HECKMAN J J et al. Early childhood investments substantially boost adult health [J]. Science, 2014, 343(6178): 1478-1485.

④ TOWE-GOODMAN N R, WILLOUGHBY M, BLAIR C et al. Fathers' sensitive parenting and the development of early executive functioning [J]. Journal of Family Psychology, 2014, 28(6): 867-876.

⑤ 池瑾，VELEZ E. 儿童早期发展的投资与干预：国际的实证依据[J]．基础教育，2017（5）：11-22.

第 2 节　家庭早期教养质量的影响因素

家庭早期教养质量影响因素

对家庭早期教养质量影响最大的因素有以下五种：教养理念、教养方式、教养知识、亲子互动（或者亲子关系）与教养人情绪。

一、教养理念的影响

孩子的人格特质很大一部分是在生命的最初三年形成的，他们的世界观也在这一阶段奠基。嘉宝等在《美国 0～2 岁婴幼儿育养圣经》中说尊重是育养自信宝贝的关键。尊重指认同、怀有敬意、克制干预的冲动。尊重孩子意味着接纳、欣赏、爱孩子本来的样子，不对他们强加过分的要求，意味着给孩子时间、空间和爱，支持他们做自己，并用自己独特的方式探索世界，意味着努力从孩子的角度去看问题。幼儿育养法关于尊重的理念，可以帮助孩子形成真诚的品格。父母实践尊重的方法要遵循以下原则：①相信孩子是一个行动者、探索者和自我学习者；②为孩子提供的环境要安全，有可以辨识的挑战和兴奋点；③为孩子提供不受打扰的玩耍时间；④使孩子可以自由地探索，并与其他孩子互动；⑤照料孩子的各种行为要让孩子有参与感，而不仅仅是被动接受；⑥应有敏锐的观察力，理解孩子的各种需求；⑦对孩子的限制和期望要清晰一致，以便形成规矩[①]。

二、教养方式的影响

不同的家庭教养方式会对孩子产生不同的影响。阿林德尔根据人格特征倾向将家庭教养方式分为温暖型、过度保护型和拒绝型三种：温暖型教养方式指父母能及时、敏锐地感知和回应子女的需要，给予子女充分的关爱、支持与理解，鼓励独立自主的能力培养；过度保护型教养方式指父母过度关注和控制子女的日常生活行为，过分给予保护而影响子女独立性发展的倾向；拒绝型教养方式指父母对子女过分严厉、过多责备惩罚，对子女的情感支持匮乏[②]。斯滕伯格指出，无论社会种族和社会经济地位，以接纳、民主、温情为特征的教养方式是促进青少年社会情感能力提升的主要途径[③]。斯金纳的研究认为以过度保护为特征的教养方式

① 嘉宝，约翰逊. 美国 0～2 岁婴幼儿育养圣经 [M]. 圣孙鹏，译. 北京：化学工业出版社，2017：3.

② ARRINDELL W A, SANAVIO E, AGUILAR G et al. The development of a short form of the EMBU: Its appraisal with students in Greece, Guatemala, Hungary and Italy [J]. Personality and Individual Differences, 1999, 27(4): 613–628.

③ STEINBERG L, DARLING N E, FLETCHER A C. Authoritative parenting and adolescent adjustment across varied ecological niches [J]. Journal of Research on Adolescence, 1991, 1(1): 19–36.

将阻碍学生心理情绪的成长[①]。

三、教养知识的影响

教养人育儿知识的增加会对其教养行为和教养观念产生影响，并且能够直接或者间接地影响婴幼儿的各项发展。家长在教养婴幼儿时，往往存在以下几方面的困惑：生活照料类，包括营养饮食、身体发育及疾病预防三个方面；认知思维类，包括认知能力和才艺训练两个方面；亲子互动类，包括玩具选择、行为解读与亲子游戏三个方面；社会情绪类，包括习惯养成与入园适应两个方面[②]。如果给婴幼儿的母亲一段时间的早期教养指导，母亲的教养素质会得到提升，并且母亲的情绪变化以及母亲和婴幼儿之间的亲子关系质量将影响婴幼儿各方面的发展。

四、亲子互动的影响

亲子互动是指在共同生活的家庭情境中，养育者和0～3岁婴幼儿之间通过言语、行为、表情、情绪等形成相互回应、相互影响、相互作用的动态过程，具有血缘性、长期性、稳定性和情感性的特点。研究表明，教养人与婴幼儿在一起的时间越长，互动越多，越有利于婴幼儿的身心健康发展。帕普的研究证明了母乳喂养并不能直接对婴幼儿的发展产生影响，而是通过喂养中母亲和婴幼儿的互动关系来影响婴幼儿身心发展的[③]。

五、教养人情绪的影响

教养人的情绪在育儿中多数时间是作为中间变量影响婴幼儿发展水平的。如果教养人的教养知识比较丰富、系统，就会较少地感到焦虑，保持比较稳定的情绪，这种稳定的情绪有利于其更好地与婴幼儿互动，关注婴幼儿的需要，给予婴幼儿有效的回应。母亲的情绪变化对婴幼儿的情绪、睡眠、行为都有直接关系，并且婴幼儿具有超强的模仿能力，而情绪是容易相互传染、相互影响的，同时母亲的情绪也直接关系到亲子关系的好坏[④]。

---

① SKINNER E, JOHNSON S, SNYDER T. Six dimensions of parenting: A motivational model [J]. Parenting: Science and Practice, 2005, 5(2): 175-235.

② 于真. 0～3岁婴幼儿家庭教养需求分析及社区指导方案建构——以入户指导为例[D]. 上海：上海师范大学，2016.

③ PAPP L M. Longitudinal associations between breastfeeding and observed mother-child interaction qualities in early childhood [J]. Child: Care, Health and Development, 2014, 40(5): 740-746.

④ 陈桂香. 母亲因素对婴儿早期教养的影响分析[J]. 中国医药指南，2012，10(18)：583-584.

第 3 节　婴幼儿家庭教养的实施

问题导入

在美国历史上有两个“声名远播”的家族，分别是爱德华家族与麦克瑟家族。爱德华家族的始祖爱德华是一位治学严谨、成就卓著的哲学家。他非常注重家庭教育，建立起一套完善的培养孩子的模式。爱德华家族八代，培养出了 13 名大学校长、100 多位教授、60 多位医生、80 多位文学家、20 多位议员、一位大使，甚至还有一位副总统。而麦克瑟家族的始祖是个酒鬼，常常酗酒，目无法纪，对子女疏于教育。家族八代中出了 300 多个流浪汉，7 个杀人犯，60 多个诈骗犯、盗窃犯，还有 40 多人死于酗酒械斗。两个家族会有如此大的差异，与其对家庭教育的重视程度密切相关。家庭教育、家庭氛围会对子女的成长产生至关重要的影响。家庭教养具有共同的原则和普适性的方法，本节主要介绍婴幼儿家庭教养的目标、内容、原则与方法，从家庭教养的目标与内容出发，明确家庭教养的出发点与需要瞄准的目标、家庭教养需要关注的几方面内容，以及婴幼儿家庭教养的原则与方法，为婴幼儿的抚养者提供家庭教养理论指导。

婴幼儿家庭教养的目标

一、婴幼儿家庭教养的目标

家庭教育与学校教育相比，没有明确的目标、流程或规范，我们应该引导家长在育儿过程中树立一定的家庭教养目标。

（一）促进孩子身心健康

关注儿童早期的身心健康是家庭教养的一条永恒真理，任何时代都不容忽视。没有了身心健康，一切教育都将成为无源之水、无本之木。孩子拥有健康的身体和心理是父母养育孩子最重要、最核心的目标。健康对每个人来说都是头等重要的大事，它包括身体健康和心理健康两个方面，是一种在身体上和精神上的完满状态及良好的适应力。婴幼儿期是人的一生中最稚嫩的年龄阶段，也是身体发育和机能发展极为快速的时期。婴幼儿生理发育的特点决定了他们在生活上离不开成人的保护和照顾。同时，婴幼儿期也是人一生中心理发展最为迅速的时期，人的各种心理现象都在这一时期初步形成并逐步发展。儿童心理发展的多个关键期也在婴幼儿时期，错过了儿童心理发展最迅速、关键的时期，心理发展的某些问题就难以弥补。

（二）促进孩子学会生活

家庭教养在生活中进行，它的终极目标就是教会孩子生活，使其掌握生活的基本技能，能够在生活中不断获得成长。首先，父母要教会孩子卫生的生活规范，根据符合时代要求的卫生与健康的基本常识，在家庭生活中培养孩子的生活规范，引导孩子在生活中学会自我清洁卫生、饮食卫生、环境卫生。其次，父母要引导孩子掌握健康的生活方式，在睡眠、饮食和运动等方面，能够以身示范、有效引导，从而确保孩子睡眠充足、饮食有节制、喜爱运动。最后，父母要培养孩子自理的生活技能。在生活中，父母要有意识地培养和训练孩子的生活技能，使孩子养成吃、喝、拉、撒、睡等一般自理能力和遵守交通规则、防走失、防拐卖、安全逃生等安全自理能力。

（三）促进孩子认知发展

随着孩子年龄的增长，父母的家庭教养重心要逐渐从“养”转移到“教”。在孩子 2 岁以后，父母要更加关注如何提升孩子的专注力、记忆力、想象力，促进语言发展。父母要促进孩子认知发展，首先要丰富孩子学习的生活经验，为他们今后的学校学习奠定基础。父母可以为孩子在运动、认知、情绪控制、与人交往等方面提供丰富的生活经验，通过早期引导促进婴幼儿感知觉、注意、记忆、思维、想象等能力的发展。

（四）初步培养孩子的良好习惯

习惯是靠后天养成的，习惯的培养是个终身的过程，孩子的年龄越小培养习惯就越容易。正如俄罗斯教育家乌申斯基所言：“良好的习惯是人在其精神习惯中所存放的‘道德资本’，这个资本会不断地增长，一个人毕生就可以享用它的‘利息’……坏习惯在同样的程度上就是一笔道德上未偿清的债务了，这种债务能以不断增长的利息折磨人，使他最好的创举失败，并把他引到道德破产的地步……”[①]可见，培养孩子良好的习惯是家庭教养的重要目标。

（五）涵养孩子的情绪管理能力

具有较强情绪感知、控制能力及表达能力的孩子往往拥有较高的情商。父母要引导孩子学会体察他人的情绪、控制自己的情绪和表达自己的情绪。首先，父母可以通过丰富的家庭生活培养孩子对情绪的预测能力。其次，父母要培养孩子正确体察、理解情绪的能力，在生活中可以通过和孩子一起观察、感受等方式培养孩子体察自己与别人的情绪，并通过与孩子讨论培养孩子理解情绪的能力。再

① 乌申斯基. 人是教育的对象 [M]. 郑文樾，译. 北京：人民教育出版社，1989：181-187.

次，父母可以引导孩子根据情景和行为的可能结果培养控制情绪的能力。最后，父母可以通过示范、指导、讨论等方式，提升孩子正确表达情绪的能力[①]。

（六）培养孩子的语言能力

语言在婴幼儿认知与社会性发展过程中起着重要作用。人在社会中生存，必须掌握语言这一基本的沟通工具，通过语言交流来了解别人、表达自己。0～3岁是儿童语言发展的关键期，父母与孩子的语言交流可以促进婴幼儿的语言发育。父母的受教育程度、教养方式、沟通策略、与儿童沟通中的情绪状态及家庭经济状况都会对儿童的语言发展产生影响[②]，父母的语言输入特点直接影响儿童的语言发展。

二、婴幼儿家庭教养的内容

婴幼儿家庭教养的内容

目的决定内容，内容是保证目的实现的必要条件。儿童早期教养内容具有包罗万象、丰富而全面的特点。婴幼儿从一个生物人变成一个社会人所要学的东西都应该纳入早期教养的内容。简言之，所有促进婴幼儿身心健康的保教活动都可称为早期教养内容。美国社会心理学家克劳森在其主编的《社会化与社会》一书中，对在童年期社会化过程中家庭教育的目的和做法做了概括，具体包括：①哺乳和照料；②通过培养大小便习惯、断奶、喂固体食物等来对儿童的生理需要加以训练和引导，最终使儿童符合言语化准则的要求；③对儿童进行训导并为其提供机会，使其锻炼身体，练习语言表达，增强认知和社交等方面的能力，以保证他们的安全，发展他们从事自主性活动的潜力；④使儿童适应其周围亲属、邻居、社区和社会机构等纷繁多样的环境；⑤向儿童传递社会目标和价值准则，使儿童朝着父母和社会期望的目标发展；⑥培养儿童待人处世的本领、关心他人的情感并对他人的情感做出反应；⑦指导、纠正并帮助儿童制定自己的目标，计划自己的行动[③]。

《中国大百科全书（第二版）》中也提到儿童社会化的内容，具体包括：①基本生活技能教育；②促使自我观念发展；③养成良好的生活习惯；④培养良好的道德品质；⑤培养社会角色。

我们将婴幼儿家庭教养内容分为以下几个方面。

---

① 殷飞．班主任的家校沟通[M]．上海：华东师范大学出版社，2013.

② 黄河清．家庭教育学[M]．上海：华东师范大学出版社，2014：113.

③ CLAUSEN J A. Socialization and Society [M]. Boston: Little Brown and Company, 1968: 139-141.

（一）身心健康方面[①]

1. 为婴幼儿提供营养均衡、卫生健康的饮食

抚养人应为婴幼儿提供各种健康食物，如谷物、蔬菜、水果、肉、奶、蛋、豆制品等，做到粗细搭配、荤素搭配合理，使用健康的烹调方式，保证提供给婴幼儿的食物是卫生健康的。

2. 保证婴幼儿每日充足的睡眠

睡眠是保障身体健康的方式之一。睡眠不但能消除疲劳，也能锻炼大脑的抑制功能，特别是能使婴幼儿大脑的兴奋和抑制两种基本神经过程逐步得到平衡。

3. 为婴幼儿营造温暖轻松的心理环境

抚养人要经常保持积极愉快的情绪状态，以积极乐观的情绪影响婴幼儿。抚养人是婴幼儿在家中接触最多、对婴幼儿影响最大的人，是婴幼儿生活中的重要他人，抚养人的情绪状态会直接影响幼儿情绪的稳定。

4. 引导婴幼儿学会正确表达情绪

情绪在婴幼儿的心理活动中起着非常重要的作用。婴幼儿的行为充满情绪色彩，不稳定、波动大、外露是婴幼儿情绪的典型表现，这些特点与婴幼儿的心理机能（记忆、想象、思维、自我意识等方面）发育不完善有关，所以，婴幼儿常常表现出一些不良情绪。

5. 引导婴幼儿的社会性发展

社会性发展是婴幼儿心理发展非常重要的方面，包括社会性情感的发展、社会性认知的发展与社会性交往行为、能力和人际关系的发展等。抚养人对婴幼儿要持有温暖、关爱、支持、接受和尊重的基本情感态度，与婴幼儿建立相互接纳、相互关心的情感联系。抚养人对婴幼儿温暖、关心、支持的情感态度会对其社会性发展产生较大影响。此外，抚养人还要引导婴幼儿在生活中实践，帮助婴幼儿将所学的社会知识、行为规范与自身实际行为联系起来，并通过自身言行为婴幼儿提供示范，促进婴幼儿的社会性发展[②]。

（二）良好习惯方面

1. 培养婴幼儿良好的生活卫生习惯

婴幼儿良好的生活卫生习惯包括：①良好的饮食习惯，即不挑食偏食，不贪吃零食，定时定量进餐，每天吃早餐，每天喝豆浆或牛奶，餐餐吃蔬菜和水果，

---

① 程秀兰. 基于实证视角的幼儿教育本质特征研究[D]. 西安：陕西师范大学，2013.
② 庞丽娟，颜洁. 论教师指导儿童社会性发展的原则[J]. 学前教育研究，1997（3）：15-21.

吃粗粮和多种食物，少喝饮料，多喝白开水；②良好的睡眠习惯，即按时作息，保证充足睡眠，不赖床，假日不过分熬夜，适当午休；③良好的卫生习惯，即饭前便后洗手，早晚刷牙，生吃瓜果要洗净，不吃手指，着装卫生，玩具卫生，保持学习活动环境卫生，不乱扔果皮纸屑等。

2. 培养婴幼儿文明礼貌习惯

语言具有表达思想、情感和要求的功能，是人际交往中必不可少的交流工具，掌握文明礼貌用语对于每一个人来讲都很重要。家长要对婴幼儿进行语言训练，使儿童养成文明礼貌的习惯，要告诉儿童在什么场景下应该使用什么语言；家长还要对孩子进行行为训练，并为儿童做表率。

3. 培养婴幼儿良好的交往习惯

培养婴幼儿良好的交往习惯包括能主动、自信地与同伴交往，愿意谦让和分享，会合作与竞争等。家长要多为婴幼儿提供与同伴交往的条件和机会，指导婴幼儿学习交往的基本规则和技能。

4. 培养婴幼儿良好的劳动习惯

家长要鼓励儿童从小适当参与劳动，这不但有利于婴幼儿的身体发育，有利于培养婴幼儿尊重他人劳动成果的意识，而且还能帮助婴幼儿克服“自我中心化”的思维倾向，从小培养平等的观念。婴幼儿可以从事的劳动包括自我服务性劳动，如收拾玩具图书、清洗自己的小手绢、摆放自己的衣物等；力所能及的家务劳动和幼儿园劳动，如帮助妈妈取牛奶、报纸，扔垃圾，收拾玩具、分发碗筷、摆放桌椅板凳等。

（三）认知发展方面

1. 培养婴幼儿的想象力

培养婴幼儿丰富的想象力是每个家长的重要职责。由于婴幼儿不会受到已有经验的约束，因此，其想象力十分丰富、天真，如天马行空。这种想象力对于激发孩子的好奇心和求知欲，发展其智力有重要意义。家长可以利用实物、图片、游戏等有意识地引导孩子进行观察、比较和感受，通过丰富孩子的语言促进其想象力发展，通过丰富孩子的生活助其积累表象。

2. 培养婴幼儿的注意力

注意是儿童一切心理活动如认知、记忆、想象等开展的基础。婴幼儿的注意力持续时间较短，以无意注意为主，父母在育儿过程中要通过有效陪伴、激发兴趣、培养独立性、排除干扰等方式培养孩子的注意力。

3. 培养婴幼儿的观察力

观察是婴幼儿认识世界的主要途径，是人们获取知识的必要条件。婴幼儿期属于观察力形成的重要时期，这个时期孩子的观察呈现出目的性差、概括性低、持续时间短、无顺序等特点，家长可以通过言语指导、示范、提问等方式培养孩子的观察力。

4. 培养孩子的记忆力

记忆是大脑对已经感知或经历过的事物的反映，是人们识记、保持和恢复过去经验的一种能力。记忆力的强弱直接影响孩子的智力。家长可以通过日常生活事件的回忆、亲子游戏等培养孩子的记忆力。

（四）语言发展方面

婴幼儿期个体社会化主要是通过与家庭环境的相互作用实现的。多因素分析显示，家长的受教育程度与幼儿词汇发育有关，也会影响与孩子语言交流的数量和质量。为了促进孩子语言发展，家长要努力提升自身文化素养，科学育儿，可以通过向孩子指认事物、教孩子学儿歌、给孩子讲故事等方式促进孩子词汇量的积累，以及理解能力、表达能力的提升。

三、婴幼儿家庭教养的原则

婴幼儿家庭教养的原则

婴幼儿的家庭教养不仅需要适切的教养目的与教养内容，也需要科学的教养原则与教养方法。父母作为孩子的第一任老师，需要不断学习，遵循家庭教养的原则，掌握家庭教养的方法，为孩子以后步入社会奠定坚实基础。

家庭教养原则是指在实施家庭教养过程中必须遵循的具有普遍指导意义的原理和要求。它是在长期的家庭教养实践中形成的，既是家庭教养实践的经验总结，也是家庭教养规律的反映。家庭教养原则指导着家庭教养过程的各个方面，贯穿家庭教养的全过程，对家庭教养计划的制订、内容的选择和方法的确定等都有重要的指导作用。

（一）科学性原则

家庭教养的科学性原则是指父母在育儿过程中要遵循科学的养育观对婴幼儿施加影响。父母要把握婴幼儿身心发展规律，根据年龄特点予以科学教养。婴幼儿的身心发展有顺序性、阶段性、差异性、不平衡性，父母在育儿中要遵循规律，要认识到婴幼儿发展的个体差异性，不可盲目攀比、用过高的标准要求孩子，使婴幼儿对自己的能力丧失信心。父母还需要具备一定的喂养知识、保育知识、护理知识、教育知识，在专业知识的引领下科学教养婴幼儿。

（二）一致性原则

家庭教养的一致性原则是指家庭成员在育儿过程中要坚持统一标准，用一致要求对待幼儿。一致的标准与原则有助于儿童形成良好的习惯与人格，能够在父母的统一要求中形成规则意识，知道什么可为、什么不可为以及为什么不可为。父母教育思想一致、对孩子的要求一致、培养目标一致，就会形成教育合力。如果家庭成员在育儿过程中观念不一、标准不一，往往会使儿童无所适从，久而久之迫使儿童学会用不同的招数对待不同的家人以达成自己的目的。比如，有些孩子要家长买玩具，若妈妈不答应，便跑到爸爸跟前哭闹，一哭闹爸爸便答应给他买，久而久之，孩子知道想要礼物只需要在爸爸跟前哭闹即可达到目的。这样的教养原则不利于孩子形成克制、坚毅的性格，也削弱了妈妈的威严。

（三）示范性原则

孩子在成长过程中会耳濡目染地学习父母的言行举止和为人处世之道。因此，想让孩子成长为什么样的人，父母自己首先要做到，以身示范，做孩子成长路上的引路人，做孩子成长的榜样。在现代社会，沉迷网络的小孩越来越多，他们不能控制自己的上网时间、游戏时间，不能自主安排作业时间、睡觉时间，究其原因，是父母在育儿过程中，往往手捧手机做“低头族”，没有给孩子良好的示范，却要求孩子自律，不沉迷网络世界，这样是没有效果的。父母要想让孩子养成良好的学习习惯，自己首先要保持学习的状态，和孩子一起学习、一起看书，营造良好的学习氛围，为孩子起到榜样示范作用。

（四）因材施教原则

父母作为孩子的教养人，是孩子最亲密的人，是最了解自己孩子的人，因此父母对孩子的教养要基于自家孩子的特点、发展阶段，不可盲目对比、盲目借鉴，用过高或过低的要求去评判孩子。很多父母迷恋别人成功的育儿经验，殊不知，一个人的成功取决于诸多因素，比如孩子的智商、情商、意志力，家庭环境，养育者的学识，家庭的经济社会地位等，所以没有一个人的成功是可以完全复制的。很多父母喜欢将自家孩子与别人家的孩子比较，导致孩子从小就有一个敌人，那就是别人家的孩子。孩子总觉得自己不够优秀，因此产生自卑，甚至自我怀疑，对自己不能形成客观、全面、正确的认识。父母对孩子的教育要根据自家孩子的爱好、兴趣、特长，基于自家孩子的特点有的放矢，懂得欣赏自家孩子的长处，弥补孩子的短板，使其自信、阳光、健康地成长，让孩子做孩子自己，欣赏自己、认可自己、充实自己，做一个有享受幸福的能力的人。

（五）生活教育原则

19 世纪瑞士著名教育家裴斯泰洛齐认为，家庭教育就是要本着生活的原则进行，即不要刻意地追求、实现预期的教育目标，而是要从日常生活中活跃儿童的思维，锻炼其各种能力。一切家庭教育的基础既不应该是书本，也不应该是人为制定的教学法，而应该是生活本身。热爱生活并善于从生活中汲取营养才是明智的家庭教育。裴斯泰洛齐的小说《林哈德与葛笃德》中的母亲葛笃德就是一位典型的生活教师，她教孩子们学说话、认识事物的名称、学会感恩等，既不依赖于特定的教学方式，也不靠书本，而是本着对孩子真挚的情感表达，本着真实生活的自然流程。生活教育原则不仅适用于儿童的道德发展、智力培养，对儿童各种能力的开发也具有重要的价值。符合自然发展顺序的道德教育起源于家庭生活和父母、亲人的情感，儿童道德品质的形成不是通过言语说教，而是通过在实际生活中对爱的感知。父母真挚的爱成就着有德行的孩子。生活是儿童道德情感形成的中介，比如在生活中体会穷人的苦难，孩子才能产生怜悯之心；在家庭生活中，儿童的感觉器官受到直接的刺激，这种刺激激发着他们对各种事物留下印象、产生看法，家庭生活环境是智育的起点①。

四、婴幼儿家庭教养的方法

家庭教养方法是对家庭教养实践经验的概括与总结，是实现家庭教养目的、完成家庭教养任务、联系教养者与被教养者的手段。家庭教养方法的选择与运用是实施家庭教养的必要条件。家庭教养是一个长期过程，父母要尽可能学习多种教养方法并灵活运用。下面我们将介绍几种最常用的教养方法。

婴幼儿家庭教养的方法

（一）言语说服法

言语说服法就是通过摆事实、讲道理，用语言教导婴幼儿，使孩子明辨是非，提高认识与觉悟。

在养育婴幼儿时，父母最常用的是说服教育方式，通过与孩子一起讨论、有效沟通，讲解事情的道理与父母的用意，提高孩子对某一事件的认识。这一方式有利于孩子理性分析问题，让孩子充分感觉到被尊重、被信任，认识到自己是家庭中重要的一员，有利于形成良好的亲子关系。例如孩子哭闹着要玩具时，父母不是通过打骂、斥责、抱怨的方式来制止，而是告诉孩子为什么不给他买，如果他非常想要，应该如何与父母沟通，怎样解决问题。这种说服教育方式可以增进小孩对事情的分析理解能力，也会引导他采用良好的沟通方式来表达诉求。在使用中，父母可以根据具体情境及孩子的表现采用“说理”“不理睬”“问答”“随机诱导”等方式。

① 张亚丽. 裴斯泰洛齐家庭教育思想及当代启示[D]. 哈尔滨：黑龙江大学，2018.

（二）环境熏陶法

环境熏陶法是指父母有意识地创造美好、和谐、轻松愉悦的家庭生活环境，使置身其中的孩子潜移默化地受到影响的一种教养方法。此种方法有利于培养孩子良好的生活习惯，涵养孩子正确的价值观及思想品德，使其发展成为社会所需要的人。

家庭环境对孩子的影响是无形的，好的家庭环境有利于孩子形成正确的价值观、良好的生活习惯与思想品德，德智体美劳全面发展，成长为社会需要的人。父母要为孩子的成长营造良好的环境，这里的环境既包括物质环境，也包括精神环境。过去70年，英国科学家研究了成千上万个小孩的生活，想找出为何有些小孩会健康快乐地成长，而另外一些过得很艰苦，科学记者皮尔森在TED（科技、娱乐、设计的英语缩写，是美国的一个环球会议）演讲中分享了这一研究结果。研究发现，那些出生在贫穷家庭的孩子日后更可能走上一条艰难的人生道路，孩子早期的生活环境对其余生会产生深远的影响，所以父母应该尽可能为孩子的成长营造比较富裕的物质环境。研究还证明，从小拥有负责任、关心孩子的父母，会对孩子今后在学校有好的表现有很大作用。

父母要努力为孩子营造温馨、轻松、和谐、爱学习的家庭氛围，在这种家庭氛围中成长的孩子更可能形成开朗的性格，富有爱心、进取心，具有良好的道德品质与行为习惯。

（三）表扬激励法与批评惩罚法

表扬激励法就是父母通过赞许、表扬、奖励等方式激励孩子表现出好的思想品德、好的行为表现，使孩子明确自己的优点、长处和进步，进一步保持、巩固、发展自己的优点与长处。父母运用表扬激励法要实事求是、具体明确、恰如其分，使孩子知道自己为什么受表扬，在今后的生活中继续发扬，并对自己的能力、个性等做出恰当的自我评价，帮助孩子形成正确的自我意识。父母对孩子好的行为的表扬要及时，要以精神激励为主、物质激励为辅，奖励的同时要结合言语说服教育，使孩子知道自己为什么被奖励、哪些地方做得好需要继续保持，最终使孩子不断追求进步。

在育儿过程中，父母有必要对孩子的不良行为、不良思想进行必要的批评惩罚。在使用批评惩罚法时父母要以爱心为基础，批评的目的是让孩子改正错误，而不是方便父母自己发泄不满情绪。批评要就事论事，要客观公正，要适时适度。过度的批评惩罚会引起孩子的逆反，不利于亲子关系的构建。父母在惩罚婴幼儿时要避免使用体罚，体罚会使父母在孩子心目中的威信降低。父母可以通过强迫婴幼儿接受不想要的或剥夺他们想要的来使他们意识到犯错之后需要接受惩罚，从而避免不良行为的再现。父母要正确运用“自然后果惩罚法”，使孩子有机会感受自己行为带来的不良后果，从而能够改正错误、纠正过失。

（四）实践锻炼法

实践锻炼法是指父母根据孩子的发展水平鼓励孩子开展力所能及的实践活动，从而培养孩子独立自主的意识及实践操作的能力，使其养成良好品德和行为习惯的方法。在家庭生活中，父母可以根据孩子各年龄阶段的身心发展特点，鼓励孩子参与不同的实践活动。如父母可鼓励孩子自己吃饭，自己洗小袜子、小手帕，自己收拾玩具，帮忙分发碗筷等，通过参与日常生活中力所能及的事情培养孩子的自主意识、自主能力，意识到自己是家庭的一分子，感受到自己的能力与力量，从而养成喜欢劳动、乐于实践的良好习惯。父母在孩子的实践过程中要进行有必要的指导与示范，并做好表率，鼓励孩子不断体验，形成良好的习惯与能力①。

课后练习

对实习机构的其中一位小朋友进行跟踪观察，对其家人开展访谈，剖析影响家庭早期教养质量的因素是什么，并设计改进方案。

① 黄河清. 家庭教育学 [M]. 上海：华东师范大学出版社，2014：132.

PROJECT 1 项目一

婴幼儿日常护理指导

项目导学

婴幼儿自母亲子宫内娩出，就开启了生命的历程。0～3岁是生命较脆弱的时期，处在这个阶段的婴幼儿还没有自理能力，需要完全依赖成人的陪伴与呵护。随着人们生活水平的提高，婴幼儿开始成为家庭最核心的部分，爱子心切的父母，往往因经验及相关知识的不足，而感到焦虑与无措。如何做到科学养育一直是困扰很多家庭的难题。照料0～3岁婴幼儿使其健康成长对未来社会的建设和延续发展起着重要作用，不仅对婴幼儿的生长发育关系重大，而且对其日后的社会心理发展也会产生深远的影响，是他们成年后心理健康的起点，重要性不言而喻。2019年5月国务院发布的《关于促进3岁以下婴幼儿照护服务发展的指导意见》提出，要发展0～3岁婴幼儿照护服务，建立0～3岁婴幼儿照料服务体系，其中包括政策法规、标准规范和服务供给等方面。这是首个国家层面的官方正式文件，标志着我国0～3岁婴幼儿照料事宜已经上升到国家战略层面，受到全社会的关注。尽管国家提出了相应的指导意见，但是在家庭中具体可以参照执行的意见是缺失的，且0～3岁婴幼儿照料的社会服务供给还不够充分，主要还是依赖家庭的参与。本项目旨在使学生掌握婴幼儿生长发育、喂养、睡眠等的指导方法。

学习目标

1. 掌握婴幼儿生长发育指导。
2. 学会婴幼儿喂养指导。
3. 掌握婴幼儿睡眠指导。
4. 了解婴幼儿其他日常问题指导。

内容图解

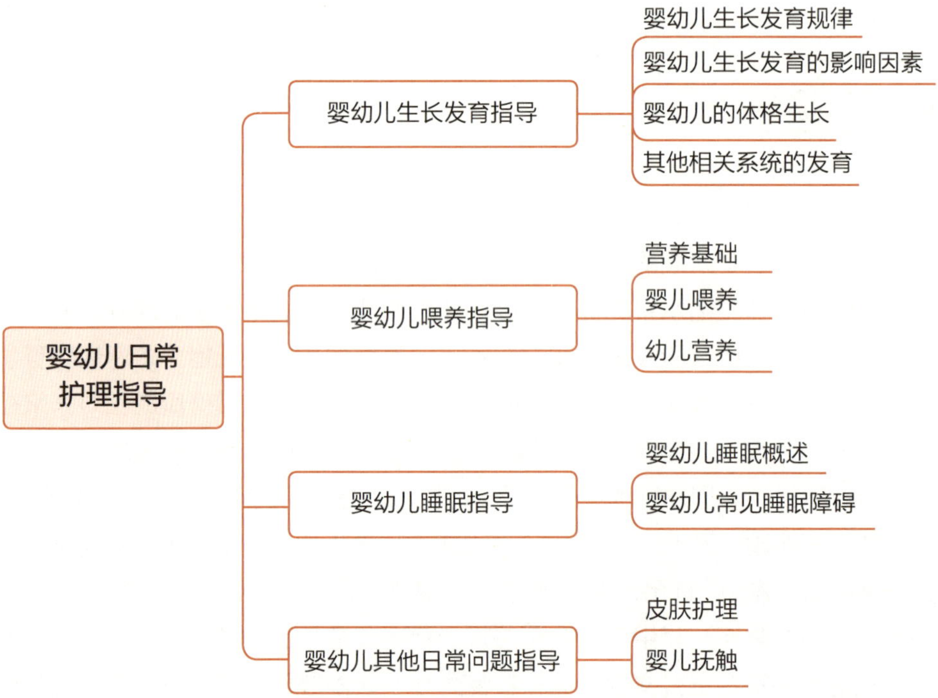

任务1 婴幼儿生长发育指导

任务导读

儿童是国家的未来和希望。儿童生长发育状况代表一个国家或地区社会、经济、卫生、教育的综合水平，在一定程度上反映出一个国家或地区的经济发展和社会文明程度，也是人民生活质量的一个重要衡量指数。生长发育是指从受精卵到成人成熟的过程。生长是细胞繁殖、增大和细胞间质增加，表现为组织、器官、身体各部分以至全身大小、长短和重量的增加以及身体的变化，是量的改变。发育是细胞与组织的分化和功能的不断完善，心理、智力的发展和运动技能的获得，是质的改变。生长和发育二者密不可分，共同表示机体的动态变化。0～3岁是人一生中生长发育的重要阶段，在这个阶段也会经历人生中第一个生长高峰，其间我们会看到婴幼儿身高（长）、体重、头围等迅速增长。伴随其他感觉器官的发育，我们会看到婴幼儿视觉、听觉、触觉等各方面的感知能力也在不断发展，我们甚至会从婴幼儿阶段去判断他成年以后的状态。我国7岁以下儿童的体格发育生长处于长期趋势中的快速增长阶段。新中国成立以来进行了七轮全国居民营养与健康状况调查或监测，并在各省区市疾病控制机构设置了儿童、青少年体质与营养监测点，目的是掌握我国儿童、青少年生长发育的动态趋势。掌握儿童、青少年生长发育情况可较好地为提高我国民众的健康素质与水平奠定基础，起到从总体上提升人力资源的价值、节约巨大的卫生资源消耗的作用。从婴幼儿开始关注儿童的生长发育，对未来具有相当可观的环保价值，可最大限度地节约社会发展的总成本，极大地提高社会资本产出的价值与效益，提高国民经济整体运行的质量与效益，建立有益于社会生态的良性循环。

任务提要

生长发育是每个婴幼儿的必经过程，是婴幼儿健康成长的基础，掌握生长发育相关知识能使家长减少焦虑。本任务主要介绍婴幼儿生长发育的规律、影响因素及评价标准，使婴幼儿的生长发育在家庭中也能得到科学监测。

生长发育水平是反映儿童营养和健康状况的重要指标，一个儿童的生长发育水平反映一个家庭的综合情况；一个国家或地区儿童的生长发育水平则反映这个国家或地区政治、经济和文化教育的综合发展水平，尤其是儿童的营养供应、疾病控制和医疗卫生保健工作状况质量。

儿童的生长发育，不论是总的速度还是各器官、系统的发育顺序，都遵循一定的规律。认识总的规律性有助于家庭对婴幼儿生长发育状况进行正确评价。

一、婴幼儿生长发育规律

问题导入

在日常生活中，你是否经常看到家长很惊喜地看到孩子高了、重了，觉得自己的孩子长大了，但是又很困扰孩子到底是在什么阶段长得快、什么阶段长得慢，甚至去求助一些偏方，希望能帮助孩子迅速长高（长）。这些都是家长关注孩子生长发育的表现，但是因为不了解孩子生长发育的规律，所以走了一些弯路，使孩子承受了不必要的痛苦。

这是当前社会普遍存在的问题，很多家长都有这样的困扰和焦虑，但是又觉得总跑医院很麻烦。到底孩子的生长发育有什么样的规律呢？

（一）婴幼儿生长发育的一般规律

儿童的生长发育过程，尽管受众多因素的影响，如受种族、遗传、性别、环境、教养等影响，可出现不同的生长模式，但总的规律是一致的。认识生长发育规律有助于正确评价儿童生长发育状况。

婴幼儿生长发育的规律

1. 生长发育是连续的、有阶段性的过程

生长发育过程贯穿整个儿童期，但各年龄阶段的生长发育有一定的特点，各年龄阶段的生长发育并非等速，不同年龄阶段生长速度不同。例如，身高（长）和体重在出生后第 1 年增长很快，至 1 岁时体重是出生体重的 3 倍，身长是出生时身长的 1.5 倍，此为出生后的第一个生长高峰。第 2 年以后生长速度逐渐减慢，至青春期，体重和身高生长又迅速增加，出现第二个生长高峰。

2. 各器官、系统生长发育不平衡

人体各器官、系统的发育顺序遵循一定规律。如神经系统发育较早，脑在出生后 2 年内发育较快；淋巴系统在儿童期迅速生长，于青春期前达到高峰，之后逐渐下降；生殖系统发育较晚。其他系统，如心、肝、肾、肌肉的发育基本与体格生长相平行。各系统发育速度的不同与儿童不同年龄阶段的生理功能有关。

3. 生长发育的个体差异

儿童生长发育虽按一定的规律发展，但因在一定范围内受遗传、环境的影响，存在着相当大的个体差异，如矮身材父母的孩子与高身材父母的孩子相比，两者可能身高（长）相差很大，但都属于正常范围，因此，每个人生长的“轨道”不会完全相同。所谓的“正常值”不是绝对的，评价时必须考虑个体不同的影响因素，才能做出正确的判断。

4. 生长发育的一般规律

生长发育遵循由上到下、由近到远、由粗到细、由低级到高级、由简单到复杂的一般规律。如出生后婴幼儿运动发育的规律是：先抬头，后抬胸，再会坐、立、行（从上到下）；从臂到手、从腿到脚的活动（由近到远）；从全掌抓握到手指拾取（由粗到细）；先画直线后画圈、图形（由简单到复杂）。认识事物的规律是：先会看、听、感觉事物，逐渐发展到有记忆、思维、分析、判断（由低级到高级）。

（二）婴幼儿生长发育的长期趋势和追赶生长

儿童生长发育的过程遵循生长发育的一般规律，但是由于儿童总的生长趋势呈现一定的规律，且生长发育中受多种因素的影响，也呈现出一些特殊现象。

1. 生长发育的长期趋势

19 世纪后期，一些西方学者已观察到儿童的身高一代比一代高，性发育也在提早。这种现象称为生长发育的长期趋势，主要表现在身高和体重的增长，也可表现在其他方面，如月经初潮年龄提前，停经年龄推迟，乳齿、恒齿萌出提前等。近百年来生长发育的长期增长趋势首先出现在发达国家生活条件优越的阶层中，近二三十年来也出现在许多发展中国家。北京大学儿童青少年卫生研究所采用 2005—2014 年的全国学生体质与健康调研中的身高、体重测量数据，应用LMS（偏度系数 - 中位数 - 变异系数）方法对数据进行拟合，获得身高、体重的第 5、50、95 百分位数曲线，分析 2005—2010 年、2010—2014 年的身高、体重变化趋势。结果显示，2005—2010 年 7 ～ 18 岁城市男生、乡村男生、城市女生、乡村女生第 50 百分位身高增量分别为 1.0、1.6、0.8、1.1 厘米，2010—2014 年身高增量分别为 1.0、1.4、0.9、1.3 厘米；2005—2010 年 7 ～ 18 岁城市男生、乡村男生、城市女生、乡村女生第 50 百分位体重增量分别为 1.3、1.9、0.9、1.1 千克，2010—2014 年体重增量分别为 1.7、2.1、1.3、1.5 千克。以 18 岁学生的身高、体重为成年身高、体重的估计值，2005—2014 年，我国学生成年身高、体重增加明显。乡村学生身高和体重的平均增长量普遍高于城市学生，男生高于女生；2010—2014 年身高和体重的增长趋势均比 2005—2010 年更明显。我国儿童、青少年生长发育水平仍保持较快的增长趋势，尤其是体重增长较为迅速，且身高、体重的城乡差距在逐渐缩小[①]。

生长发育长期趋势的成因，至今仍然不是很明确，推测可能与营养、生活环境的改善，各种疾病的控制，以及卫生知识的普及有关。也有学者认为遗传因素也是一个原因。目前经济发达的部分国家中，身高增长趋势已呈现停滞现象，月经初潮年龄也无提前迹象。这表明，这些人群的身高达到遗传所赋予的生长潜力的最大值，已经趋于稳定。

2. 追赶生长

健康儿童的生长总是沿着自身特定的轨道前进，但受到疾病、激素缺乏、营养不良等因素影响时，生长会变慢，偏离其自然生长轨道，导致生长落后。一旦这些影响因素被去除，儿童将以超过同年龄儿童正常速度的方式生长，并迅速调整到原有的生长轨道上来，这种现象称作追赶生长，又称赶上生长。当把追赶生长时期的增长情况标绘在生长速度曲线上时，即呈现出特征性的早期速度快而后逐渐减慢的趋势，当抵达原来生长曲线时，就会恢复到正常增长速度。

一般来说，如果生长延迟严重、时间持续长、机体发育很不成熟或年龄很大，则追赶生长不完全。因此，对婴幼儿进行定期生长监测，能及早发现不良因素，有针对性地采取干预措施，使婴幼儿获得比较完全的追赶生长，最大限度地发挥自身的生长潜力，提高生长发育水平。

二、婴幼儿生长发育的影响因素

问题导入

很多时候，家长对孩子说，要多喝牛奶，喝牛奶可以长高；要早点睡，早睡可以长高；要多跳绳，跳绳可以长高；等等。有时家长甚至会逼迫孩子去执行。那么这些措施真的可以帮助孩子长高吗？首先我们要探究影响生长发育的因素有哪些。

婴幼儿生长发育的影响因素

（一）遗传因素

细胞染色体所载基因是决定遗传的物质基础。父母双方的遗传因素决定儿童生长发育的“轨道”，或特征、潜力、趋向。种族、家族的遗传信息影响深远，如皮肤和头发的颜色、面型特征、身材高矮、性成熟的迟早、对营养素的需要量、对疾病的易感性等。在异常情况下，严重影响生长的代谢性疾病、内分泌障碍、

① 高迪，董彦会，尹杨，等. 中国 2005—2014 年中小学生身高体重变化趋势分析[J]. 中国学校卫生，2018，39（2）：252-255，259.

染色体畸形等，均与遗传直接有关。

（二）环境因素

1. 营养

营养是最重要的影响因素，年龄越小越重要。儿童的生长发育，包括宫内胎儿生长发育，需要充足的营养素供给。营养素供给充足且比例恰当，加上适宜的生活环境，可使生长潜力得到充分的发挥。宫内营养不良不仅会使胎儿体格生长落后，严重时还会影响脑的发育；出生后营养不良，特别是第 1 ～ 2 年的严重营养不良，可影响体重、身高甚至智力的发育。

2. 疾病

疾病对生长发育的阻挠作用十分明显。急性感染常使体重减轻；长期慢性疾病则影响体重和身高的增长；内分泌疾病常引起骨骼生长和神经系统发育迟缓；先天性疾病，如先天性心脏病，可造成生长迟缓。

3. 母亲情况

胎儿在宫内的发育受母亲生活环境、营养、情绪、疾病等各种因素的影响。母亲妊娠早期的病毒性感染可导致胎儿先天性畸形；妊娠期严重营养不良可引起流产、早产，以及胎儿体格生长和脑的发育迟缓；妊娠早期某些药物、X 线照射、环境中毒物和精神创伤均可影响胎儿的发育。

4. 家庭和社会环境

家庭环境对儿童健康的重要作用易被家长忽视。良好的居住环境，如阳光充足、空气新鲜、水源清洁、无噪声、无光污染、居住条件舒适，配合良好的生活习惯、科学护理、良好教养、适当的体育锻炼、完善的医疗保健服务等，是促进儿童生长发育达到最佳状态的重要因素。近年来，社会环境对儿童健康的影响受到高度关注。巴以冲突以来加沙地带儿童健康状况急剧下降，是社会环境影响儿童健康的最好例证。

成人疾病胎儿起源学说（developmental original health and diseases，DOHaD）意指“健康与疾病的发育起源”，是近年提出的关于人类疾病起源的新概念。该学说认为，胎儿在宫内发育时受到遗传、宫内环境的不利影响，不仅会影响胎儿期的生长发育，而且可能引起持续的结构功能改变，导致将来一系列成年期疾病的发生。母亲孕期营养缺乏可对孩子将来心血管疾病、高血压病、糖代谢异常、肥胖和血脂异常等一系列疾病的发生产生重要影响。

综上所述，遗传决定了生长发育的潜力，这种潜力从受精卵开始就受到环境因素的作用与调节，表现为个体的生长发育模式。因此，生长发育水平是遗传与环境共同作用的结果。

三、婴幼儿的体格生长

问题导入

在日常生活中，你是否经常看到家长将自己孩子与年龄或月龄相近的孩子比身高和体重？大家总是很关注自家孩子是不是矮了、是不是瘦了，然后开始焦虑。可见大家都很关注孩子的生长发育情况，生怕孩子落后，输在起跑线上。而且动态增长的数值也一直牵动着家长的心。到底孩子的身高、体重等指标有没有偏离正常值，我们在生长发育的学习中会找到答案。

（一）体格生长常用指标

体格生长应选择易于测量、有较大人群代表性的指标来表示。常用的形态指标有体重、身高（长）、坐高（顶臀长）、头围、胸围、上臂围、皮下脂肪等。

（二）出生至青春前期的体格生长规律

1. 体重的增长

体重为各器官、系统、体液的总和。其中骨骼、肌肉、内脏、体脂、体液为主要成分。因体脂与体液变化较大，体重在体格生长指标中最易波动。体重易于准确测量，是最易获得的反映儿童生长与营养状况的指标。儿科临床中多用体重计算药量和静脉输液量。

新生儿出生体重与胎次、胎龄、性别及宫内营养状况有关。我国2015年9市城区的调查结果显示，男婴平均出生体重为（3.38±0.40）千克，女婴为（3.26±0.40）千克，与世界卫生组织（WHO）的参考值（男3.3千克，女3.2千克）相近。出生后体重增长应为胎儿宫内体重生长曲线的延续。出生后1周内因奶量摄入不足、水分丢失、胎粪排出，可出现暂时性体重下降，或称生理性体重下降，在出生后第3～4日达最低点，下降范围为3%～9%，以后逐渐回升，至出生后第7～10日应恢复到出生时的体重。如果体重下降的幅度超过10%或至第10日还未恢复到出生时的体重，则为病理状态，应分析其原因。若出生后及时合理喂哺，可减轻或避免生理性体重下降的发生。出生时体重受宫内因素的影响大，出生后的体重与喂养、营养及健康等因素密切相关。

随着年龄的增加，儿童体重的增长逐渐减慢。我国1975年、1985年、1995年、2005年及2015年的调查资料显示，正常足月婴儿出生后第1个月体重增加可达1～1.7千克，出生后3～4个月体重约等于出生时体重的2倍；第1年内婴儿前3个月体重的增加值约等于后9个月内体重的增加值，即12月龄时婴儿体重约为出生时的3倍（10千克），是出生后体重增长最快的时期，系第一个生长高峰；出生后第 2 年体重增加 2.5 ～ 3.5 千克；2 岁至青春前期体重增长减慢，年增长值约 2 千克。

儿童的正常体重可以用以下公式粗略估计：

3 ～ 12 个月体重（kg）=（月龄 +9）÷ 2

1 ～ 6 岁体重（kg）= 年龄（岁）× 2+8

2. 身材的增长

（1）身高（长）

身高指头部、脊柱与下肢长度的总和。3 岁以下儿童立位测量不易准确，应仰卧位测量，称为身长。3 岁以上儿童立位测量，称为身高。立位测量值比仰卧位少 1 ～ 2 厘米。

身高（长）的增长规律与体重相似，年龄越小，增长越快，也存在婴儿期和青春期两个生长高峰。出生时身长平均为 50 厘米，出生后第 1 年身长增长最快，约为 25 厘米；前 3 个月身长平均增长 11 ～ 13 厘米，约等于后 9 个月的增长值，1 岁时身长约 75 厘米；第 2 年身长增长速度减慢，为 10 ～ 12 厘米，即 2 岁时身长约 87 厘米；2 岁以后身高每年增长 6 ～ 7 厘米。2 岁以后每年身高增长低于 5 厘米的，为生长速度下降。

青春期前儿童身高（长）的估算公式：

2 ～ 12 岁身高（长）（cm）= 年龄（岁）× 7+77

身长为身体的全长，包括头部、脊柱和下肢的长度。这三部分的发育进度并不相同，一般头部、脊柱发育较早，下肢发育较晚。因此，临床上有时须分别测量上、下部量，以检查其比例关系。

上部量和下部量：自头顶至耻骨联合的上缘为上部量，自耻骨联合的上缘至脚底为下部量。上部量主要反映脊柱的增长，下部量主要反映下肢的增长。新生儿下部量比上部量短，下部量占 40%，上部量占 60%，身长的中点在脐以上。1 岁时中点在脐下。6 岁时中点移至脐与耻骨联合之间。12 岁左右上、下部量相等，中点恰在耻骨联合上。因为上部量、下部量测量不准确，现在常用坐高代替上部量，身高（长）减坐高代替下部量，这样测出的坐高 / 下部量的比值与上部量 / 下部量的比值较为接近。

（2）坐高（顶臀长）

坐高是头顶到坐骨结节的长度。3 岁以下儿童仰卧位测量的值称为顶臀长。坐高增长代表头颅与脊柱的生长。

3. 头围的增长

经眉弓上缘、枕骨结节左右对称环绕头一周的长度为头围。头围的增长与脑和颅骨的生长有关。胎儿期脑生长居全身各系统的领先地位，故出生时头围相对大，平均33～34厘米。与体重、身长增长相似，第1年前3个月头围的增长约等于后9个月头围的增长值（6厘米），即1岁时头围约为46厘米；出生后第2年头围增长减慢，约为2厘米，2岁时头围约48厘米；2～15岁头围仅增加6～7厘米。头围的测量在2岁以内最有价值。

婴幼儿期连续追踪测量头围比一次测量更重要。头围大小与双亲的头围有关；头围小于均值-2 SD（SD为标准差）常提示有脑发育不良的可能，小于均值-3 SD以上常提示脑发育不良；头围增长过速往往提示脑积水。

4. 胸围的增长

平乳头下缘经肩胛角下缘平绕胸一周为胸围。胸围代表肺与胸廓的生长。出生时胸围32厘米，略小于头围1～2厘米。1岁左右胸围约等于头围。1岁至青春前期胸围应大于头围（约为头围+年龄-1厘米）。1岁左右头围与胸围的增长在生长曲线上形成头围、胸围的交叉，此交叉时间与儿童营养、胸廓的生长发育有关，生长较差者头围、胸围交叉时间延后。

5. 上臂围的增长

经肩峰与鹰嘴连线中点绕臂一周即为上臂围。上臂围代表肌肉、骨骼、皮下脂肪和皮肤的生长。1岁以内上臂围增长迅速，1～5岁增长缓慢，为1～2厘米。因此，有人认为在无测量体重和身高条件的场合，可测量左上臂围来筛查1～5岁小儿的营养状况：超过13.5厘米为营养良好，12.5～13.5厘米为营养中等，低于12.5厘米为营养不良。

6. 皮下脂肪

皮脂厚度反映皮下脂肪。常用的测量部位有：①腹壁皮下脂肪；②背部皮下脂肪。要用皮下脂肪测量工具（测皮褶卡钳）测量才能得出正确的数据。

（三）测量方法

1. 体重的测量

婴幼儿体格生长测量与评价

测量体重前均应检查磅秤的零点。体重应在空腹、排空大小便、裸体或穿背心、短裤的情况下进行。如果衣服不能脱成单衣单裤，则应设法扣除衣服重量。称体重时，婴儿可取卧位，1～3岁取坐位，3岁以上取站位，两手自然下垂。

测量时儿童不能接触其他物体。使用杠杆式体重秤进行测量时，放置的砝码应接近儿童体重，并迅速调整游锤，使杠杆呈正中水平，将砝码及游锤所示读数相加。使用电子体重秤称重时，待数据稳定后读数。体重记录以千克（kg）为单位，有效数字取至小数点后 1 位。

我国曾推广一种有特殊布袋的木杠杆新生儿磅秤，可将新生儿包好后称，再将称得的重量减去衣被和秤袋的重量。另外，在儿保门诊还可以由大人抱着婴儿称，然后减去大人重量和婴儿所穿衣服的重量。

2. 身高（长）的测量

3 岁以下儿童量卧位的身长，脱去帽、鞋、袜，穿单衣仰卧于量床底板中线上。助手将儿童头扶正，头顶接触头板，面部向上。测量者位于儿童右侧，左手握住儿童双膝，让腿伸直，移动足板使其接触儿童两侧足跟。如果刻度在量床双侧，则应注意量床两侧的读数一致，然后读刻度，误差不超过 0.1 厘米。

3 岁以上儿童量身高时，要取立正姿势，脱去帽、鞋、袜，穿单衣，两眼直视正前方，胸部稍挺起，腹部微后收，两臂自然下垂，手指并拢，脚跟靠拢，两脚着立柱，头部保持正直位置，然后测量。使顶板与颅顶点接触，同时观察被测者姿势是否正确，然后读立柱上的数字，误差不超过 0.1 厘米。

3. 坐高的测量

3 岁以下儿童量顶臀长，即坐高。儿童取卧位，脱去帽、裤，测者左手提起儿童下肢，膝关节弯曲，同时使骶骨紧贴底板，大腿与底板垂直，移动底板，使其压紧臀部，读刻度，误差不超过 0.1 厘米。3 岁以上儿童量坐高，取坐位，脱去帽、裤，注意坐模高度是否合适。坐时两大腿伸直面与躯干呈直角，即与地面平行。头与肩部的位置与量身高的要求相同。

4. 头围的测量

被测儿童取坐位或立位。测量者立于被测儿童前方或右方，用软尺从头部经右侧眉弓上缘过枕骨粗隆，再从左侧眉弓上缘回至零点，读出头围数字，误差不超过 0.1 厘米。测量时软尺应紧贴皮肤，左右对称。如有小辫子，则将辫子分开，勿将辫子和女孩头上的蝴蝶结压在软尺下，以免影响读数。所用软尺要标准，有 0.1 厘米的刻度，测量前要检查软尺刻度是否正确，软尺测量数十次后要再检查刻度是否因反复牵引或汗水浸湿而影响准确性。

5. 胸围的测量

3 岁以下取卧位，3 岁以上取立位。测量时被测儿童两手自然平放或下垂，两眼平视。测量者立于前方或右方，用左手拇指将软尺零点固定于被测者胸前乳头下缘，右手将软尺经右侧绕背部（以两肩胛下角下缘为准），经左侧面回至零点，取平静呼吸气时的中间读数，误差不超过 0.1 厘米。

6. 上臂围的测量

被测儿童取立位、坐位或仰卧位，两手自然平放或下垂。取儿童左上臂自肩峰至鹰嘴连线的中点为测量点。以软尺绕该点水平的上臂 1 周，轻轻接触皮肤，进行测量，读数误差不超过 0.1 厘米。

7. 皮脂（褶）厚度的测量

常用的测量部位有：①腹壁皮下脂肪，取平脐处锁骨中线部位的腹壁，测量时皮褶方向与躯干长轴平行；②背部皮下脂肪，取左肩胛骨下角下稍偏外侧处，测量时皮褶自下向上内，与脊柱呈 45°；③上臂内侧皮下脂肪，取肩峰与鹰嘴连线中点水平，皮褶方向与上臂长轴平行。不论在哪个部位测量皮下脂肪厚度，测量者都常用左手拇指及食指，在测量部位捏起皮肤和皮下脂肪，捏时两指的距离为 3 厘米，右手提量具。量具的钳板大小应为 0.6 厘米 × 1.5 厘米。若使用带有弹簧的量具，弹簧的牵力应保持恒定，约为 15 克/厘米 ^{2}。测量时误差不超过 0.5 毫米。

（四）体格生长评价

儿童处于快速生长发育阶段，身体形态与各部分比例变化较大。充分了解儿童各阶段生长发育的规律、特点，正确评价儿童生长发育状况，及早发现问题，给予适当的指导与干预，对促进儿童的健康生长十分重要。

1. 评价原则

正确评价儿童的体格生长必须做到以下几点：①选择适宜的体格生长指标，最重要和常用的形态指标为身高（长）和体重，3 岁以下儿童应常规测量头围，其他常用的形态指标有坐高（顶臀长）、胸围、上臂围、皮褶厚度等；②采用准确的测量工具及规范的测量方法；③选择恰当的生长标准或参照值，建议根据情况选择《世界卫生组织儿童生长发育标准》或我国《7 岁以下儿童生长标准》；④定期评估儿童生长状况，即生长监测。

2. 评价内容

儿童体格生长评价包括生长水平、生长速度和匀称度三个方面。

（1）生长水平

将某一年龄时点所获得的某一项体格生长指标测量值（横断面测量）与生长标准或参照值比较，得到该儿童在同年龄、同性别人群中所处的位置，即为此儿童该项体格生长指标在此年龄的生长水平。所有单项体格生长指标，如体重、身高（长）、头围、胸围、上臂围等均可进行生长水平评价。

早产儿体格生长有一允许的“落后”年龄范围，即此年龄后应“追上”正常足月儿的生长。进行早产儿生长水平评价时应矫正胎龄至40周胎龄（足月）后再评价，身长至40月龄、头围至18月龄、体重至24月龄后不再矫正。

（2）生长速度

生长速度是对某一单项体格生长指标定期连续测量（纵向观察），所获得的该项指标在某一年龄阶段的增长值即为该儿童该项体格生长指标的生长速度。以生长曲线表示生长速度最简单、直观，定期体格检查是评价生长速度的关键。通过这种动态纵向观察个体儿童生长规律的方法，可发现每个儿童都有自己稳定的生长轨道，体现个体差异。因此，生长速度较生长水平更能真实反映儿童的生长状况。

（3）匀称度

匀称度是对体格生长指标之间关系的评价。

①体型匀称度：表示体型（形态）生长的比例关系，常用的指标有身高体重指数（W/H）以及年龄体质指数（body mass index or age，BMI/年龄）。身高体重指数表示一定身高的相应体重增长范围，间接反映身体的密度与充实度。其优点是不依赖于年龄，是判断2岁以内婴幼儿营养不良和超重肥胖最常用的指标之一。年龄体质指数，BMI=体重（千克）/[身高（米）]^2，其实际含义是单位面积中所含的体重数，表示一定身高的相应体重增长范围，间接反映体型和身材的匀称度。

②身材匀称度：以坐高（顶臀长）/身高（长）的比值反映下肢生长状况。

3. 数据统计学表示方法

体格生长数据常用的统计学表示方法如下。

（1）均值离差法

正常儿童生长发育状况多呈正态分布，常用均值离差法，以平均值加减标准差（SD）来表示，如68.3%的儿童生长水平在均值±1 SD范围内，95.4%的儿童在均值±2 SD范围内，99.7%的儿童在均值±3 SD范围内。通常均值±2 SD（包括总体的95%）为正常范围。

（2）百分位数法

当测量值呈偏正态分布时，百分位数法能更准确地反映所测数值的分布情况。当变量呈正态分布时，百分位数法与均值离差法两者相应数值相当接近。由于样本常呈偏正态分布，两者的相应数值略有差别。通常以P_3～P_{97}（包括总体的94%）为正常范围。

体格生长评价广泛应用以上两种表示方法，但目前一般都用百分位数法。均值离差法计算较简单，百分位数法计算相对较复杂，但比较精确。

（3）标准差的离差法（Z评分或Z-score）

可进行不同质（即不同性别、不同年龄、不同指标）数据间比较，用偏离该年龄组标准差的程度来反映生长情况，结果表示也较精确。

$$Z=(X-\bar{X})/SD$$

其中，X为测得值，SD为标准差。Z可为正值，也可为负值。标准差的离差值以±2以内为正常范围。

（4）中位数法

当样本变量为正态分布时，中位数等于均值或第50百分位数（P_{50}）。当样本变量不是完全正态分布时，选用中位数而不是算术平均数作为中间值。因此时样本中少数变量分布在一端，用算术平均数表示对个别变量值影响大，故用中位数表示变量的平均水平较妥。

无论使用以上何种方法进行体格生长的评价都应该注意，儿童的体格生长存在个体差异，评价的标准比较宽泛，不应该将中间值（如均值、P_{50}或者中位数等）作为评价个体或者托幼机构中群体的体格生长正常的标准值，追求所谓的"达标"。

（五）生长曲线的应用

生长曲线图是儿科临床中使用最为广泛的体格生长评价工具。生长曲线图是将表格测量数值按离差法或百分位数法的等级绘成不同年龄、不同体格指标测量数值的曲线图，较之表格更为方便、直观，不仅可以评出生长水平，还可看出生长趋势，并能算出生长速度，便于与家长交流。

以下为正确解释生长曲线的关键：①生长监测。定期、连续测量比一次数据更重要，可以获得个体生长轨道。②生长的个体差异。受遗传及环境条件影响，体格生长存在个体差异，多数儿童体重和身高（长）测量值应稳定地沿着自己的"轨道"进行，在P_3和P_{97}之间（或2 SD，P_{97}、P_{75}、P_{50}、P_{25}、P_3为主百分位线，2条邻近主百分位线相当于1 SD）均属正常，故均值或P_{50}不是个体儿童生长的目标。③喂养方式。母乳喂养婴儿在初期的生长可能会略低于配方奶喂养婴儿，因此评价纯母乳喂养婴儿的生长时应考虑喂养方式的影响，避免不必要的检查、过度使用配方奶补充、过早引进固体食物等。④"回归"均值趋势。约2/3的儿童出生体重和身长在2～3岁前可出现百分位值趋向P_{50}，但须首先复核确定测量无误。⑤生长波动。持续生长监测中出现生长曲线偏离原稳定的生长轨道超过1条主百分位线者为生长波动，需要适当增加生长监测频率，并查明原因，必要时给予营养喂养指导。⑥生长异常。当儿童生长水平或体型匀称度低于P_3，或高于P_{97}，或系列测量过程中出现生长曲线偏离原稳定的生长轨道超过2条主百分位线者称为生长异常，须及时寻找可能的原因。

四、其他相关系统的发育

（一）骨骼的发育

1. 颅骨的发育

除头围外，还可根据骨缝宽度、前囟大小及前后囟闭合时间来评价颅骨的生长及发育情况。婴儿娩出时经过产道，故出生时颅骨缝稍有重叠，不久重叠现象消失。出生时后囟很小或已闭合，最迟6～8周龄闭合。前囟出生时1～2厘米，之后随颅骨生长而增大，6月龄左右逐渐骨化而变小，最迟于2岁闭合。前囟大小以两个对边中点连线的长短表示。前囟检查在儿科临床中很重要，如脑发育不良时头围小、前囟小或关闭早，甲状腺功能减退时前囟闭合延迟，颅内压增高时前囟饱满，脱水时前囟凹陷。

2. 脊柱的发育

脊柱的增长反映脊椎骨的生长。出生后第1年脊柱生长快于四肢，之后四肢生长快于脊柱。出生时脊柱无弯曲，仅呈轻微后凸。3个月左右抬头动作的出现使颈椎前凸；6个月后能坐，出现胸椎后凸；1岁左右开始行走，出现腰椎前凸。这样的脊椎自然弯曲至6～7岁才为韧带所固定。注意儿童的坐、立、走姿势，选择适宜的桌椅，对保证儿童脊柱正常形态很重要。

3. 长骨的发育

长骨的发育是从胎儿期到成人期逐渐完成的。长骨的生长主要由长骨干骺端的软骨骨化，骨膜下成骨，使长骨增长、增粗，当骨骺与骨干融合时，长骨停止生长。随年龄的增加，长骨干骺端的软骨次级骨化中心按一定顺序及骨解剖部位有规律地出现。骨化中心的出现可反映长骨的生长成熟程度。用X线检查测定不同年龄儿童长骨干骺端骨化中心的出现时间、数目、形态的变化，并将其标准化，即为骨龄（bone age）。婴儿出生时腕部尚无骨化中心，股骨远端及胫骨近端已出现骨化中心。因此判断长骨的生长，婴儿早期应摄膝部X线骨片，年长儿摄左手及腕部X线骨片，以了解其腕骨、掌骨、指骨的发育。腕部于出生时无骨化中心，其出生后的出现顺序为：头状骨、钩骨（3个月左右）、下桡骨骺（约1岁）、三角骨（2～2.5岁）、月骨（3岁左右）、大小多角骨（3.5～5岁）、舟骨（5～6岁）、下尺骨骺（6～7岁）、豌豆骨（9～10岁）。10岁时出全，共10个，故1～9岁腕部骨化中心的数目大约为其岁数加1。具体评价骨龄时应对照图谱。骨生长与生长激素（growth hormone，GH）、甲状腺素、性激素等有关。骨龄在临床上有重要的诊断价值，如有甲状腺功能减退症、生长激素缺乏症则骨龄明显延后，有真性性早熟、先天性肾上腺皮质增生症则骨龄超前。但正常骨化中心出现的年龄差异较大，诊断骨龄延迟时一定要慎重。

（二）牙齿的发育

牙齿的生长与骨骼有一定关系，但因胚胎来源不完全相同，牙齿与骨骼的生长不完全平行。出生时乳牙已骨化，乳牙牙孢隐藏在颌骨中，被牙龈覆盖；恒牙的骨化从新生儿期开始，18～24个月时第三恒臼齿已骨化。人一生有乳牙（共20个）和恒牙（共28～32个）两副牙齿。出生后4～10个月乳牙开始萌出，13个月后未萌出者为乳牙萌出延迟。2岁以内儿童乳牙总数为月龄减4～6，2.5岁乳牙出齐。乳牙萌出顺序一般为下颌先于上颌、自前向后，大多于3岁前出齐。乳牙萌出时间及顺序个体差异较大，与遗传、内分泌、食物性状有关。

6岁左右萌出第一颗恒牙（第一恒磨牙在第二乳磨牙之后，又称为6龄齿）；6～12岁阶段乳牙逐个被同位恒牙替换，其中第一、二前磨牙代替第一、二乳磨牙，此为混合牙列期；12岁萌出第二恒磨牙；约在18岁以后萌出第三恒磨牙（智齿），也有终生第三恒磨牙不萌出者。第一恒磨牙萌出较早，常被家长忽视，更应注意保护。

出牙为生理现象，出牙时个别儿童可有低热、唾液增多、流涎及睡眠不安、烦躁等症状。牙齿的健康生长与蛋白质、钙、磷、氟、维生素A、维生素C、维生素D等营养素和甲状腺激素有关。咀嚼食物有利于牙齿生长。

课后练习

用所学的知识对实习机构中的一位小朋友进行生长发育评价，并将评价结果反馈给小朋友家长，对家长进行科学指导。

任务 2 婴幼儿喂养指导

任务导读

充足的营养是儿童维持生命和身心健康极为重要的因素之一。在胎儿、婴幼儿时期，机体生长发育十分迅速，将完成生长发育的第一个高峰，同时脏器的形成和功能也不断发育成熟，尤其是中枢神经系统在生命最初 2～3 年内的发育最为迅速。早期营养供应失衡不仅影响儿童体格生长、大脑与认知功能的生长发育潜能，甚至可能引起成年后的一些慢性代谢疾病，如肥胖症、糖尿病、高血压等。重视儿童期营养，特别是加强对婴幼儿时期的营养管理，促进母乳喂养，及时纠正婴幼儿营养不良，将为其终身健康奠定基础。

任务提要

本任务从婴幼儿对营养素的需求、消化的特点以及喂养的方式等方面进行阐述。

一、营养基础

儿童与成人相同的是需要营养素维持生命的生理活动以及修补组织损耗，与成人不同的是儿童处于生长发育期，须补充充足的营养素以满足其生长所需。尤其在早期生长发育迅速，所需的营养素较多，如喂养不当，很容易造成健康问题。

（一）营养素与膳食营养素参考摄入量

营养（nutrition）是指人体获得和利用食物维持生命活动的整个过程。食物中经过消化、吸收和代谢能够维持生命活动的物质称为营养素（nutrients）。膳食营养素参考摄入量（dietary reference intakes，DRIs）体系主要包括四个参数：①平均需要量（estimated average requirement，EAR），是某一特定性别、年龄及生理状况群体中对某营养素需要量的平均值，摄入量达到EAR水平时可以满足群体中 50% 个体的需要，是制定推荐摄入量的基础；②推荐摄入量（recommended nutrient intake，RNI），可以满足某一特定性别、年龄及生理状况群体中绝大多数（97%～98%）个体对某种营养素需要量的摄入水平，长期达到RNI水平，可以满足身体对该营养素的需要，RNI的主要用途是作为个体每日摄入营养素的目标值；③适宜摄入量（adequate intake，AI），当某种营养素的个体需要量研究资料不足，无法计算出EAR，因而也无法获得RNI时，可以通过观察或实验获得的健康人群某种营养素的摄入量来设定AI，但AI不如RNI精确；④可耐受最高摄入量（tolerable upper intake level，UL），是平均每日可以摄入某种营养素的最高量，当摄入量超过UL而进一步增加时，发生毒副作用的危险性增加。

营养素分为能量、宏量营养素（蛋白质、脂类、糖类或称为碳水化合物）、微量营养素（矿物质以及维生素），以及其他膳食成分（膳食纤维、水、其他生物活性物质）。

儿童生长发育快、对营养需求高，而自身消化吸收功能尚不完善，因此正确的膳食行为有待建立，它对婴幼儿健康成长十分重要。

1. 儿童能量代谢

人体能量代谢的最佳状态是达到能量消耗与能量摄入的平衡，能量缺乏和过剩都对身体健康不利。儿童总能量消耗包括基础代谢率、食物热力作用、活动、排泄和生长五个方面。能量单位是千卡（kcal），或千焦耳（kJ），1千卡＝4.184千焦耳，或1千焦耳＝0.239千卡。

（1）基础代谢率（basal metabolic rate，BMR）

小儿基础代谢的能量需要量较成人高，随年龄增长逐渐减少。如婴儿的BMR约为55千卡（230.12千焦耳）/（千克·天），7岁时BMR为44千卡（184.10千焦耳）/（千克·天），12岁时为30千卡（125.52千焦耳）/（千克·天），成人为25千卡（104.6千焦耳）/（千克·天）～30千卡（125.52千焦耳）/（千克·天）。

（2）食物热力作用（thermic effect of feeding，TEF）

食物中宏量营养素的代谢过程为人体提供能量，同时在消化、吸收过程中出现能量消耗额外增加的现象，即食物热力作用，又称食物特殊动力作用。食物的热力作用与食物成分有关：碳水化合物的食物热力作用为本身产生能量的6%，脂肪为4%，蛋白质为30%。婴儿食物含蛋白质多，食物热力作用占总能量的7%～8%，年长儿的膳食为混合食物，其食物热力作用为5%。

（3）活动（physical activity）

儿童活动所需能量与身体大小、活动强度、活动持续时间、活动类型有关。活动所需能量个体波动较大，并随年龄增长而增加。当能量摄入不足时，儿童可表现为活动减少，以此节省能量，保证身体的基本功能和满足重要脏器的代谢。

（4）排泄（excreta）

正常情况下未经消化吸收的食物的损失约占总能量的10%，腹泻时增加。

（5）生长（growth）

组织生长合成消耗能量为儿童特有，生长所需能量与儿童生长的速度成正比，随年龄增长逐渐减少。

2. 宏量营养素

（1）蛋白质

构成人体蛋白质的氨基酸有 20 种，其中 9 种是必需氨基酸（亮氨酸、异亮氨酸、缬氨酸、苏氨酸、蛋氨酸、苯丙氨酸、色氨酸、赖氨酸、组氨酸），需要由食物提供。食物中含有的氨基酸模式与人体蛋白质氨基酸模式接近的蛋白质，生物利用率高，称为优质蛋白质。优质蛋白质主要来源于动物和大豆。

蛋白质的主要功能是作为机体组织和器官的重要成分，次要功能是供能，占总能量的 8% ～ 15%。1 岁内婴儿蛋白质的推荐摄入量为 1.5 ～ 3 克/（千克·天）。婴幼儿生长旺盛，保证优质蛋白质的供给非常重要，优质蛋白质应占 50% 以上。食物的合理搭配及加工可达到蛋白质互补，提高食物的生物价值。例如，小麦、大米、玉米等赖氨酸含量低，蛋氨酸含量高，而豆类则相反，如两者搭配可互相弥补不足。如豆制品的制作可使蛋白质与纤维素分开，利于消化。

（2）脂类

脂类包括脂肪（甘油三酯）和类脂，是机体的第二供能营养素。构成脂肪的基本单位是脂肪酸。有两种脂肪酸，即n–3 型的 α－亚麻酸和n–6 型的亚油酸，人体不能自身合成，必须由食物供给，称为必需脂肪酸，可在体内合成各种各样的长链和短链脂肪酸及体内各种脂肪。亚油酸可衍生多种n–6 型多不饱和脂肪酸，如花生四烯酸（arachidonic acid，AA）。亚油酸在体内可转变成亚麻酸和花生四烯酸，因此它是最重要的必需脂肪酸。α－亚麻酸可衍生多种n–3 型多不饱和脂肪酸，包括二十碳五烯酸（EPA）和二十二碳六烯酸（DHA）。这些必需脂肪酸对细胞膜功能、基因表达、防治心脑血管疾病和生长发育都有重要作用。n–3 型多不饱和脂肪酸对脑、视网膜、皮肤和肾功能的健全十分重要。

必需脂肪酸主要来源于植物油，亚油酸主要存在于植物油、坚果类（核桃、花生）；亚麻酸主要存在于绿叶蔬菜、鱼类脂肪及坚果类。母乳含有丰富的必需脂肪酸。常用提供能量的百分比来表示脂肪类的适宜摄入量，6 个月以下婴儿脂肪类适宜摄入量占总能量的 45% ～ 50%，必需脂肪酸应占脂肪所提供能量的 1% ～ 3%。

（3）糖类

糖类包括单糖（葡萄糖、半乳糖、果糖）、双糖（蔗糖、乳糖、麦芽糖）和多糖（主要为淀粉），为供能的主要来源。各种糖类最终分解为葡萄糖才能被机体吸收和利用。体内蛋白质和脂肪可转变为糖，故无须储备很多葡萄糖或其前体糖原。与脂肪一样可用提供能量的百分比来表示糖类的适宜摄入量。2岁以上儿童的膳食中，糖类所产生的能量应占总能量的55%～65%。糖类主要来源于谷类食物。

为满足儿童生长发育的需要，应首先保证能量供给，其次是蛋白质供给。宏量营养素应供给平衡、比例适当，否则易发生代谢紊乱。

3. 微量营养素

常量元素。在矿物质中，人体含量大于体重的0.01%的各种元素称为常量元素，如钙、钠、磷、钾等，其中钙和磷接近人体总重量的6%，二者构成人体的牙齿、骨骼等组织。婴儿期钙的沉积量高于生命中的任何时期，2岁以下每日钙在骨骼中增加约200毫克。但钙摄入过量可能造成一定危害，须特别注意将钙的补充控制在可耐受摄入量以下（例如0～6月龄，1000毫克/天；7～12月龄，1500毫克/天）。乳类是钙的最好来源，大豆是钙的较好来源。

微量元素。微量元素在体内含量很低，小于体重的0.01%，须通过食物摄入，具有十分重要的生理功能，如碘、锌、硒、铜、钼、铬、钴、铁、镁等。其中铁、碘、锌缺乏症是全球最主要的人体微量营养素缺乏症。

维生素。维生素是维持人体正常生理功能所必需的一类有机物质，在体内含量极微，但在机体代谢所必需的酶或辅酶中发挥核心作用。这类物质有很多种类，但大部分不能在体内贮存，一旦缺乏发生，代谢过程就会停滞或停止。这类物质分为脂溶性和水溶性两大类。对儿童来说维生素A、D、C、B、K是容易缺乏的。

4. 其他膳食成分

（1）膳食纤维

膳食纤维是重要的一大类非营养物质，指不能被小肠消化吸收，可进入结肠发酵的碳水化合物，至少包括五种构成物，即纤维素、半纤维素、果胶、黏胶和木质素。主要功能为吸收大肠水分，软化大便，增加大便体积，促进肠蠕动等。膳食纤维不在小肠内消化和吸收，而在大肠被细菌分解，产生短链脂肪酸，降解胆固醇，改善肝代谢，预防肠萎缩。儿童可从谷类、新鲜蔬菜、水果中获得一定量的膳食纤维，小婴儿的膳食纤维主要来源是乳汁中未完全被消化吸收的乳糖、低聚糖或食物中未消化吸收的淀粉。

（2）水

儿童水的需要量与能量摄入、食物种类、肾功能成熟度、年龄等因素有关。婴儿新陈代谢旺盛，水的需要量相对较多，为110～155毫升/（千克·天），之后每3岁减少约255毫升/（千克·天）。

（二）婴幼儿消化系统功能发育

1. 生理特点

婴幼儿消化系统的特点

（1）口腔

婴儿口腔容积较小，舌宽厚，唇肌和两侧颊肌及脂肪垫发达，有助于吸吮乳汁。口腔黏膜细嫩，血管丰富，易受损伤。出生时唾液腺发育差，唾液分泌少，淀粉酶含量也不足，至 3 ～ 4 个月时唾液分泌增多，婴儿来不及咽下而发生生理性流涎。

（2）食管

新生儿食管长 10 ～ 11 厘米，1 岁时增至 12 厘米，5 岁时增至 16 厘米，插胃管时估计食管长度约为小儿耳根至剑突的距离。婴儿食管壁平滑肌及弹性纤维发育较差，又缺乏腺体，易发生反流引起溢乳。

（3）胃

婴儿期胃呈水平位，容量相对较小，足月新生儿为 30 ～ 35 毫升，3 个月时增至 100 毫升，1 岁时达 300 毫升左右，故喂哺婴儿时，食物容量不宜过多，过多可引起呕吐；贲门括约肌发育也不够完善，关闭不严，乳汁易从胃向食管反流而溢乳。出生时胃壁肌层及腺体发育不够完善，易发生胃扩张。新生儿分泌胃酸较少，胃蛋白酶活力差，胃液消化功能随年龄增大而逐渐加强。

（4）肠

婴幼儿肠管相对较长，超过自己身长达 6 倍（成人仅 4 倍），且固定较差，故易发生肠套叠、肠扭转；肠黏膜发育良好，血管及淋巴管丰富，绒毛发达，但肌层发育尚差；小婴儿肠壁薄，通透性高，屏障功能不完善，故肠腔中的微生物、毒素及过敏原易透过肠壁，进入血流而致病，如发生全身感染和超敏反应性疾病等。

（5）肝、胰腺

婴儿肝相对较大，新生儿肝重为体重的 4%（成人仅 2%），10 个月增加 1 倍，故 1 岁前肝常可在肋缘下 1 ～ 2 厘米处扪及。肝血管丰富、血量多，肝细胞及肝小叶分化不全，易发生瘀血增大；但肝细胞再生能力强，纤维组织较少。至 8 岁时肝结构发育已接近成人。小婴儿胰腺发育不够成熟，分泌的消化酶活力也较低①。

① 郭苑. 我国城市儿童 0 ～ 2 岁期间生长发育水平和体重指数Z值预测模型及轨迹研究[D]. 武汉：华中科技大学，2013.

2. 进食技能的发育

（1）食物接受模式的发展

婴儿除受先天的甜、酸、苦等基本味觉反射约束外，通过后天学习形成味觉感知。味觉感知取自食物价值的指示，对儿童食物接受模式的发展具有重要作用。婴儿易接受能量密度较高的食物和感官好的食物。儿童的食物接受模式源于对多种食物刺激的经验和后天食物经历对基础味觉反应的修饰，这说明学习和经历对儿童饮食行为的建立具有重要意义。

（2）挤压反射

0～4个月婴儿对固体食物会出现舌体抬高、舌向前吐出的挤压反射。婴儿最初的这种对固体食物的抵抗可被认为是一种保护性反射，其生理意义是防止吞入固体食物到气管发生窒息。在转乳期用勺添加新的泥状食物时尝试8～10次才能成功。

（3）咀嚼

吸吮和吞咽是先天就会的生理功能，咀嚼功能发育需要适时的生理刺激，需要后天学习训练。转乳期及时添加泥状食物是促进咀嚼功能发育的适宜刺激，咀嚼发育完善对语言的发育也有直接影响。后天咀嚼行为的学习敏感期在4～6个月。有意训练7个月左右婴儿咬嚼指状食物、从杯中啜水，9个月开始学用勺自食，1岁学用杯喝奶，均有利于儿童口腔发育成熟。

二、婴儿喂养

母乳喂养是自人类进化以来就存在的一种天然喂养方式，兽乳喂养只有100多年的历史。婴儿配方乳喂养科学技术的发展虽然拯救了许多婴儿的生命，但婴儿配方乳成分的标准范围很窄，可使母亲和婴儿双方产生营养问题，配方乳喂养还可产生疾病与情感等问题。

（一）母乳喂养

母乳喂养要点

1. 人乳的特点

人乳是满足婴儿生理和心理发育的天然最好食物，对婴儿的健康生长发育有着不可替代的作用。一个健康的母亲乳汁可提供足月儿正常生长到6个月所需要的营养素、能量、液体量。哺乳不仅供给婴儿营养，同时还提供一些可供婴儿生长发育的现成物质，如脂肪酶、分泌型免疫球蛋白A（SIgA）等，直到婴儿体内可自己合成。

（1）营养丰富

人乳营养生物学效价高，易被婴儿利用。人乳含必需氨基酸比例适宜，为必需氨基酸模式。人乳所含酪蛋白为β-酪蛋白，含磷少，凝块小；人乳所含白蛋白为乳清蛋白，促进乳糖蛋白形成；人乳中酪蛋白与乳清蛋白的比例为2∶3，与牛乳（4∶1）有明显差别，易被消化吸收。人乳中宏量营养素产能比例适宜。人乳喂养婴儿很少产生过敏。

人乳中乙型乳糖（β-双糖）含量丰富，利于脑发育；利于双歧杆菌、乳酸杆菌生长，并产生B族维生素；利于促进肠蠕动；乳糖在小肠远端与钙形成螯合物，降低钠在钙吸收时的抑制作用，避免了钙在肠腔内沉淀，同时乳酸使肠腔内pH值下降，有利小肠钙的吸收。

（2）生物作用

一是缓冲力小。人乳pH值为3.6，对酸碱的缓冲力小，不影响胃液酸度（胃酸pH值0.9～1.6），有利于酶发挥作用。

二是含不可替代的免疫成分（营养性被动免疫）。初乳含丰富的SIgA，早产儿母亲乳汁的SIgA高于足月儿母亲。人乳中的SIgA在胃中稳定，不被消化，可在肠道发挥作用。SIgA黏附于肠黏膜上皮细胞表面，封闭病原体，阻止病原体吸附于肠道表面，使其繁殖受抑制，保护消化道黏膜，抗多种病毒、细菌。

人乳中含有大量免疫活性细胞，初乳中更多，其中85%～90%为巨噬细胞，10%～15%为淋巴细胞；免疫活性细胞释放多种细胞因子而发挥免疫调节作用。人乳中的催乳素也是一种有免疫调节作用的活性物质，可促进新生儿免疫功能的成熟。

人乳含较多乳铁蛋白，初乳中含量更丰富（可达1741毫克/升），是人乳中重要的非特异性防御因子。人乳的乳铁蛋白对铁有强大的螯合能力，能夺走大肠埃希菌，以及大多数需氧菌和白念珠菌赖以生长的铁，从而抑制细菌的生长。

人乳中的溶菌酶能水解革兰氏阳性细菌胞壁中的乙酰基多糖，使之破坏并增强抗体的杀菌效能。

低聚糖是人乳所特有的。人乳中低聚糖与肠黏膜上皮细胞的细胞黏附抗体的结构相似，可阻止细菌黏附于肠黏膜，促进双歧杆菌、乳酸杆菌生长。

三是含生长调节因子。生长调节因子为一组对细胞增殖、发育有重要作用的因子，如牛磺酸、激素样蛋白（上皮生长因子、神经生长因子），以及某些酶和干扰素。

（3）其他

母乳喂养还具有经济、方便、温度适宜、有利于婴儿心理健康的优点。母亲哺乳可加快产后子宫复原，减少再受孕的机会。

2. 人乳的成分变化

（1）各期人乳成分

初乳为孕后期与分娩4～5日以内的乳汁，5～14日为过渡乳，14日以后为成熟乳。人乳中的脂肪、水溶性维生素、维生素A、铁等营养素与哺乳期母亲饮食有关，而维生素D、E、K不易由血液进入乳汁，故与母亲饮食成分关系不大。

初乳量少，淡黄色，碱性，比重1.040～1.060（成熟乳1.030），每日量15～45毫升；初乳含脂肪较少而蛋白质较多（主要为免疫球蛋白）；初乳中维生素A、牛磺酸和矿物质的含量颇丰富，并含有初乳小球（充满脂肪颗粒的巨噬细胞及其他免疫活性细胞），对新生儿的生长发育和抗感染能力发展十分重要。随着哺乳时间的延长，蛋白质与矿物质含量会逐渐减少。各期乳汁中乳糖含量较稳定。

（2）哺乳过程中的乳汁成分变化

每次哺乳过程中乳汁的成分亦随时间而变化。如将哺乳过程分为三部分，第一部分乳汁脂肪含量低而蛋白质含量高，第二部分乳汁脂肪含量逐渐增加而蛋白质含量逐渐降低，第三部分乳汁脂肪含量最高。

3. 建立良好的母乳喂养的方法

成功的母乳喂养应当是母婴双方都积极参与并感到满足的。随着母亲喂养能力的提高，婴儿的摄乳量也将提高。因此，建立良好的母乳喂养有三个条件：一是母亲能分泌充足的乳汁；二是哺乳时出现有效的射乳反射；三是婴儿有力地吸吮。世界卫生组织建议婴儿出生后6个月内完全接受母乳喂养。

（1）产前准备

大多数健康的孕妇都具有哺乳的能力，但真正成功的哺乳需要孕妇做好身、心两方面的准备并配合积极的措施。孕妇应保证合理营养，孕期体重增加适当（12～14千克），母体可贮存足够脂肪，供哺乳能量的消耗。

（2）乳头保健

孕妇在妊娠后期每日用清水（忌用肥皂或酒精之类）擦洗乳头；乳头内陷者用两手拇指从不同的角度按住乳头两侧并向周围牵拉，每日1至数次；哺乳后可挤出少许乳汁均匀地涂在乳头上，乳汁中丰富的蛋白质和抑菌物质对乳头表皮有保护作用。这些方法可防止因出现乳头皲裂或乳头内陷而中止哺乳。

（3）尽早开奶、按需哺乳

吸吮是促进泌乳的关键点和始发动力。0～2个月的小婴儿每日多次、按需哺乳，吸吮有力，使乳头得到多次刺激，乳汁分泌增加。婴儿有力的吸吮使催乳素在母亲血液中维持较高的浓度，产后2周，乳晕的传入神经特别敏感，诱导缩宫素分泌的条件反射易于建立，是建立母乳喂养的关键时期。吸吮是主要的条件刺激，母亲应尽早开奶（产后 15 分钟～ 2 小时）。尽早开奶哺乳可减轻婴儿生理性黄疸，同时还可减轻生理性体重下降，防止低血糖的发生。

（4）促进乳房泌乳

吸乳前让母亲先热敷乳房，促进乳房血液循环。2 ～ 3 分钟后，从外侧边缘往乳晕方向轻拍或按摩乳房，促进乳房感觉神经的传导和泌乳。两侧乳房应先后交替进行哺乳。若一侧乳房奶量已能满足婴儿需要，则可每次轮流哺喂一侧乳房，并将另一侧的乳汁用吸奶器吸出。每次哺乳应让乳汁排空。泌乳有关的多种激素均直接或间接地受下丘脑调节，而下丘脑功能与情绪有关。因此母亲身心愉快、避免精神紧张，可促进泌乳。

（5）正确的喂哺技巧

正确的喂哺技巧包括刺激婴儿的口腔动力，有利于吸吮；唤起婴儿的最佳进奶状态（清醒状态、有饥饿感），哺乳前让婴儿用鼻推压或用舌舔母亲的乳房，哺乳时婴儿的气味、身体的接触刺激母亲的射乳反射。采用最适当的哺乳姿势，使母亲与婴儿均感到放松。

4. 不宜哺乳的情况

母亲若感染艾滋病（HIV）、患有严重疾病，则应停止哺乳，严重疾病如慢性肾炎、糖尿病、恶性肿瘤、精神病、癫痫或心功能不全等。母亲患急性传染病时，可将乳汁挤出，经消毒后哺喂。乙型肝炎的母婴传播主要发生在临产或分娩时，是通过胎盘或血液传递的，因此乙型肝炎病毒携带者并非哺乳的禁忌证。母亲感染结核病的，经治疗，无临床症状时可继续哺乳。

（二）部分母乳喂养

同时采用母乳与配方奶或兽乳喂养的为部分母乳喂养，有两种方法。

1. 补授法

母乳喂养的婴儿体重增长不满意时，提示母乳不足。补授时，母乳哺喂次数一般不变，每次先哺母乳，将两侧乳房吸空后再以配方奶或兽乳补足母乳不足部分，该法适合 6 个月内的婴儿。这样有利于刺激母乳分泌。补授的乳量由小儿食欲及母乳量多少而定，即“缺多少补多少”。

2. 代授法

用配方奶或兽乳替代一次母乳量，为代授法。母乳喂养婴儿准备断离母乳开始引入配方奶或兽乳时宜采用代授法。即在某一次母乳哺喂时，有意减少哺喂母乳量，增加配方奶量或兽乳，逐渐替代此次母乳量。依此类推，直到完全替代所有的母乳。

（三）人工喂养

各种原因不能进行母乳喂养时，完全采用配方奶或兽乳，如牛乳、羊乳、马乳等喂养的，称为人工喂养。配方奶是以牛乳为基础的改造奶制品，其宏量营养素成分尽量“接近”于人乳，使之适合于婴儿的消化能力和肾功能，如降低其酪蛋白、无机盐的含量等；添加一些重要的营养素，如乳清蛋白、不饱和脂肪酸、乳糖；强化婴儿生长时所需的微量营养素如核苷酸，维生素A、D、β胡萝卜素和微量元素铁、锌等。使用时按年龄选用。在不能进行母乳喂养时，配方奶应作为优先选择的乳类来源。

1. 正确的喂哺技巧

与母乳喂养一样，人工喂养亦需要有正确的喂哺技巧，包括正确的喂哺姿势、婴儿完全醒觉状态，还应注意选用适宜的奶嘴和奶瓶、奶液的温度、喂哺时奶瓶的位置。喂养时婴儿的眼睛尽量能与母亲（或喂养者）对视。

2. 摄入量估计

婴儿的体重、推荐摄入量及配方奶制品规格是估计婴儿配方奶摄入量的必备资料，应该按照配方奶的说明进行正确配制。一般市售婴儿配方奶粉 100 克供能约 500 千卡，以 6 月龄以下婴儿为例，能量需要量为 90 千卡/（千克·天），故需婴儿配方奶粉约 18 克/（千克·天）或 135 毫升/（千克·天）[①]。

（四）婴儿食物转换

婴儿随着生长发育的逐渐成熟，进入由出生时的纯乳类喂养向固体食物转换的转乳期。转乳期的泥状食物是人类生态学发展中不可逾越的食物形态，它不仅提供营养素，还对儿童消化功能的发育以及进食能力和行为的养成有重要促进作用，应引起儿科医生重视。

婴儿辅食添加原则

1. 不同喂养方式婴儿的食物转换

婴儿食物的转换过程是使婴儿逐渐适应各种食物的味道、培养婴儿对其他食物感兴趣、逐渐由乳类为主要食物转换为进食固体为主的过程。母乳喂养婴儿的食物转换是帮助婴儿逐渐用配方奶或兽乳完全替代母乳，同时引入其他食物；部分母乳喂养和人工喂养婴儿的食物转换是逐渐引入其他食物。

2. 转乳期食物（也称辅助食品）

转乳期食物是除母乳或配方奶（兽乳）外，为过渡到固体食物所添加的富含能量和各种营养素的半固体食物（泥状食物）和固体食物。为婴儿引入食物的时间和过程应适合婴儿的接受能力，保证食物的结构、风味等能够被婴儿接受。

① 中国营养学会. 中国居民膳食指南（2022）[M]. 北京：人民卫生出版社，2022.

辅助食品（常简称辅食）为根据婴儿体格生长、神经发育、摄食技能、社交技能几方面发育状况而决定引入的其他食物。引入辅助食品一般应在婴儿体重达6.5～7千克，能保持姿势稳定、控制躯干运动、扶坐、从勺进食等，此时多为4～6月龄。

辅助食品引入的原则如下。

（1）从少到多

在哺乳后立即给予婴儿少量含强化铁的米粉，用勺进食，6～7月龄后可代替1次乳量。

（2）从单种到多种

如蔬菜的引入，应每种菜泥（茸）尝1～2次/日，直至3～4日婴儿习惯后再换另一种，以刺激味觉的发育。单一食物引入的方法可帮助了解婴儿是否出现食物过敏。

（3）从细到粗

从泥（茸）状过渡到碎末状可帮助婴儿学习咀嚼，增加食物的能量密度。

（4）从软到硬

随着婴儿年龄增长，食物有一定硬度可促进其牙齿萌出和咀嚼功能形成。

（5）注意进食技能培养

尽量让孩子主动参与进食，如7～9个月孩子可抓食，1岁后可自己用勺进食，这样既可增加婴儿进食的兴趣，又有利于眼手动作协调和独立能力的培养。不宜使用强迫、粗暴的被动喂养方式导致婴幼儿产生厌倦和恐惧进食的心理反应。

三、幼儿营养

（一）营养特点

1岁后幼儿体格生长速度减慢，但仍处于快速生长发育的时期，且活动量加大，仍须保证充足的能量和优质蛋白质的摄入。幼儿咀嚼和胃肠消化吸收能力尚未健全，若喂养不当易发生消化紊乱。幼儿心理上逐渐向个性化发展，自我喂哺的意识强烈，能逐渐自己使用杯子、汤匙进食，但容易出现与进食相关的逆反心理。

（二）膳食安排及进食技能培养

幼儿膳食中各种营养素和能量的摄入须满足该年龄阶段的生理需要。蛋白质每日40克左右，其中优质蛋白（动物性蛋白质和豆类蛋白质）应占总蛋白的1/2。蛋白质、脂肪和糖类产能之比为（10%～15%）:（30%～35%）:（50%～60%）。幼儿进餐应有规律，包括定时、定点、适量进餐，以每日4～5餐为宜，即早、中、晚正餐，点心1～2次，进餐时间20～25分/次为宜。培养儿童自我进食技能，不规定进食方法（手抓、勺、筷），不强迫进食，儿童2岁后应能自主、自由进食。

课后练习

1. 儿童能量代谢的消耗有哪些？
2. 婴儿喂养的方式有哪些？
3. 母乳喂养的优点有哪些？
4. 辅助食品引入的原则是什么？

任务 3 婴幼儿睡眠指导

任务导读

睡眠是人体最基本的生理活动之一，人的一生中有 1/3 的时间是在睡眠中度过的，而在儿童中这一比例更高。在出生后的前 24 个月中，有 13 个月是睡眠时间，11 个月是清醒活动时间。对于 2 ～ 5 岁的儿童来说，睡眠与清醒的时间各占 50%。学龄儿童和青少年 40% 的时间是睡眠时间。

婴儿期是儿童生长发育的关键期，越是在生命的早期，所需的睡眠时间越长。刚出生的婴儿由于睡眠昼夜节律尚未形成，睡眠/觉醒模式缺乏规律，每天近 70% 的时间都在睡眠，可分布于一天 24 小时，且连续睡眠能力差，容易受干扰打断。此后，在环境温度、声音、喂养、日常活动，特别是周围光线昼夜变化的刺激下，睡眠节律逐步与外界环境同步，白天觉醒时间延长，睡眠也越来越集中于夜晚完成。在 3 ～ 4 个月时，机体褪黑素分泌、24 小时体温变化等生理指标开始出现昼夜波动，这也就预示着婴儿睡眠/觉醒模式的昼夜规律初步形成。5 ～ 12 个月期间逐渐向成人化发展，由出生时的多相式、片断化睡眠逐步发展为规律、连续睡眠。婴儿期是儿童睡眠/觉醒模式昼夜节律发展形成的关键期，是儿童整个睡眠发展进程的重要起点阶段。

任务提要

本任务从睡眠概述、婴幼儿常见睡眠障碍等方面展开阐述。

婴幼儿睡眠的特点

一、婴幼儿睡眠概述

睡眠无论是对儿童还是成人，都是保证机体功能正常运转，维护身心健康的基本生理需求。随着社会经济的快速发展，多元化的高科技元素和现代化的生活方式正逐步充斥、侵占着群体的睡眠时间，包括儿童。越来越多的数据显示，如今的儿童普遍存在睡眠不足的现象。睡眠不仅可以使个体的精神和体力得到恢复，而且与个体的情绪、记忆等心理活动密切相关。睡眠出现问题也会引起一系列心理及生理疾病的发生。

婴儿期睡眠／觉醒模式的复杂变化历程，无论是对于婴儿还是父母都是巨大的挑战。国外多项流行病学调查显示，婴儿父母常常面临的困难是婴儿入睡困难和频繁的夜醒，这些睡眠问题困扰着20%～30%的家庭。我国相关研究也发现儿童年龄越小睡眠问题的发生率越高，28%～40%的0～3个月婴儿有睡眠问题。早期良好的睡眠模式是婴儿远近期睡眠质量的重要保障。

（一）婴儿期睡眠／觉醒模式

目前关于婴儿期睡眠／觉醒模式的发展变化趋势尚未得到充分的研究和阐述。有研究结果表明，随着年龄的增长，儿童的睡眠时间长度在缩短，同时儿童睡眠时间还表现出工作日与周末，以及季节、地区和代际差异。但从整体上看，既往研究更多关注1岁以上儿童，特别是学龄儿童和青少年的睡眠发展趋势，关于婴儿期甚至更早期睡眠／觉醒模式的研究报道非常有限。此外，无论是儿童期还是婴儿期，尽管既往的研究资料报道了群体睡眠情况及随年代变化的趋势，但是这些也仅仅体现了儿童睡眠的常态，尚不足回答何种睡眠／觉醒模式才是相对理想的，或有助于儿童良好的生长发育趋势的[①]。

（二）婴儿期睡眠养育行为

在婴幼儿成长过程中，行为性失眠问题，例如入睡困难、夜醒频繁等，是最常见、发生率最高的一种睡眠问题。在欧美国家，行为性失眠问题已引起社会、家庭及睡眠研究领域的广泛关注，也是目前儿科门诊家长咨询最多的婴幼儿睡眠问题。越来越多的研究证实，婴幼儿行为性失眠问题主要与家长不恰当的睡眠养育行为有关，如同床睡眠，入睡时父母的陪伴、拍抱等。

婴儿期睡眠／觉醒模式的组织和固化是儿童整个睡眠发育进程的重要起点，早期良好的睡眠行为模式是儿童近远期睡眠质量的基础保障。加强家长睡眠卫生教育和预见性指导，从小培养婴儿良好睡眠行为习惯，是预防并减少儿童睡眠问题的有效策略。

（三）婴幼儿睡眠时间

新生儿总睡眠时间在各年龄段儿童中最长，每天16～20小时，昼夜睡眠时间基本相等。1～2个月婴儿，开始随光线强度变化调整睡眠；2～3个月是建立昼夜睡眠规律的关键期；2～12个月儿童，每天总睡眠时间12～13小时，其中夜间睡眠9～10小时，日间睡眠3～4小时；2～5岁儿童，夜间睡眠9～11小时，多有1次日间小睡。高质量睡眠有助于儿童的智力发育，与儿童的认知功能、学习和注意力密切相关，并能促进体格生长[②]。

① 黄小娜．基于生长发育轨迹婴儿期睡眠/觉醒模式及行为影响因素研究[D]．北京：中国疾病预防控制中心，2013.

② 陈荣华，赵正言，刘湘云．儿童保健学[M]．5版．南京：江苏凤凰科学技术出版社，2017.

二、婴幼儿常见睡眠障碍

婴幼儿时期是儿童生长发育、智力发育的关键时期，充足的睡眠有助于消除疲劳、恢复体力，保护大脑、增强抵抗力，对中枢神经系统的发育和成熟有着非常重要的作用。如果婴幼儿时期出现睡眠质或量的不足，则易出现情绪低落、烦躁易怒、焦虑紧张，部分出现抑郁孤独等心理行为异常。

婴幼儿常见睡眠障碍

（一）婴幼儿生理特点

新生儿通常睡眠没有规律，也没有一定的模式。一般母乳喂养的新生儿每次睡眠的时间稍短（2～3 小时），而人工喂养的新生儿则稍长（3～4 小时）。另外，在新生儿阶段，睡眠基本没有白天和黑夜的规律。婴儿在 2～4 月龄时，逐步形成睡眠的昼夜节律。新生儿在睡眠过程中有时会有各种动作出现，例如会笑，会扮鬼脸，会有吸吮动作，也会因为鼻子堵塞呼吸音很重，有时还会不经意地突然抽动一下身体，这些现象都是正常的。

婴儿通常夜间睡 9～12 小时，白天睡 2～5 小时。2 月龄时，每日白天睡 2～4 次；12 月龄时，每日白天睡 1～2 次。有时患病、出牙或换环境会使婴儿原有的作息规律被打乱。发育过程中的明显进展也可能会打乱原有的作息规律。例如，在学会爬或扶着家具站起等阶段，都有可能出现暂时性睡眠不安。婴儿在 6 月龄左右，可一觉睡到天亮，通常也不需要夜间哺乳。但是事实上，这个阶段仍有 25%～50% 的婴儿会有夜醒现象。如果婴儿在夜间醒来后能学会自我安抚再重新入睡，则其觉醒时间会非常短，并且不会打搅父母。但是如果他们不会自我安抚，就需要用哭闹唤醒父母，让父母帮助其重新入睡，这种情况称为“睡眠启动相关障碍”，而这种睡眠障碍是婴儿夜醒最常见的原因。该睡眠障碍是由于父母在婴儿入睡的过程中，培养了其依赖行为，如抱着入睡，或者在手上晃着入睡，以及含着奶嘴入睡等习惯。长此以往，婴儿养成了入睡依赖行为，他们必须依赖这些来自父母的帮助才能入睡。一旦夜间婴儿短暂觉醒后需要依赖这些帮助重新入睡时，就会出现哭闹难以入睡的情况，最终出现频繁夜醒[①]。

（二）流行病学资料

夜醒并不是一个睡眠障碍的诊断，其本身只是一个对症状的描述，通常是指儿童入睡依赖外界条件或父母帮助，如抱睡、拍睡和奶睡等，从睡眠中醒来，长时间（超过 20 分钟）无法自主回睡，而要寻求相同外界条件或父母帮助，导致频繁或长时间夜醒。夜醒是儿科门诊中父母提及最多的睡眠问题。尽管从儿童的发育来看，多数健康婴儿在 3 月龄时，生理上已具备睡整觉的能力，到 6 月龄时就

① 王卫平，孙锟，常立文. 儿科学 [M]. 9 版. 北京：人民卫生出版社，2018.

无须夜间喂食，且应该可以一觉睡到天亮，但是研究表明25%～50%的婴儿仍然会有夜醒，到1岁左右仍然有30%的婴幼儿有夜醒，夜醒在1～3岁幼儿中发生率为15%～20%。很多原因可以引起夜醒，但是在婴幼儿期最常见的引起夜醒的睡眠障碍是睡眠启动相关障碍。该障碍属于美国睡眠医学会《国际睡眠障碍分类》（第三版）中慢性失眠障碍的一个诊断类别。

（三）判定标准

国际睡眠障碍分类中列出的慢性失眠障碍的诊断标准（ICD-10：F51.01）如下。

标准1. 患者、患者父母、患者看护者观察到患者出现以下一种或者多种症状：①入睡困难；②睡眠维持困难；③早醒；④在适当的时间拒绝上床睡觉；⑤在没有父母或者看护人的干预时难以入睡。

标准2. 患者、患者父母、患者看护者观察到患者因为夜间睡眠困难而出现以下一种或者多种症状：①疲劳、心神不宁；②注意力、专注力难以集中或者记忆力下降；③在社交时、家庭中、面对同伴、职业领域工作表现不如以前；④情绪易烦躁，易激动；⑤白天嗜睡；⑥举止异常（比如多动、冲动、攻击性）；⑦懒洋洋、缺乏活力、缺乏动力；⑧易犯错、易出事故；⑨对自己的睡眠质量有疑问或不满意。

标准3. 睡眠/觉醒的异常不是单纯由不充足的睡眠机会（比如充足的睡眠时间）或者不合适的睡眠环境（比如环境是黑暗、安静、安全、舒适的）导致的。

标准4. 睡眠困难和白天的相关症状出现至少每周3次。

标准5. 睡眠困难和白天的相关症状持续至少3个月。

标准6. 睡眠/觉醒困难不能被其他的睡眠障碍解释。

标准1～6均须满足。

备注：婴儿在3～6月龄前尚无规律睡眠，所以6月龄是第一个合适考虑是否患有失眠的年龄段，除非之前的睡眠就已经非常规律。而儿童夜醒直接依据临床表现即可诊断，且多是由不良的睡眠启动相关行为引起的。婴幼儿睡眠启动相关行为比较常见，所以只有在以下症状出现时才能诊断失眠：①睡眠启动相关行为存在问题（如摇睡、奶睡等）；②无睡眠启动相关行为时，入睡时间明显延长或者出现睡眠中断；③睡眠启动和再次入睡时，需要看护者的干预和帮助[①]。

（四）家庭指导

1. 消退法

消退法要求家长在婴幼儿出现睡意后将其放床上，然后忽略其间任何哭闹，直到第二日早晨起床。据报道，消退法很好地干预了一些频繁夜醒的婴幼儿。但

① 崔焱，张玉侠. 儿科护理学[M]. 7版. 北京：人民卫生出版社，2021.

是在现实生活中，绝大部分家长都无法接受任由婴幼儿哭闹而不去理睬的方法。

2. 逐步消退法

逐步消退法由美国著名的儿童睡眠专家费伯提出，所以又被称为费伯方法。该法要求父母在婴幼儿思睡但没有完全睡着的时候将其独自放到床上，按照事先设定的时间在婴幼儿的卧室门口等待，然后渐渐延长每次在门口等待的时间间隔，直到最后婴幼儿独立睡着。例如，第一日，刚开始在门外第 1 次等待 5 分钟后进去看望他，首先确定婴幼儿没有身体的不适，然后在他的床边尽量用言语而不是身体接触去安抚他，时间不超过 2 分钟。安抚结束后出来，然后第 2 次等待 10 分钟去看望婴幼儿，用同样的方法安慰他，当达到等待的最大极限时，必须坚持直至婴幼儿在这一过程中睡去。每次夜醒时，重复使用这个方法。第二晚，看望婴幼儿的时间间隔可以进一步延长。午睡也采用该办法，如果婴幼儿坚持不睡则放弃午睡。干预过程中要给予父母充分的支持，做好睡眠记录，增强其信心。一般干预 1 周即会有明显的进展。当然，婴幼儿不良睡眠习惯形成的时间越长，干预所需的时间也越长。婴幼儿在干预过程中最好与大人分床，最好是分房睡。在干预过程中可适当延迟婴幼儿上床睡觉时间半小时。

3. 改良逐步消退法

根据每个家庭的特点，可以对上述经典的逐步消退法进行改良后使用。例如，在入睡过程中采用逐步消退法，而有的家庭在婴幼儿半夜醒来时无法采用同样的方法，这时可以允许在夜醒期间仍然维持原来的做法。如还是抱或者摇晃，但是入睡过程坚持用逐步消退法。通常情况下，随着婴幼儿入睡能力的提高，在干预的第 2 周其夜醒的次数也会明显下降。对于无法忍受婴幼儿持续哭闹 5 分钟的家庭，第 1 次等待的时间可以是 1 分钟，延长的间隔时间也可以短些。

课后练习

1. 婴幼儿睡眠的特点有哪些?

2. 婴幼儿常见的睡眠障碍有哪些?

3. 选取一名婴幼儿，对该名婴幼儿的睡眠进行分析，如存在睡眠障碍，请设计一份指导方案。

任务4 婴幼儿其他日常问题指导

任务导读

自宝宝出生后，部分家庭因经验不足，在婴幼儿日常护理方面存在误区。婴幼儿身体各项机能还没有发育成熟，只有做好婴幼儿家庭护理知识的普及，才能提高婴幼儿自身的免疫力，促进婴幼儿健康成长，使婴幼儿处于一个最佳的发育状态。日常护理不仅关系到孩子的舒适、健康和身体发育，而且还关系到孩子的心理成长。及时、恰当地回应孩子和有规律地照料孩子，能让孩子产生信任感和安全感，从而有利于其情绪、社会性，以及认知、智力等方面的发展。对于刚刚拥有婴幼儿的家庭来说，日常护理很重要，它不仅关系到婴幼儿的健康，也关系到家庭的和谐。

任务提要

本任务主要是对婴幼儿日常生活中常见的护理问题进行具体指导，通过前期的准备与具体操作的指导，以及最后的注意事项，希望能对婴幼儿的家庭护理起到一定作用。

皮肤护理方法

一、皮肤护理

（一）更换尿布法

【目的】

保持臀部皮肤清洁、干燥、舒适，防止尿液、粪便等对皮肤的长时间刺激，预防尿布皮炎的发生或使原有的尿布皮炎逐步痊愈。

【评估和准备】

评估婴儿情况，观察臀部皮肤状况，并做好以下准备。

1. 环境准备：调节室温至26～28℃。

2. 物品准备：尿布（纸尿裤）、尿布桶、护臀霜或鞣酸软膏、小毛巾、温水或湿纸巾。

3. 婴儿准备：进食前或空腹。

4. 护理者准备：操作前洗手。

【操作步骤】

1. 解开包被，拉高婴儿的上衣，避免被排泄物污湿。

2. 解开尿布，一只手抓住婴儿双脚轻轻提起，另一只手用尿布的前半部分较洁净处从前向后擦拭婴儿的会阴部和臀部，并将此部分遮盖尿布的污湿部分后垫于婴儿臀下。

3. 用湿纸巾或蘸温水的小毛巾从前向后擦净臀部皮肤，注意擦净皮肤的褶皱部分并晾干。如果臀部皮肤发红，温水清洗后用小毛巾轻轻蘸干。

4. 将预防尿布炎或治疗尿布炎的软膏、药物涂抹于臀部，注意涂抹易于接触排泄物或皮肤发红的部位。

5. 一只手提起婴儿双脚，抬高臀部，另一只手撤去脏尿布。

6. 将清洁的尿布垫于腰下，放下婴儿双脚，系好尿布，大小、松紧适宜。新生儿脐带未脱落时，须将尿布前部的上端向下折，保持脐带残端处于暴露状态。

7. 拉平衣服，包好包被。

8. 观察排泄物性状，或根据需要称量尿布。

9. 清理用物，洗手。

【注意事项】

1. 用物准备齐全，避免在操作中离开婴儿。

2. 禁止将婴儿单独留在操作台面上，始终确保一只手与婴儿接触，防止婴儿翻滚坠落。

3. 尿布应透气性好、吸水性强，根据需要可选择一次性尿布或棉质尿布，并做到勤更换。

4. 注意保暖，房间温度应适宜，操作中减少暴露。

5. 男婴要确保阴茎指向下方，避免尿液从尿布上方漏出。

6. 注意检查尿布是否包扎合适，不可过紧也不可过松，大腿和腰部不能留有明显的缝隙，造成排泄物外溢。

（二）婴儿沐浴法

【目的】

保持婴儿皮肤清洁、舒适，协助皮肤排泄和散热。

【评估和准备】

评估婴儿身体情况和皮肤状况，并做好以下准备。

1. 环境准备：关闭门窗，调节室温至 26 ～ 28℃。

2. 物品准备：婴儿沐浴露、平整的操作台、大小浴巾、面巾、湿纸巾、婴儿尿布及衣服、包被、无菌棉签、棉球、75%酒精或复合碘皮肤消毒剂、护臀用品

(护臀霜或鞣酸软膏等，可根据婴儿情况准备)、水温计、温热水(先放冷水，再放热水，使水温维持在37～39℃)、指甲刀，必要时备浴盆(内备温热水2/3满或1/2满)。

3. 婴儿准备：进食后1～2小时或进食前。

4. 护理者准备：操作前洗手。

【操作步骤】

1. 用水温计测试水温。

2. 将婴儿放于操作台上，脱衣服及尿布，擦净臀部，用大浴巾包裹。

3. 左臂及腋下夹住婴儿臀部及下肢，以左前臂托住婴儿背部，左手掌托住头颈部，拇指与中指分别将婴儿双耳廓折向前按住，防止水流入造成内耳感染，将婴儿抱至沐浴处。

4. 将小面巾蘸水拧干，擦拭婴儿前额、双眼(方向由内眦向外眦)，接着擦洗婴儿鼻部、口唇四周、面颊及耳部，注意擦洗耳后皮肤褶皱处。然后右手取沐浴露轻柔清洗婴儿头部，用清水洗净(见图1–1)，最后用小浴巾擦干头部。

5. 左手握住婴儿左肩及腋窝处，使头颈部枕于操作者左前臂；右手握住婴儿左腿靠近腹股沟处，将婴儿轻放于水中(见图1–2)。

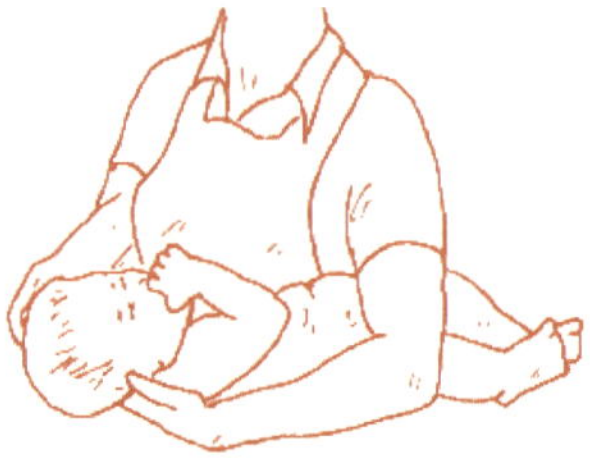

图1–1 婴儿洗头

图1–2 婴儿入水

6. 保持左手的握持，用右手抹沐浴露于颈下、胸、腹、腋下、上肢、手、会阴、下肢、脚，然后用清水冲净。

7. 右手从婴儿前方握住婴儿左肩及腋窝处，使其头颈部俯于操作者右前臂，左手抹沐浴露清洗婴儿后颈、背部、臀部，然后用清水冲净。

8. 将婴儿从水中按入水的方法抱出，迅速用大毛巾包裹全身并将水分吸干。

9. 脐带未脱落者，用无菌棉签蘸取75%酒精或复合碘皮肤消毒剂从脐根部慢慢向外擦拭脐窝，然后擦拭脐带残端和脐周，每个部位重复2遍。若脐部有渗血、渗液或脓性分泌物应及时送医处理并遵医嘱给予处理。

10. 擦干臀部，局部涂护臀用品，穿好尿布。

11. 检查婴儿眼、耳、口、鼻，根据实际情况给予清洁或处理，必要时修剪婴儿指/趾甲。

12. 给婴儿穿衣后放回婴儿床。

13. 清理用物，洗手，记录观察内容。

知识链接

怎么做脐带护理

脐带是连接妈妈和宝宝的纽带，脐带的剪断，意味着宝宝作为一个独立的个体开始了自己的生命之旅。脐带刚被剪断时，宝宝身上会留下脐带残端。大部分宝宝的脐带残端会在出生后 10 ～ 20 天自动干燥脱落。偶尔，在脐带脱落后，宝宝身上会留下一点小伤口，也可能会有少量分泌物。在这种情况下，只要保持宝宝这个部位的清洁和干燥，2 周内会自然愈合。那么，具体应该怎么操作呢？

1. 在脐带脱落前为宝宝洗澡时，要避免打湿脐部，可多采用擦浴或使用防水贴。不慎沾水时，应立刻用干棉签擦干，保持脐带部位干燥。

2. 给宝宝穿纸尿裤时，纸尿裤前端应置于肚脐以下，以免肚脐受到摩擦，沾到尿液，引起炎症。透气的环境也有益于肚脐的愈合和脐带脱落。

3. 在正常情况下，脐带在脱落前会有少量液体分泌物，需要每天清洁。家长可以在宝宝洗澡后，用清洁的干棉签将脐部的水吸干，然后用酒精或碘伏消毒。消毒的时候注意不能仅停留在表面，要从脐带残端的根部开始消毒。

4. 在给宝宝护理脐带前要清洁双手并擦干，防止污染宝宝的脐带伤口。

【注意事项】

1. 沐浴过程中，注意观察婴儿面色、呼吸、皮肤、肢体活动等，如有异常，停止操作，及时就医，遵医嘱给予处理。

2. 注意保暖，避免受凉；注意水温，防止烫伤；不可将婴儿单独留在操作台上，防止坠落受伤。

3. 脐带未脱落者，使用脐带贴保护脐部，避免脐部被水浸泡或被污水污染。

4. 不可用力去除婴儿头部皮脂结痂，可涂油剂浸润，如液状石蜡、植物油等，待痂皮软化后清洗。

二、婴儿抚触

婴儿抚触的方法

【目的】

促进婴儿与父母的情感交流，促进神经系统的发育，提高免疫力，加快食物的消化和吸收，减少婴儿哭闹，增加睡眠。

【评估和准备】

评估婴儿身体情况，并做好以下准备。

1. 环境准备：关闭门窗，调节室温至26～28℃，舒适、安静，可播放柔和的音乐。

2. 物品准备：平整的操作台、温度计、润肤油、湿纸巾、婴儿尿布、衣服及包被。

3. 婴儿准备：沐浴后或两次喂奶之间。

4. 护理者准备：操作前洗手。

【操作步骤】

1. 解开婴儿包被和衣服。

2. 将润肤油倒在双手中，揉搓双手温暖后进行抚触。抚触动作开始要轻柔，慢慢增加力度，每个动作重复4～6次。抚触的步骤：头面部→胸部→腹部→上肢→下肢→背部。

（1）头面部（舒缓脸部紧绷，见图1–3）：

①两拇指指腹从眉间滑向两侧至发际。

②两拇指指腹从下颌部中央向两侧向上滑动呈微笑状。

③一手轻托婴儿头部，另一手指腹从婴儿一侧前额发际抚向枕后，避开囟门，中指停在耳后乳突部轻压一下；换手，同法抚触另一侧。

（2）胸部（顺畅呼吸循环）：一手指腹从胸部的外下方（肋下缘）向对侧外上方滑行至肩部，避开新生儿的乳头。换手，同法抚触另一侧。

（3）腹部（有助于肠胃活动）：按顺时针方向按摩腹部，两手指腹交替从婴儿右下腹部抚触至左下腹部（避开脐部和膀胱）。

（4）上肢（增加灵活反应，见图1–4）：

①两手呈半圆形交替握住婴儿的上臂向腕部滑行，在滑行过程中，从近端向远端分段挤捏上肢。

②双手挟着手臂，从近端向远端轻轻搓滚肌肉群至手腕。

③双拇指指腹从手掌心抚触到手指，从手指两侧轻轻提拉每个手指；同法抚触另一侧。

（5）下肢（增加运动协调功能，见图 1–4）：

①两手呈半圆形交替握住婴儿的大腿向脚踝部滑行，在滑行过程中，从近端向远端分段挤捏下肢。

②双手挟着下肢，从近端向远端轻轻搓滚肌肉群至脚踝。

③双拇指指腹从脚掌心抚触到脚趾，从脚趾两侧轻轻提拉每个脚趾；同法抚触另一侧。

（6）背部（舒缓背部肌肉）：使婴儿取俯卧位，以脊柱为中线，两手掌分别于脊柱两侧由中央向两侧滑行，从背部上端开始逐渐下移到臀部，最后由头顶沿脊椎抚触至臀部。

3. 包好尿布、穿衣。

4. 清理用物，洗手。

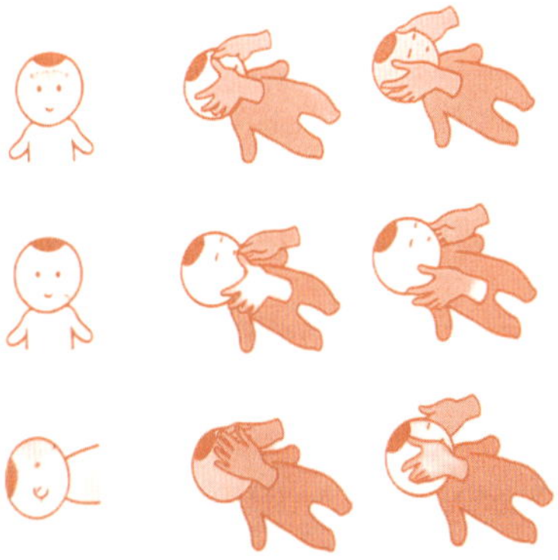

图 1–3 婴儿头面部抚触

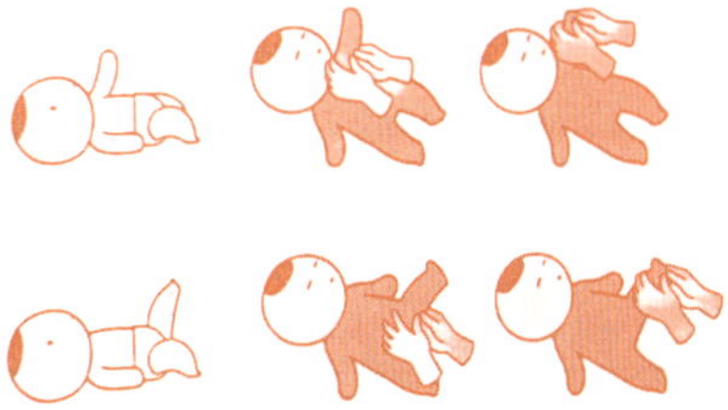

图 1–4 婴儿四肢抚触

【注意事项】

1. 根据婴儿状态决定抚触时间，避免在饥饿状态和进食后 1 小时内进行，最好在婴儿沐浴后进行，时间 10 ～ 15 分钟。

2. 抚触过程中注意观察婴儿的反应，如果出现哭闹、肌张力提高、兴奋性增加、肤色改变等，应暂停抚触，并根据婴儿情况酌情处理。

3. 抚触时用力适当，注意与婴儿进行语言和目光的交流。

课后练习

1. 婴幼儿尿布更换有哪些注意事项?
2. 简述婴幼儿沐浴时的清洗顺序。
3. 简述婴幼儿抚触的流程。

PROJECT

2

项目二

婴幼儿疾病护理指导

项目导学

婴儿还没有语言表达能力和自我行动能力，他们任何需求的表达，都是通过哭泣来完成的。新手父母经常因为孩子的莫名哭闹而不知所措，孩子的健康成长需要父母掌握一定的护理知识与能力。掌握婴幼儿常见的疾病护理技巧，可以帮助父母在抚养孩子的道路上更游刃有余。新生儿黄疸和婴幼儿湿疹、腹泻、过敏性疾病等是困扰父母的常见问题。本项目通过提供必要的病理知识与全面的护理和预防技巧，帮助婴幼儿父母具备专业的婴幼儿照料能力。

学习目标

1. 掌握新生儿黄疸护理方法。
2. 掌握婴幼儿湿疹护理方法。
3. 掌握婴幼儿腹泻护理方法。
4. 掌握婴幼儿过敏性疾病护理方法。

内容图解

- 婴幼儿疾病护理指导
  - 新生儿黄疸护理
    - 新生儿黄疸概述
    - 新生儿胆红素代谢的特点
    - 新生儿黄疸的病因
    - 新生儿黄疸的临床表现
    - 新生儿黄疸的治疗
    - 新生儿黄疸的护理和预防
  - 婴幼儿湿疹护理
    - 婴幼儿湿疹的病因
    - 婴幼儿湿疹的临床表现
    - 婴幼儿湿疹的治疗
    - 婴幼儿湿疹的护理和预防
  - 婴幼儿腹泻护理
    - 婴幼儿腹泻概述
    - 婴幼儿腹泻的护理和预防
  - 婴幼儿过敏性疾病护理
    - 婴幼儿过敏性疾病概述
    - 婴幼儿过敏性疾病的护理和预防

任务1 新生儿黄疸护理

任务导读

甜甜出生已经五天了，她的到来为整个家庭带来了喜悦。甜甜是个早产儿，出生体重只有2.5千克，出生后一直被人工喂养至今。可是令人担忧的是近三天来，甜甜的肤色越来越黄，连巩膜也开始发黄了，这可把甜甜妈妈给愁坏了。

“孩子爸，要么我们带甜甜去医院看看吧，放心点。”

“你也别太担心了，你忘了出院的时候医生交代我们的吗？新生儿生理性黄疸是正常的，你看甜甜现在精神也挺好的，也没有发热、呕吐这些反应，我们先观察几天看看。”

这时月嫂阿姨也说：“哎哟，没关系的，黄疸我可见多了，甜甜这种程度的简直就是毛毛雨，过几天自己会退的，大不了我明天带她去晒晒太阳，保证过几天就没事了。”

“你看，阿姨也这么说了，她肯定比我们有经验！你就放宽心！”甜甜爸爸随即附和道。

“可是……”尽管甜甜妈妈还想再说些什么，可一时也说不上来哪里不对，默默将剩下的话咽了回去。

如果你是甜甜妈妈，你会怎么做？你知道怎么区别生理性黄疸和病理性黄疸吗？什么时候需要给甜甜做检查？

任务提要

黄疸是新生儿期常见的临床表现，本任务立足于新生儿黄疸的病因和特点，主要介绍生理性黄疸和病理性黄疸的区别，以及针对黄疸可以采取的护理和预防措施。

一、新生儿黄疸概述

新生儿黄疸

新生儿黄疸，又称新生儿高胆红素血症，系因胆红素在体内积聚而引起的皮肤、巩膜或其他器官、组织的黄染，有生理性和病理性之分。通常，新生儿血清胆红素超过 5 mg/dl（毫克/分升）[1] 即可出现肉眼可见的黄疸。超过 80% 的正常新生儿在出生后 1 周内可出现皮肤黄染，若血清非结合胆红素过高可透过血—脑屏障引起胆红素脑病（即核黄疸），使中枢神经系统受损，甚至引起死亡。

知识链接

临床上胆红素脑病和核黄疸这两个名词是通用的，目前推荐将出生后 1 周内胆红素所致的中枢神经系统损害称为急性胆红素脑病；将胆红素所致的慢性和永久性中枢神经系统损害或后遗症称为核黄疸，或慢性胆红素脑病[2]；将胆红素引起的可逆性的神经系统损伤称为暂时性脑病，临床表现为随着胆红素水平的增高而逐渐出现嗜睡、反应低下等，但治疗后随胆红素降低而症状消失。

胆红素脑病多发生于出生后 2～7 天，特别是早产儿更易发生。24 小时内进展较快，一般在重症黄疸高峰后 12～48 小时出现症状，临床分为以下四期：警告期、痉挛期、恢复期、后遗症期。警告期常表现为反应低下，肌张力降低，吸吮无力，持续 0.5～1.5 天；痉挛期出现肌张力增高，伴有发热、抽搐和呼吸不规则，持续 0.5～1.5 天；恢复期肌张力恢复，体温恢复正常，抽搐也相应减少，持续约 2 周；后遗症期常有终生表现，如听力下降、眼球运动障碍（眼球向上转动障碍，形成落日眼）、手足徐动（经常出现不自主、无目的、不协调的动作）、牙釉质发育不良、智力落后等。

二、新生儿胆红素代谢的特点

新生儿每日生成胆红素过多，而血浆白蛋白联结胆红素的能力不足导致运转胆红素的能力差，同时刚出生的新生儿肝功能发育未完善使得干细胞处理胆红素能力弱，加之新生儿特殊的肠肝循环，使得其摄取、结合、排泄胆红素的能力不

① 通常 1 mg/dl ≈ 17.1 μmol/L（微摩尔/升）。

② 李秋平，封志纯. 美国儿科学会最新新生儿黄疸诊疗指南[J]. 实用儿科临床杂志，2006，21（14）：958-960.

足，因此新生儿极易出现黄疸，特别是在饥饿、缺氧、脱水或颅内出血等情况下更易出现黄疸或加重黄疸。

三、新生儿黄疸的病因

（一）生理性黄疸

生理性黄疸，也称非病理性高胆红素血症。由于新生儿胆红素产量大于胆红素排泄量，我国大多数新生儿在出生后早期会出现不同程度的暂时性血清胆红素增高。

（二）病理性黄疸

病理性黄疸，又称非生理性高胆红素血症，相对生理性黄疸而言是血清胆红素水平异常增高或胆红素增高性质的改变，部分病理性黄疸是生理性黄疸的延续或加深。对于病理性黄疸，应积极寻找病因，及时干预，预防胆红素脑损伤的发生。出现病理性黄疸的原因有以下三类。

1. 胆红素生成过多

过多红细胞的破坏以及肠肝循环增加，使得胆红素生成过多，如ABO溶血病、先天性肠道闭锁、母乳性黄疸等。

2. 胆红素代谢障碍

肝细胞摄取和结合胆红素的功能不足，使得血清未结合胆红素升高，如21-三体综合征、先天性甲状腺功能低下等。

3. 胆汁排泄障碍

肝细胞排泄结合胆红素障碍或胆管受阻造成高胆红素血症，若伴有肝细胞功能受损，如新生儿肝炎、胆道闭锁等，可同时使未结合胆红素升高。

生理性黄疸是一种排除性诊断，必须排除病理性黄疸的各种原因后方可确定。传统的判断到底是“生理”还是“病理”的标准是血清胆红素最高界值，通常认为足月儿 221 μmol/L（12.9 mg/dl）以下、早产儿 256 μmol/L（15 mg/dl）以下是生理性的。但近年研究发现即使早产儿的血清胆红素水平低于此值，也可发生胆红素脑病，可见割裂婴儿出生时间和健康状态，单纯依据血清胆红素最高界值区分生理性和病理性黄疸已不适用。目前被多数学者接受的高胆红素血症风险评估方法是采用出生后时龄胆红素值评估曲线，又称布塔尼（Bhutani）曲线（见图 2-1）。

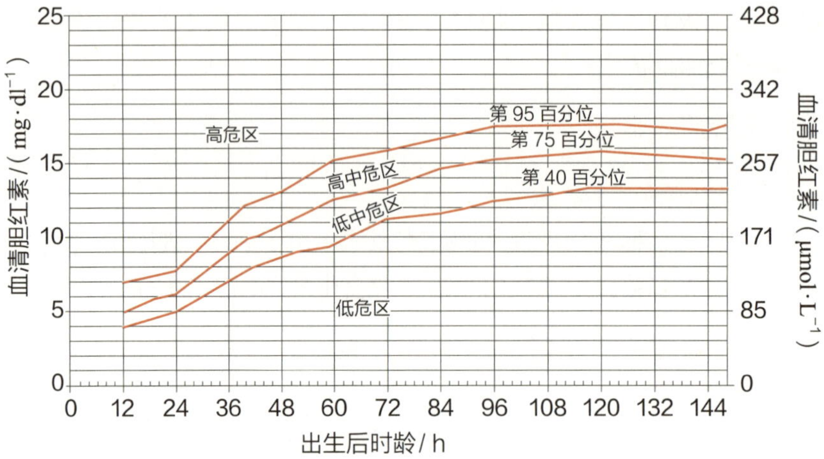

图 2-1　出生后时龄胆红素风险评估曲线（Bhutani 曲线）

知识链接

母乳性黄疸

母乳性黄疸分为早发型和晚发型。

早发型母乳性黄疸常指单纯母乳喂养的新生儿在出生后 1 周内，摄入母乳量不足、排便延迟等，使肠肝循环增加，从而导致血清胆红素水平升高，常伴有生理性体重下降显著，可通过以下方式进行预防和处理：①鼓励增加母乳喂养量和频率使新生儿摄入足够母乳，喂奶最好在每日 10 次以上，但要避免添加糖水。②监测胆红素浓度。③血清胆红素水平达到光疗指征时可进行光疗。

晚发型母乳性黄疸表现为纯母乳喂养或以母乳喂养为主的婴儿在母乳喂养一段时间后出现黄疸，常与生理性黄疸重叠且消退较慢，若继续母乳喂养，黄疸可延续至 1～3 个月，在此期间，婴儿一般状况良好。晚发型母乳性黄疸可能和母乳中的 β-葡萄糖醛酸酐酶水平较高，使未结合胆红素被肠道重吸收增加有关，须在排除病理性黄疸后才能诊断。晚发型母乳性黄疸一般无须治疗，停喂母乳 24～48 小时，黄疸可明显减轻。当血清胆红素低于 15 mg/dl 时，可继续母乳喂养；当血清胆红素超过 15 mg/dl 时，可暂停母乳 3～5 天，并给予人工喂养；当血清胆红素超过 20 mg/dl 时，则须在暂停母乳的基础上增加光疗①。

① 中华医学会《中华儿科杂志》编辑委员会，中华医学会儿科学分会新生儿学组. 全国新生儿黄疸与感染学术研讨会纪要（附新生儿黄疸干预推荐方案）[J]. 中华儿科杂志，2001，39(3)：59-62.

四、新生儿黄疸的临床表现

（一）生理性黄疸

足月儿通常在出生后 2 ～ 3 天出现皮肤黄染，4 ～ 5 天达到高峰，一般 1 周后会慢慢消退，最迟不超过 2 周；早产儿黄疸比足月儿较晚出现，多出现于出生后 3 ～ 5 天，5 ～ 7 天达到高峰，7 ～ 9 天消退，最长可延迟到 3 ～ 4 周。黄疸症状较轻，多局限在面颈部，可能波及躯干，一般呈现浅黄色，新生儿精神和一般情况良好。一般情况下，每日血清胆红素升高低于 85 μmol/L（5 mg/dl）或每小时低于 0.5 mg/dl。

（二）病理性黄疸

病理性黄疸出现时间较早，常在出生后 24 小时内出现。黄疸持续时间较长，足月儿可超过 2 周，早产儿可超过 4 周。胆红素水平过高，常已达到需要光疗干预的程度，或胆红素增长过快，每日上升超过 85 μmol/L（5 mg/dl）或每小时超过 0.5 mg/dl，或血清结合胆红素超过 34 μmol/L（2 mg/dl）。皮肤严重发黄，往往呈现橘黄色或金黄色，不仅是头部和躯干，甚至累及四肢、手脚心。而且黄疸反复出现，常表现为退而复现。若没有及时治疗，新生儿会出现精神欠佳、吸吮无力、大小便颜色异常（大便颜色灰白、小便严重发黄），甚至出现嗜睡、抽搐等症状。

五、新生儿黄疸的治疗

生理性黄疸通常不需要特殊治疗，加强喂养，多吃多排，密切观察，一般可自然消退。病理性黄疸通常需要在光照治疗、药物治疗和换血治疗的前提下，根据不同病因积极治疗原发病[①]。其中光照治疗是降低血清非结合胆红素简单而有效的方法，通过连续照射的方式促进非结合胆红素排泄，但光疗期间须密切监测血清胆红素浓度。药物治疗常选择静脉注射用丙种球蛋白、白蛋白、苯巴比妥等药物。换血疗法指通过血液置换降低患儿血液及细胞外液中胆红素浓度，常用于重症新生儿溶血或严重败血症等疾病。

① 《中华儿科杂志》编辑委员会，中华医学会儿科学分会新生儿学组. 新生儿黄疸诊疗原则的专家共识[J]. 中华儿科杂志，2010，48（9）：2.

知识链接

胆红素浓度的监测方法[①]

不管是新生儿黄疸的诊断还是生理性黄疸和病理性黄疸的区分，都和体内胆红素浓度息息相关，胆红素是临床上判定黄疸的重要依据，你知道有哪些方法可以对胆红素浓度进行监测吗？

血清总胆红素（serum total bilirubin，STB）测定：目前在新生儿黄疸的风险评估及处理中均将STB作为计算值，STB是诊断高胆红素血症的“金标准”。

经皮胆红素（transcutaneous bilirubin，TcB）测定：系无创性检查，可动态观察胆红素水平的变化，以减少有创穿刺的次数，是常规筛查的方法。理论上经皮胆红素水平测定值与血清总胆红素测定值应该一致，但是受新生儿接受光疗及皮肤色素等因素影响，其结果不一定完全一致，而且胆红素水平较高时测得的经皮胆红素水平测定值可能低于实际血清总胆红素测定水平。

呼出气一氧化碳（ETCOc）含量测定：血红素在形成胆红素的过程中会释放出一氧化碳，测定呼出气中一氧化碳的含量可以反映胆红素生成的速度，所以可将此用于预测溶血症患儿发生重度高胆红素血症的可能。在条件有限的情况下，也可检测血液中的碳氧血红蛋白水平作为胆红素生成情况的参考。

六、新生儿黄疸的护理和预防

新生儿黄疸的护理和预防

（一）新生儿黄疸的护理

1. 密切观察病情

（1）皮肤的观察

平时注意在充足光线下观察患儿皮肤黏膜、巩膜的色泽，根据其皮肤黄染的部位和范围，及时评价黄疸的进展情况。

（2）大小便的观察

观察大小便次数、量及性质，患儿排尿、排便次数增加可促进胆红素和粪胆素原排出，若存在胎粪延迟排出，可在排除先天畸形后给予灌肠处理。同时也要注意有无尿色加深和（或）大便颜色变浅的情况发生。

① 中华医学会儿科学分会新生儿学组，《中华儿科杂志》编辑委员会. 新生儿高胆红素血症诊断和治疗专家共识[J]. 中华儿科杂志，2014，52（10）：745-748.

（3）精神反应的观察

关注神经系统的表现，若患儿出现拒食、嗜睡、肌张力减退等胆红素脑病的早期表现，应立即就诊。

（4）黄疸的监测及评估

有条件的情况下，可每日监测经皮胆红素值，常规记录并评估。

2. 保证充足的营养

耐心喂养患儿，黄疸期间患儿容易发生吸吮无力、食欲缺乏，应按需调整喂养方法，如少量多餐、间歇喂养等，保证奶量摄入充足。同时喂养量的增加还能使患儿增加排便次数，更有利于胆红素的排出。但不建议给患儿喂糖水，一方面糖水会使患儿产生饱腹感，减少奶量的摄入，另一方面也会减少排便次数，影响胆红素的排出。

3. 光疗的护理

居家光疗虽没有医院的光疗箱等各种设备，但也可以通过给患儿晒太阳得到实现。需要注意的是，长时间的光照可能会对视网膜造成伤害，也可能增加外生殖器癌症的风险①。因此照光前要给患儿佩戴合适的遮光眼罩，用尿布遮挡会阴部，特别是男婴要注意保护阴囊，同时尽量充分暴露其他部位的皮肤，并注意不要着凉。照光时间一般以上下午各半小时为宜，在此过程中最好能经常变换体位，避免晒伤。并且要随时观察患儿的精神反应和皮肤情况，若出现烦躁、嗜睡、呕吐、大面积的皮疹、皮肤破损等情况，要及时处理。照光会增加患儿不显性失水，在此期间要给患儿及时补充水分，保障足够的液体摄入。照光会使患儿大便次数增加，故应做好臀部护理，预防红臀的发生。

4. 预防感染

接触患儿前后要洗手，有上呼吸道感染者尽量不接触患儿，必须接触者须戴好口罩。保持新生儿皮肤的完整性，勤洗澡，勤换尿布，特别是做好皮肤褶皱、脐部、臀部护理，防止皮肤破损后细菌侵入引起感染，降低发生感染性黄疸的概率。

5. 预防核黄疸的发生

绝大部分的新生儿黄疸消退良好，但极少数病理性黄疸患儿，如果合并引起核黄疸且未及时治疗的话，最严重可引起死亡。即使经过治疗，也可能遗留各种后遗症，因此要积极预防核黄疸的发生。

---

① STERN R S, BAGHERI S, NICHOLS K. The persistent risk of genital tumors among men treated with psoralen plus ultraviolet A (PUVA) for psoriasis [J]. Journal of the American Academy of Dermatology, 2002, 47(1): 33–39.

知识链接

新生儿黄疸的早期护理干预

对新生儿黄疸实施早期护理干预能减轻生理性黄疸的程度和降低病理性黄疸的发生，从而减少胆红素脑病的发生风险。目前对新生儿黄疸的早期护理主要有抚触、游泳、灌肠、穴位按摩、中药洗浴、中药包贴敷等中西医干预措施①。

抚触被认为是预防高胆红素血症的有效方法②。其作用机制可能是通过抚触刺激迷走神经，进一步促进胃肠道激素的释放，增加肠蠕动，从而增加排便次数，促进更多的胆红素排出，最终降低胆红素水平③。

预防性光疗是通过特定波谱光作用于胆红素，产生胆红素的光诱导异构化，使其毒性更低且可以更快地排泄④。有研究显示预防性光疗能有效降低早产儿或低出生体重儿的血清胆红素水平，并可能降低神经发育障碍的风险⑤。

游泳一方面可以通过在水中主、被动活动的刺激进一步增强新生儿的消化和吸收功能，另一方面通过在水中活动消耗能量，使新生儿产生饥饿感，增加食物的摄入，从而促进大便排出⑥。因此及早对黄疸患儿采取游泳护理可以有效改善血清胆红素水平，促进黄疸的消退和患儿的康复。

（二）新生儿黄疸的预防

新生儿黄疸是新生儿期常见疾病，预防是关键。母亲应在新生儿出生后尽早开奶，加强喂养，充分的母乳喂养对新生儿黄疸的预防具有重要意义。同时也要使新生儿尽早排便，避免新生儿特殊的肠肝循环使得胆红素在体内聚集从而导致黄疸的发生。另外还可采用抚触护理、预防性光疗等手段预防新生儿黄疸。

① 朱冰花，徐鑫芬. 新生儿黄疸早期护理干预的研究进展[J]. 护理与康复，2019，18（2）：37-40.

② DALILI H, SHEIKHI S, SHARIAT M et al. Effects of baby massage on neonatal jaundice in healthy Iranian infants: A pilot study [J]. Infant Behavior & Development, 2016, 42: 22-26.

③ BASIRI-MOGHADAM M, BASIRI-MOGHADAM K, KIANMEHR M et al. The effect of massage on neonatal jaundice in stable preterm newborn infants: A randomized controlled trial [J]. Journal of the Pakistan Medical Association, 2015, 65(6): 602-606.

④ PLAVSKII V Y, MIKULICH A V, LEUSENKO I A et al. Spectral range optimization to enhance the effectiveness of phototherapy for neonatal hyperbilirubinemia [J]. Journal of Applied Spectroscopy, 2017, 84(1): 92-102.

⑤ OKWUNDU C I, OKOROMAH C A N, SHAH P S. Cochrane review: Prophylactic phototherapy for preventing jaundice in preterm or low birth weight infants [J]. Evidence-Based Child Health, 2013, 8(1): 204-249.

⑥ 杜秀敬. 游泳对新生儿黄疸的影响[J]. 河北医药，2016，38（3）：473-474.

课后练习

1. 新生儿生理性黄疸一般出现在出生后(　　)。

A. 1 天内

B. 2 ～ 3 天

C. 4 ～ 5 天

D. 6 ～ 7 天

2. 下列关于新生儿病理性黄疸的特点描述正确的是(　　)。

A. 黄疸多在出生后 24 小时内出现

B. 胆红素每日上升不超过 5 mg/dl

C. 黄疸持续时间不超过 1 周

D. 早产儿黄疸于 3 周内逐渐消退

3. 与足月儿相比，早产儿黄疸的特点为(　　)。

A. 程度重，持续时间短

B. 程度重，持续时间长

C. 病情比较轻，持续时间短

D. 病情比较轻，持续时间长

4. 新生儿黄疸的护理措施有哪些?

5. 请设计并开展一次健康讲座，为孕妇学校的准妈妈们讲述母乳性黄疸的预防和护理。

任务2 婴幼儿湿疹护理

任务导读

豆豆刚满3个月，从月子里开始身上就出现红疹，主要集中在面部、耳后、四肢等外露部位，摸上去有明显的片状凸起感。妈妈发现豆豆还经常不停用手搔抓起红疹的部位，该部位搔抓后还会破溃形成糜烂面。

豆豆在出生后第1周主要是配方奶喂养，7天后逐渐调整到混合喂养。每天的奶量一半来自母乳、一半来自配方奶。自出现红疹后，豆豆妈妈在豆豆起红疹处涂抹过红霉素软膏，但症状并没有改善。她也咨询过身边有经验的妈妈，有说是痱子的，也有说是湿疹的，众说纷纭。出于小心谨慎的原则，豆豆妈妈也没有采取其他措施，谁知竟导致红疹越来越严重。

看着豆豆每天痛苦的样子，豆豆妈妈着急确定究竟是哪种疹子，否则她真的不知道接下来该如何护理，那么你能帮助豆豆妈妈吗?

任务提要

近年来婴幼儿湿疹发病率逐年上升，人们对婴幼儿湿疹的关注也越来越多。本任务主要通过介绍婴幼儿湿疹的病因、临床表现，以及护理和预防措施，使学生更深入地理解并掌握婴幼儿湿疹的日常预防和护理方法。

湿疹是一种常见的由多种内外因素引起的真皮浅层及表皮炎症，以婴幼儿湿疹最为多见，且多发病于1岁以前[①]。全球婴幼儿湿疹发病率正逐年上升，2018年的一份研究显示，该比例已高达10%～21%[②]。2016年一项针对我国多个城市的流行病学调查显示，我国1～7岁儿童的湿疹患病率为12.94%[③]。

---

① NAKAMURA T, HAIDER S, COLICINO S et al. Different definitions of atopic dermatitis: Impact on prevalence estimates and associated risk factors [J]. British Journal of Dermatology, 2019, 181(6): 1272–1279.

② WÜTHRICH B, SCHMID–GRENDELMEIER P. The Atopic March [J]. Allergy, 2018, 73(8): 1753.

③ GUO Y, LI P, TANG J et al. Prevalence of atopic dermatitis in Chinese children aged 1–7 ys [J]. Scientific Reports, 2016(6): 29751.

一、婴幼儿湿疹的病因

（一）内部因素

婴幼儿湿疹

婴幼儿湿疹常见的内部因素主要包括慢性感染病灶、内分泌及代谢改变、血液循环障碍、神经精神因素、遗传因素等，其中遗传因素与个体易感性有关。

（二）外部因素

婴幼儿湿疹常由外部因素引起，多与过敏相关，如由食物（鱼、虾、牛羊肉等）、吸入物（花粉、屋尘螨等）、生活环境（炎热、干燥等）、动物毛皮、各种化学物质（化妆品、肥皂、合成纤维等）所诱发或加重。

二、婴幼儿湿疹的临床表现

婴幼儿湿疹根据病程和皮损特点可分为急性、亚急性和慢性湿疹，三者并无明显界限，可以从任何一个阶段开始发病，并向其他阶段相互转变。

（一）急性湿疹

急性湿疹好发于面、耳、手、足、前臂、小腿等外露部位，常对称分布，呈多形性，表现为红斑、粟粒大小丘疹、丘疱疹、水疱，并融合成片，边界不清。患儿常感瘙痒难耐，搔抓后出现糜烂和渗出。若继发感染则会形成脓疱、脓液、脓痂、淋巴结肿大等，甚至出现发热等全身症状。

（二）亚急性湿疹

亚急性湿疹由治疗后急性炎症减轻或急性湿疹处理不当发展而来，表现为红肿及渗出减轻，糜烂面干燥、结痂、脱屑，仍有剧烈瘙痒。

（三）慢性湿疹

慢性湿疹多由急性及亚急性湿疹反复发作演变而来，也可一开始就呈现为慢性化。好发于手、足、小腿、肘窝、股部、乳房、外阴、肛门等处，多对称分布，常以局限于某一相同部位久治不愈为特点。表现为皮肤浸润性暗红斑上有丘疹、抓痕、脱屑，局部皮肤增厚、皮纹加深、表面粗糙，有不同程度的苔藓样变、色素沉着等。常呈阵发性痛痒，可迁延数月或更久。

知识链接

几种特殊类型的湿疹

手部湿疹是一类发生于手部的炎症性皮肤病。由于手部有更多可能接触外界各种刺激，故发病率高。国外研究发现一般人群手部湿疹发病率达

5‰～8‰，女性高于男性[①]，但较难明确病因，除了接触因素，还可能和遗传、职业、情绪等因素相关。手部湿疹起病缓慢，临床表现复杂多样，皮损可呈红斑、丘疹、水疱、鳞屑、角化过度、皲裂等多种形式，可有不同程度的瘙痒和疼痛[②]。

汗疱疹(pompholyx)又称出汗不良性湿疹，属于手足部湿疹的特殊类型，春、夏、秋季易复发。常对称发生在掌(跖)和指(趾)侧缘，皮损表现为表皮深处的针尖至粟粒大小水疱，略高于皮肤表面，可融合成大疱，有不同程度的瘙痒或烧灼感。

乳房湿疹多见于哺乳期女性，表现为乳头、乳晕、乳房等处出现暗红斑、丘疹、丘疱疹、瘙痒，严重者可发生糜烂、渗出和裂隙，发生裂隙时可出现疼痛，患处边界不清。仅发生于乳头部位者称为乳头湿疹。

外阴、阴囊和肛门湿疹，局部瘙痒剧烈，常因过度搔抓、热水烫洗而呈红肿、渗出、糜烂，长期反复发作可慢性化，表现为局部皮肤苔藓样变。

三、婴幼儿湿疹的治疗

婴幼儿湿疹的治疗原则在于消除诱发和(或)加重因素，缓解或消除临床症状，减少和预防复发。

(一)对因治疗

积极寻找并明确患儿致病原因，避免各种外界刺激，避免易致敏或刺激性的因素；积极治疗易引起湿疹的原发病。

(二)全身治疗

当瘙痒严重时可用抗组胺药止痒，有继发细菌或病毒感染者加用抗生素或抗病毒治疗，对病情严重、其他药物难以控制者可选用糖皮质激素或免疫抑制剂等治疗，待病情好转后及时减量停药，以防止或减少不良反应的发生[③]。

(三)局部治疗

局部治疗要根据不同皮损特点选择合适的药物和剂型。急性期无渗液或渗出

---

① AGNER T, ELSNER P. Hand eczema: Epidemiology, prognosis and prevention [J]. Journal of the European Academy of Dermatology and Venereology, 2020, 34 (Suppl 1): 4–12.

② 中国医师协会皮肤科医师分会科学委员会，中国医师协会皮肤科医师分会变态反应性疾病专业委员会，中国"手部湿疹科研协作组". 中国手部湿疹诊疗专家共识(2021版)[J]. 中华皮肤科杂志，2021，54(1)：19–26.

③ WOLLENBERG A, BARBAROT S, BIEBER T et al. Consensus-based European guidelines for treatment of atopic eczema (atopic dermatitis) in adults and children: Part II [J]. Journal of the European Academy of Dermatology and Venereology, 2018, 32(6): 850–878.

不多者可用氧化锌油，渗出多者可用3%硼酸溶液湿敷，渗出减少后用糖皮质激素霜剂或交替使用；亚急性期可用糖皮质激素乳剂、糊剂，也可加用抗生素以防止和控制继发性感染；慢性期可用软膏、硬膏、涂膜剂。但要注意长期大面积使用糖皮质激素可能导致皮肤和系统不良反应[1]。

知识链接

湿疹和痱子，不要“傻傻分不清楚”

湿疹和痱子有非常明显的区别，主要表现在以下几点。

发病原因不同：痱子是高温高湿使得汗液排出不畅淤积于皮肤内引起的，而引起湿疹的原因有很多，以过敏多见。

发病时间不同：痱子好发于夏季气温较高时，而湿疹容易反复发作且和季节没有明显关系，一年四季都可能发生。

皮疹部位不同：痱子好发于出汗多、有衣物遮挡以及皮肤褶皱处，比如额头、胸背部、枕后等部位，而湿疹则任何部位都可能会长，多见于面部、四肢等外露部位。

症状表现不同：痱子主要分为红痱、白痱、脓痱。红痱即红色粟粒疹，表现为针尖大小的丘疹、丘疱疹，周围有红晕，常伴有瘙痒和灼热感；白痱即白色粟粒疹，表现为针尖大小的浅表水疱，无红晕且无瘙痒和灼热感；脓痱表现为密集的丘疹，且丘疹顶部可有小脓疱。而湿疹的皮疹特征是形态多样、对称分布、剧烈瘙痒、反复发作、易演变成慢性。

治疗恢复情况不同：痱子一般不在高热环境就不会反复发作，而湿疹治愈后常容易反复发作。

四、婴幼儿湿疹的护理和预防

婴幼儿湿疹的护理和预防

（一）婴幼儿湿疹的护理

1. 避免致病因素

积极寻找病因，避免接触过敏原。保持室内空气流通，环境整洁，控制环境中致敏物，如屋尘螨、动物毛、花粉等；保持环境温湿度适宜，避免过度干燥或

① 中华医学会皮肤性病学分会免疫学组，特应性皮炎协作研究中心. 中国特应性皮炎诊疗指南（2020版）[J]. 中华皮肤科杂志，2020，53（2）：81−88.

高温刺激导致病情反复；避免各种机械、化学物质刺激，如贴身衣物应选透气性好的棉质衣物，忌用毛织或人造纤维等衣物。

2. 饮食护理

提倡母乳喂养以避免异体蛋白导致的湿疹；若患儿对母乳过敏，可采用配方奶喂养，但热奶时要严格控制时间，以免蛋白质遇热变性；哺乳期妇女饮食尽量以清淡为主，少食辛辣刺激及易导致过敏的食物；给患儿添加辅食时也要选择清淡为主、容易吸收的食物，易过敏的食物应适当推后添加，如鱼、虾、蛋等，若出现添加辅食导致的湿疹加重，应停止该辅食的添加；患儿除了避免食用易过敏、刺激性的食物，也可多吃蔬菜和新鲜水果，提高免疫力。

3. 皮肤护理

保持患儿皮肤清洁卫生，适当洗浴，忌频率过高。洗澡时以淋浴为佳，水温不宜过高，避免过度洗烫；若患处有分泌物渗出，应用流动水进行清洗；选择低敏无刺激的婴儿专用洗浴用品，避免刺激患儿皮肤；浴后适当足量涂抹保湿润肤剂，有利于恢复皮肤屏障功能；根据温度随时增减衣物，患儿出汗后或尿布、床单潮湿后要及时更换；定期为患儿修剪指甲或戴手套，避免患儿搔抓患处；若患儿感觉瘙痒难耐时，可用手掌按压、拍打或按摩以代替搔抓，也可在患处进行冷湿敷减轻瘙痒。

4. 正确用药

当患儿患处瘙痒时，可遵医嘱涂抹止痒药物来缓解，切不可让患儿抓挠患处皮肤，以免感染；在涂抹外用药物时要注意避免涂抹到患儿口唇，以防止患儿舔舐；要避免擅自给患儿使用激素类软膏，以免其对激素产生依赖性，也不能擅自停药，必须遵医嘱严格控制时间和用量并密切关注治疗效果与不良反应；有部分家长过分谈“激素”色变，盲目购买市场上不合格的偏方制剂，可能使患儿摄入更多激素。

5. 观察病情

密切观察患儿病情变化，若存在发热或感染（如出现皮肤化脓等恶化表现）的情况，应及时前往医院就诊；另外该病有可能并发过敏性鼻炎或哮喘等其他症状，须密切观察患儿各种表现。

6. 心理护理

当患儿感到奇痒难忍时，可能出现情绪失控等表现，此时要及时安慰患儿，做好情绪抚慰，有机会还可向其解释病情以消除其恐惧心理。

知识链接

湿疹护理的几个常见误区

误区 1

湿疹患儿的洗澡频率，往往会出现两个极端：有的家长为保持患儿皮肤清洁，选择频繁给患儿洗澡；而有的家长过分担心湿疹加重选择几乎不给患儿洗澡。要知道湿疹患儿的患处皮肤粗糙，容易附着细菌和脱屑，所以为了避免出现感染，是需要及时清洗并保持皮肤清洁的。但值得注意的是，这并不代表需要频繁地给患儿洗澡，推荐洗浴频次为每日或隔日一次为宜，而且洗澡时要注意水温，避免水温过热刺激皮肤，同时要选择温和的婴幼儿专用的洗浴用品。

误区 2

现实生活中有很多家长谈“激素”色变，认为激素用多了会有不良反应和副作用，会影响患儿日后的生长发育，所以在医生给予激素类药物治疗湿疹的时候，他们往往是拒绝的，更有甚者宁可去盲目购买偏方制剂也不愿意给患儿使用激素类药物，还有部分家长为了减少激素使用，在患儿湿疹稍有好转但并未完成规定疗程的情况下擅自停药，殊不知这可能引起反跳性皮炎再发，也有可能加重湿疹，反而要重新按疗程用药，不仅用药量增加，而且还增加了治疗难度。

尽管局部长期使用激素可能会引起皮肤萎缩、多毛、诱发感染等情况，但对人体产生负效应是离不开使用时长和用量的，因此要严格遵医嘱用药，一般药物的停用要等到患处破口全部愈合后一步到位，而不是机械地规定必须使用多少天。

误区 3

部分“心大”的家长会在患儿湿疹破溃处涂抹保湿霜，殊不知这样非但起不到保湿的作用，还可能会加重湿疹，甚至引发感染。

误区 4

有些“小心”的家长担心患儿抓破皮肤，一直守在他身边，随时准备制止抓挠动作的发生，其实这种限制患儿行为的做法非常容易让患儿情绪失控，不利于康复。在这种情况下，可以利用玩具或其他方式帮助患儿分散注意力，让他暂时忘记瘙痒，也可用按摩以代替搔抓或者在患处湿敷以减轻瘙痒。

（二）婴幼儿湿疹的预防

1. 远离过敏原

避免环境中的致敏物，可选择外出时佩戴口罩；给患儿穿宽松透气的纯棉衣服，不穿易引起过敏的化纤类衣物；完全回避明确的致敏食物，并严格避免接触可疑食物；家中或者托幼机构不要饲养宠物，避免动物毛致敏。

2. 注意饮食

饮食清淡，营养均衡，忌食刺激性食物，平时特别要注意不能摄入易引起过敏的食物，如海鲜、鸡蛋、牛羊肉、蘑菇等。

3. 保持环境卫生

保持环境清洁、温湿度适宜，家中或者托幼机构要及时打扫，并注意开窗通风，避免产生过量扬尘。

4. 养成良好的生活习惯

生活规律，忌熬夜、过度劳累，注意锻炼身体，养成良好的生活习惯。

5. 加强疾病认识

由于该病是慢性复发性疾病，需要长期治疗，因此加强对该病发病机制、治疗方法及预防措施的宣传教育至关重要。

知识链接

湿疹与预防接种

湿疹多在婴儿期发生，易继发刺激性皮炎、感染及过敏而加重皮损[①]，部分患者会发展成过敏性鼻炎或哮喘[②]。

国内外研究显示，患儿应正常接种疫苗以预防疾病发生，接种疫苗不会加重湿疹疾病症状[③]，也不会引起湿疹、哮喘、过敏性鼻炎发病的增加[④]。世界卫生组织在《扩大的免疫规划所用疫苗的禁忌证》中将湿疹作为接种疫苗的假

---

① 中华医学会皮肤性病学分会免疫学组. 湿疹诊疗指南（2011年）[J]. 中华皮肤科杂志，2011，44（1）：5-6.

② SPERGEL J M, PALLER A S. Atopic dermatitis and the atopic march [J]. The Journal of Allergy and Clinical Immunology, 2003, 112(Suppl 6): 118-127.

③ FRYDENBERG A R, BUTTERY J P, ROYLE J. Determining the rate of varicella vaccine rash in children with moderate-severe eczema [J]. Journal of Paediatrics Child Health, 2005, 41(11): 561-563.

④ MÖHRENSCHLAGER M, HABERL V M, KRÄMER U et al. Early BCG and pertussis vaccination and atopic diseases in 5- to 7-year-old preschool children from Augsburg, Germany: Results from the MIRIAM study [J]. Pediatric Allergy Immunology, 2007, 18(1): 5-9.

禁忌证①。

因此对于湿疹患儿，建议可以避开湿疹部位接种各类疫苗②。

课后练习

1. 下列关于引起婴幼儿湿疹的最主要原因正确的是（　）。

A. 环境潮湿

B. 气候干燥

C. 紫外线直射

D. 过敏

2. 下列关于湿疹的预防措施中错误的是（　）。

A. 选择纯棉衣物

B. 禁止鱼、蛋、奶的摄入

C. 频繁使用香皂洗澡

D. 着装宽松

3. 以下可能使湿疹加重的是（　）。

A. 用热水洗澡

B. 过度搔抓导致皮肤破损

C. 接触可能的致敏原

D. 以上均有可能

4. 以下说法正确的是（　）。

A. 湿疹患儿不能洗澡

B. 湿疹患儿洗完澡可以用保湿霜

C. 湿疹患儿未经常规检查，家长可以自行使其停吃鸡蛋、鱼等高营养食物

D. 湿疹患儿不能使用激素治疗

5. 你知道婴幼儿湿疹的护理措施有哪些吗？

---

① World Health Organization. Expanded programme on immunization: Contraindications for vaccines used in EPI [J]. Weekly Epidemiology Record, 1988, 63: 279–281.

② 上海市疾病预防控制中心，杭州市疾病预防控制中心，苏州市疾病预防控制中心，等. 特殊健康状态儿童预防接种专家共识之六——湿疹与预防接种[J]. 中国实用儿科杂志，2019，34（1）：4–5.

任务 3 婴幼儿腹泻护理

任务导读

盼盼从托幼机构放学刚到家，一眼看到妈妈从冰箱里拿出来的昨天没吃完的西瓜，小手也没顾上洗就迫不及待地抱起西瓜狼吞虎咽地啃起来。要知道西瓜可是盼盼平日里最爱吃的水果，没一会儿，一大块西瓜就被盼盼消灭得干干净净。

晚上洗漱完准备睡觉时，一阵剧烈的腹痛向盼盼袭来，她眉头紧蹙，不停嚷着要上厕所，而且刚从卫生间回来又忍不住要再去一趟。妈妈实在不放心，便跟着去了卫生间，这时妈妈发现盼盼的大便呈黄色稀水样，有时连小便和放屁时也会拉出稀便，而且盼盼看起来精神也越来越差了，身上好像也不怎么有劲了，精神萎靡，一直想要妈妈抱。这可把盼盼妈妈急坏了，她赶紧抱起盼盼朝医院赶去。

你知道盼盼怎么了吗？如果你是盼盼妈妈，知道应该怎么处理吗？

任务提要

婴幼儿腹泻是婴幼儿时期的常见病。婴幼儿正处于生长发育的旺盛期，但消化系统功能并不完善，而且婴幼儿消化系统的生理及解剖特点使得其肠道的屏障功能比较弱，特别容易导致腹泻，严重者病原体甚至会通过肠道扩散至全身，造成更严重的后果。因此，了解婴幼儿腹泻的病因和治疗，熟悉婴幼儿腹泻的临床表现并掌握日常相关护理和预防措施对维护婴幼儿健康至关重要。

一、婴幼儿腹泻概述

婴幼儿腹泻

婴幼儿腹泻是婴幼儿常见的疾病，是多病因导致的以大便次数增多和大便形状改变为主要表现的消化道综合征，是造成婴幼儿营养不良、生长发育迟缓的常见原因之一。若没有及时治疗，可能会引起婴幼儿水、电解质紊乱，甚至死亡。世界卫生组织的调查显示，腹泻是导致全球5岁以下儿童死亡的第二大原因①。

（一）婴幼儿腹泻的病因

1. 生理性腹泻

生理性腹泻多发生于出生6个月内纯母乳喂养或以母乳喂养为主的婴儿，常表现为出生后不久就腹泻，尽管大便次数增多，但一般没有脓血或特殊腥臭味，婴儿体形多较胖、常有湿疹，且多无其他症状，生长发育也未受影响。并非所有婴儿都会发生生理性腹泻，即使发生生理性腹泻，一般也无须治疗、不必用药，通常随着辅食的逐步添加并稳定后，会逐渐恢复正常。有研究指出生理性腹泻可能是乳糖不耐受的一种类型②。

知识链接

乳糖不耐受性腹泻

乳糖不耐受性腹泻是由于人体乳糖酶分泌少，不能完全消化分解母乳或牛乳中的乳糖所引起的腹泻，又称乳糖酶缺乏症。婴幼儿腹泻会造成肠道黏膜受损，破坏小肠黏膜上的乳糖酶，影响乳糖消化吸收，从而继发乳糖不耐受性腹泻。特别是轮状病毒性肠炎，容易继发乳糖不耐受，值得家长警惕③。

控制或减少乳糖摄入或含乳糖食物可有效地控制和减轻患儿症状。乳糖不耐受患儿食用含双糖（包括蔗糖、乳糖、麦芽糖）的饮食可使腹泻加重，所以应采用无乳糖配方奶粉。

而对于腹泻的患儿，可在其饮食中添加乳糖酶，从而避免出现乳糖不耐受性腹泻。乳糖酶须在每次进食前至少15分钟服用，且要避免和米饭、牛奶混食。当患儿腹泻逐渐好转时，由于体内乳糖酶也在慢慢恢复，应逐渐减量服用额外补充的乳糖酶，而不是减少服用次数。

人体肠道内有大量的益生菌，可以帮助分解食物并抑制其他致病菌的生长，有研究表明益生菌可能对某些感染性腹泻有治疗作用，且若在患儿腹泻早

① World Health Organization. 7,000 newborns die every day, despite steady decrease in under-five mortality, new report says [EB/OL]. (2017-10-19)[2023-11-04]. https://www.who.int/news/item/19-10-2017-7-000-newborns-die-every-day-despite-steady-decrease-in-under-five-mortality-new-report-says.

② 姚福宝，王建奎，史文生. 生理性腹泻——乳糖不耐受的一种特殊类型：附60例分析[J]. 临床儿科杂志，1991，9(3)：149-150.

③ 张强英，招钜全，余咏文. 轮状病毒性肠炎与继发性乳糖不耐受关系分析[J]. 中国现代医学杂志，2003，13(2)：54-56.

期开始每天服用，可能会缩短病程①。同时由于患儿腹泻会导致胃肠道正常菌群失调，也可考虑在患儿腹泻好转后给予益生菌作为辅助治疗②。

2. 病理性腹泻

（1）感染因素

肠道内感染主要由病毒、细菌、真菌、寄生虫等引起，尤以病毒和细菌多见，特别是轮状病毒、诺如病毒感染易在托幼机构引起暴发流行。肠道外感染是发热或病原体毒素作用致使消化功能紊乱，或肠道外感染的病原体同时感染肠道，比如患有中耳炎、上呼吸道感染、泌尿道感染、皮肤感染时可伴有腹泻。

（2）非感染因素

①饮食因素：如进食不规律、进食量不当、食物选择不适宜引起的进食不当；对牛奶等食物成分过敏或不耐受；体内某些酶的缺乏。

②天气因素：天气突然变冷或腹部受凉使肠蠕动增加；天气过热使消化液分泌减少也可诱发消化功能紊乱。

（二）婴幼儿腹泻的临床表现

不同病因引起的腹泻持续时间不同，故根据腹泻持续时间将腹泻分为急性腹泻、迁延性腹泻和慢性腹泻，急性腹泻病程在2周以内，迁延性腹泻病程在2周至2个月之间，病程超过2个月的腹泻即为慢性腹泻。

1. 急性腹泻

不同病因引起的腹泻虽然常具有相似的临床表现，却各有特点。

（1）共同的临床表现

轻型腹泻常由饮食因素或肠道外感染引起，以胃肠道症状为主，表现为食欲缺乏，偶有呕吐或溢奶，大便次数较平时增多但每次量不多，大便稀薄，颜色呈黄色或黄绿色，多无脱水或全身中毒症状，且一般在几日内可痊愈。若被家长忽视致迁延时间过长会引起营养不良。

重型腹泻多由肠道内感染引起，起病急，也可由轻型逐渐加重所致。

①胃肠道症状重：腹泻频繁，大便量多且呈水样或蛋花汤样，常伴有呕吐、腹胀腹痛等，严重者甚至会出现血便。

②水、电解质和酸碱平衡紊乱症状：除明显的胃肠道症状外，还有脱水、代谢性酸中毒、低钾、低钙、低镁血症等。

---

① 奥尔特曼. 美国儿科学会育儿百科[M]. 唐亚，张彦希，周莉，等译. 7版. 北京：北京科学技术出版社，2020：530.

② 崔玉涛. 崔玉涛育儿百科[M]. 北京：中信出版社，2019：512.

③全身中毒症状：如发热、精神烦躁或萎靡不振、嗜睡，甚至休克、昏迷。

知识链接

脱水是指水分摄入不足或丢失过多所引起的体液总量尤其是细胞外液的减少。除失水外，还伴有钠、钾和其他电解质的丢失。根据脱水严重程度可分为轻度脱水、中度脱水和重度脱水[①]，如表 2-1 所示。

表 2-1 婴幼儿脱水的临床表现和分度

	轻度	中度	重度
失水占体重比例 /%	＜ 5	5 ～ 10	＞ 10
精神状态	稍差或略烦躁	萎靡或烦躁不安	淡漠或昏迷
皮肤	稍干、弹性稍差	干、苍白、弹性差	干燥、花纹、弹性极差
黏膜	稍干燥	干燥	极干燥或干裂
前囟和眼窝	稍凹陷	凹陷	明显凹陷
眼泪	有	少	无
口渴	轻	明显	烦渴
尿量	稍少	明显减少	极少或无尿
四肢	温	稍凉	厥冷
周围循环衰竭	无	不明显	明显

休克是机体遭受强烈的致病因素侵袭后，有效循环血量锐减，组织血液灌注不足致全身微循环障碍、细胞代谢障碍及功能受损、重要器官继发性损害的综合症候群。若婴幼儿腹泻致面色发灰、皮肤发花，出冷汗，精神极度萎靡，四肢末梢循环差，少尿或无尿，提示出现休克的可能性大，须紧急就医。

（2）易引起婴幼儿腹泻的常见肠炎的临床特点

①轮状病毒肠炎：好发于秋、冬季，以秋季流行为主，是我国婴幼儿腹泻的最常见原因。经粪—口传播，也可以气溶胶形式经呼吸道感染轮状病毒导致。起病急，起病初期常表现为恶心、呕吐，可伴有发热，多为中低热，后出现大便次数增多且量多，呈水样便或蛋花汤样便，且无黏液和腥臭味，严重者常并发

① 崔焱，仰曙芬. 儿科护理学 [M]. 6 版. 北京：人民卫生出版社，2017：135.

脱水和水、电解质、酸碱平衡紊乱等症状。该病为自限性疾病，通常1周左右能自愈。

知识链接

有研究显示轮状病毒是导致全球5岁以下儿童腹泻死亡的首要病因①，在我国病毒性腹泻中占比93.1%②。在我国5岁以下轮状病毒胃肠炎住院患儿中，逾50%发生在1岁前，逾90%发生在2岁前，因此建议将2岁以下婴幼儿作为轮状病毒胃肠炎防控的重点人群。

目前轮状病毒性腹泻尚无特效药物进行治疗，只能通过疫苗免疫预防。接种轮状病毒疫苗能降低严重轮状病毒腹泻的疾病负担，还能预防轮状病毒疾病所致的死亡。鉴于轮状病毒的高发病率和高死亡率，世界卫生组织建议接种轮状病毒疫苗来预防轮状病毒性腹泻③。世界卫生组织建议所有国家将轮状病毒疫苗纳入国家免疫规划，且婴幼儿应在6周龄后尽早接种第1剂轮状病毒疫苗，确保在接触轮状病毒前产生保护作用。

截至2023年4月，我国批准上市使用的轮状病毒疫苗主要有口服五价人—牛重配轮状病毒减毒活疫苗（RV5）、单价兰州羊源轮状病毒疫苗（LLR）、三价口服人—羊重配RV活疫苗（LLR3）。其中RV5接种年龄为6～32周龄，全程免疫3剂，第1剂可在出生后6～12周龄（42～90天）接种，每剂次接种间隔时间≥4周，第3剂不得晚于32周龄（230天）。LLR接种年龄为2月龄至3岁，每年接种1剂，第1剂应自2月龄起尽早接种。LLR3可在6～13周龄开始口服第1剂，每剂间隔1个月，第3剂接种不应晚于32周龄。

由于轮状病毒肠炎具有典型的年龄分布特征，不建议24月龄以上儿童接种轮状病毒疫苗。24月龄以下、因故未接种或接种失败、延迟及中断的儿童，应接种轮状病毒疫苗或恢复已中断的疫苗接种程序，已接种的剂次不用重复接种④。

另外基于国内外多项研究证据，RV5可与多种免疫规划或非免疫规划疫苗同时接种或任意时间间隔接种，但因缺少RV5和LLR/LLR3替代接种的研

① GBD Diarrhoeal Diseases Collaborators. Estimates of global, regional, and national morbidity, mortality, and aetiologies of diarrhoeal diseases: A systematic analysis for the Global Burden of Disease Study 2015 [J]. The Lancet Infectious Diseases, 2017, 17(9): 909–948.

② 张平，张静. 我国2014—2015年其他感染性腹泻监测现状分析[J]. 中华流行病学杂志，2017，38（4）：424–430.

③ 龚震宇摘译，龚训良审校. 世界卫生组织关于轮状病毒疫苗的意见书[J]. 预防医学，2021，33（12）：1295–1296.

④ 毛彤瑶编译，段招军审校. 世界卫生组织轮状病毒疫苗立场文件——2021年7月[J]. 中国疫苗和免疫，2022，28（1）：128–134.

究数据，仅推荐使用同种疫苗完成全程接种[①]。

值得注意的是，尽管轮状病毒疫苗可对严重轮状病毒疾病产生近乎完全的保护，几乎所有接种过轮状病毒疫苗的婴儿将不再出现由轮状病毒引起的严重腹泻，但是此疫苗不能预防其他病原体引起的腹泻。

②诺如病毒肠炎：全年散发，多见于寒冷季节，易暴发于集体机构，如托幼机构、学校、餐馆等。多为粪—口传播，或人—人传播，也可通过污染的水源、食物、物品、空气等传播。起病急，主要症状有阵发性腹痛、恶心、呕吐和腹泻，以及发热、乏力、头痛等全身症状。婴幼儿呕吐较为普遍，稍大的儿童以腹泻为主。大便为稀便或水样便，无黏液脓血。吐泻频繁者可发生脱水及酸中毒，前者是诺如病毒肠炎的主要死因，因此要及时纠正水、电解质和酸碱平衡紊乱。目前诺如病毒肠炎尚无特效药物治疗，也没有疫苗可以预防，但该病为自限性疾病，一般持续 1 ～ 3 天即可自愈，且预后良好。但由于其传染性强，易暴发引起大流行，要及早预防和控制[②]。

2. 迁延性腹泻和慢性腹泻

迁延性腹泻和慢性腹泻多与营养不良和急性期治疗不彻底有关，多见于人工喂养或营养不良的婴幼儿。此类腹泻的特点是迁延不愈，病情反复，大便次数和性质不稳定，严重时可出现水、电解质紊乱甚至死亡。特别是营养不良的婴幼儿，由于其腹泻时易迁延不愈，持续腹泻又会加重营养不良，常形成恶性循环，严重者会导致多脏器功能异常。

知识链接

对于婴幼儿腹泻，可选择血常规、大便常规、大便细菌培养、病毒分离大便电镜检查、血液生化等辅助检查协助判断，从而指导治疗。此时家长往往会被医生要求留取便样送医化验。由于腹泻时的大便较稀，较难留取，家长取一块适宜大小的保鲜膜盖在婴幼儿的肛门上，便能及时采集到便样，清理时只要将保鲜膜置于留样标本盒及时送检即可。

---

① 儿童轮状病毒胃肠炎专家共识编写组. 儿童轮状病毒胃肠炎免疫预防专家共识（2024 年版）[J]. 中华预防医学杂志，2024，58（4）：421-453.

② 赵芸，郭妍妍. 诺如病毒感染性腹泻的流行病学及临床特征分析 [J]. 中国病原生物学杂志，2018，13（3）：302-305.

（三）婴幼儿腹泻的治疗

婴幼儿腹泻的治疗原则为调整饮食、预防和纠正脱水，合理用药，控制感染和预防并发症的发生。调整饮食强调继续进食，但要根据病情合理选择适宜的饮食；口服补液可预防和纠正轻、中度脱水，重度脱水要及时静脉补液；合理使用抗生素，也可给予肠黏膜保护剂、锌制剂，一般不宜用止泻剂；避免水、电解质和酸碱平衡紊乱等并发症的发生。

二、婴幼儿腹泻的护理和预防

婴幼儿腹泻的护理和预防

（一）婴幼儿腹泻的护理

1. 调整饮食

对于没有严重呕吐的患儿应强调继续饮食，可促进恢复。母乳喂养者可继续哺乳，但需要减少哺乳次数和缩短每次哺乳时间，同时要暂停辅食添加；人工喂养的6个月以内患儿可继续喂养配方乳，大于6个月的人工喂养患儿可给予富含营养且清淡易消化的已经习惯的日常饮食，避免给患儿食用刺激性食物、含粗纤维食物和高糖食物；呕吐严重者，可暂时禁食4～6小时（不禁水）。腹泻停止后要逐渐恢复营养丰富的饮食，并需要每日加餐1次，持续2周。

2. 维持水、电解质及酸碱平衡

由于婴幼儿对缺水的耐受能力差，可以根据患儿脱水的严重程度，给予口服补液盐（ORS）预防脱水或纠正轻、中度脱水。口服补液盐配方含有氯化钠、氯化钾、葡萄糖等，能有效补充由于腹泻而丢失的水和电解质，饮用时要少量多次。对于重度脱水或吐泻严重或腹胀的患儿，可进行静脉输液，并根据患儿病情遵医嘱选择合适的输液种类、总量和速度。

3. 防治感染

严格执行消毒隔离制度，感染性腹泻与非感染性腹泻患儿应分室居住。患儿的碗筷、水杯、被子等个人用品要及时消毒，严格执行专人专用；患儿接触过的玩具和场所也要及时消毒以防交叉感染；患儿的粪便和用过的尿布、便盆应分类消毒处理，防止污染食物或水源。

护理人员在护理患儿前后要做好手卫生。教育婴幼儿注意个人卫生，并教会婴幼儿正确的洗手方式，且能在饭前便后等合适的时间正确洗手。

知识链接

七步洗手法

在流动水下浸润双手，涂抹洗手液（或肥皂），按以下步骤洗手，每个步骤至少揉搓5次，且每步揉搓时间不少于15秒，洗手后最好使用一次性纸巾或已消毒的毛巾擦手。

第一步（内）：掌心相对，手指并拢相互揉搓。

第二步（外）：手心对手背，沿指缝相互揉搓，交替进行。

第三步（夹）：掌心相对，双手交叉沿指缝相互揉搓。

第四步（弓）：双手手指相扣，互搓。

第五步（大）：一手握另一手大拇指旋转揉搓，交换进行。

第六步（立）：将五个手指尖合拢，在另一手掌心旋转揉搓，交替进行。

第七步（腕）：螺旋式揉搓手腕，交替进行。

4. 皮肤护理

婴幼儿皮肤娇嫩，患儿腹泻频繁可能会导致肛周及臀部皮肤红肿破损甚至感染。低龄儿童应选择使用吸水性强的纸尿裤，勤更换；每次便后用温水清洗肛周和臀部并吸干水分以保持皮肤清洁干燥；若局部皮肤红肿，可用滚动法局部涂抹鞣酸软膏或氧化锌乳膏改善症状，同时避免摩擦进一步造成患儿皮肤破损；对于皮肤破损患儿，可采用暴露法，使破损皮肤尽量暴露于空气中，不要用敷料覆盖。由于女婴肛门离尿道口较近，更应保持会阴部清洁以免发生尿道感染。

知识链接

尿布皮炎

尿布皮炎是指婴幼儿皮肤长期受尿液、粪便刺激或尿布摩擦等引起皮肤潮红、破溃甚至糜烂及表皮剥脱，多发生于肛周、臀部、会阴部等处，常表现为尿布区皮肤有散在斑丘疹或疱疹，俗称“尿布疹”“红屁股”，是婴幼儿常见的接触性皮炎（见表2-2）。

表 2-2　尿布皮炎①

分级	分度	临床表现	图例
0 级	正常皮肤	皮肤红疹 无破损	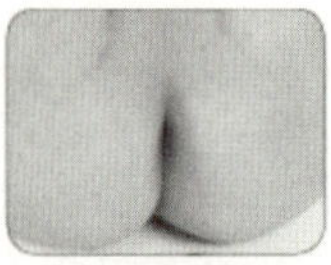
1 级	轻度	皮肤红疹	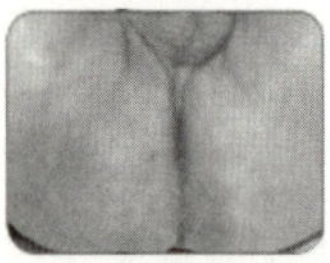
2 级	中度	皮肤红疹 部分皮肤破损	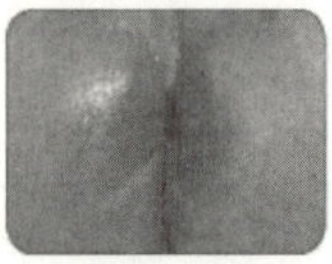
3 级	重度	大面积皮肤破损 或非压力性溃疡	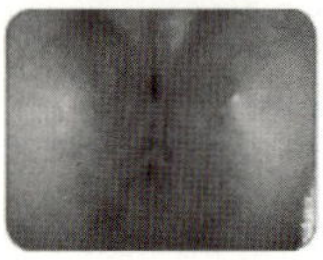

临床上将尿布皮炎分为摩擦性尿布皮炎、刺激性尿布皮炎、念珠菌性尿布皮炎。其中摩擦性尿布皮炎多由于尿布质地较硬，长时间接触婴幼皮肤发生局部摩擦，常累及大腿内侧、生殖器区、臀部和下腹部，症状较轻，可通过更换柔软尿布自愈。刺激性尿布皮炎多由于皮肤长期受尿液、粪便或汗液刺激而一直处于潮湿的环境中，累及部位同摩擦性尿布皮炎，但红斑颜色显著，并伴有丘疹、水疱、脓疱，严重者可继发细菌感染，甚至形成溃疡。更换尿布时患儿常因疼痛而哭闹不止。念珠菌性尿布皮炎好发于经常发生腹泻的患儿，念珠菌正常情况下寄生在人体的消化道、呼吸道及阴道黏膜上。由于婴儿免疫功能尚不健全，皮肤抵抗力低，当念珠菌随大便排出后，便可侵入已被尿布疹感染的臀部皮肤，尿布的包围为念珠菌的生长提供了温暖潮湿的生长环境，并发念珠菌的再次感染。常累及臀部、大腿内侧，也可累及腹股沟褶皱和外阴部，表现为融合的鲜红斑疹。值得注意的是尿布疹并发白念珠菌感染后，往往成为鹅口疮的感染源，因此，对于使用较长时间抗生素的患儿，还须密切关注是否发生鹅口疮。

另外，尿布皮炎根据严重程度又分为轻度尿布皮炎和重度尿布皮炎。轻度尿布皮炎主要表现为皮肤的血管充血，发红。重度尿布皮炎又分为三度：

① 北京护理学会儿科专业委员会. 婴幼儿尿布性皮炎护理实践专家共识[J]. 中华护理杂志，2020，55(8)：1169.

Ⅰ度，局部皮肤潮红并伴有少量皮疹；Ⅱ度，皮疹加重并破溃；Ⅲ度，皮疹面积增加，局部溃烂，表皮严重脱落。皮肤糜烂和表皮脱落部位容易繁殖细菌，引起感染，甚至会导致败血症。

尿布皮炎可以通过勤换尿布、减少刺激，涂护臀膏、保持干燥等方式进行护理。一旦出现皮炎症状，则应尽量降低炎症反应，修复受损的皮肤，主要包括以下几点，简称ABCDE策略。

A(air)：在合适的室温下尽可能多地使患儿皮肤暴露在空气中，既能增加透气，也能减少尿便刺激和尿布摩擦，是对于尿布皮炎有效的预防及治疗方法[①]。每天可选择固定时间解开纸尿裤，充分暴露臀部30～60分钟/次，每天3次，暴露时注意保暖[②]。

B(barrier)：可以在清洗屁股后适当涂抹润肤隔离霜，如含氧化锌或凡士林的护臀膏，使其在皮肤表面形成一层脂膜来减少摩擦、隔离尿便及其他刺激物和微生物，预防尿布皮炎的发生或者减轻皮炎症状，修复皮肤屏障功能[③]。也有研究表明对尿布皮炎患儿使用长效抗菌材料联合水胶体敷料，能加快皮炎消退，疗效优于护臀膏[④]。

C(cleansing)：局部清洗非常重要，尤其是每次婴幼儿大便后，要及时移出纸尿裤，并使用37～40℃的温水清洗屁股，动作轻柔，采用非摩擦的方法轻轻拍干或吸干皮肤再穿新纸尿裤。如果不具备清洗条件，也可选用婴幼儿专用湿纸巾擦去残留粪便。值得注意的是，湿纸巾最好不要含有酒精、荧光剂和其他刺激物质以免引起局部刺激症状[⑤]。

D(diapering)：婴幼儿患尿布皮炎后，家长可每2～3小时检查一次尿布，建议新生儿每2小时更换纸尿裤1次，婴幼儿每2～3小时更换1次，敏感性皮肤患儿频次增加，夜间至少1次，排便后及时更换纸尿裤。如果已经患有尿布性皮炎，就更要勤换尿布，若发现尿布已经吸收大量尿液，应及时更换；若有粪便，也要立即更换，以减少尿便刺激皮肤，必要时随时更换[⑥]。

---

① FURBER C, BEDWELL C, CAMPBELL M et al. The challenges and realties of diaper area cleansing for parents [J]. Journal of Obstetric, Gynecologic, and Neonatal Nursing, 2012, 41(6): 13–25.

② WESNER E, VASSANTACHART J M, JACOB S E. Art of prevention: The importance of proper diapering practices [J]. International Journal of Women's Dermatology, 2019, 5(4): 233–234.

③ 宋楠. 婴幼儿尿布性皮炎护理的研究进展 [J]. 循证护理，2021，7(2)：200–204.

④ 彭闰英，梁凤华，赖敏燕. 长效抗菌材料联合水胶体敷料在新生儿尿布皮炎中的效果观察 [J]. 中国现代药物应用，2019，13(10)：67–69.

⑤ VONGSA R, RODRIGUEZ K, KOENIG D et al. Benefits of using an appropriately formulated wipe to clean diapered skin of preterm infants [J]. Global Pediatric Health, 2019, 6: 1–6.

⑥ SANTO A E, CHOQUETTE A. Experience of adapting and implementing an evidence-based nursing guideline for prevention of diaper dermatitis in a paediatric oncology setting [J]. International Journal of Evidence-Based Healthcare, 2013, 11(2): 121–127.

E(education)：婴幼儿父母或护理人员应该对尿布皮炎的病因、发病机制及护理要点有充分的了解，这样才能做好护理工作，减少尿布皮炎的发生。

尿布皮炎护理的关键是预防，其中勤换尿布、保持婴幼儿皮肤干燥是最好的预防方法。除此之外还要选用吸收性高、透气性好、质量可靠的一次性纸尿裤，并根据患儿月龄和体重选择松紧适宜的合适型号，如对某品牌纸尿裤过敏，应及时更换品牌或选择柔软的棉质尿布①。另外对于腹泻患儿，要及时清除大便，积极治疗腹泻。

5. 病情观察

(1)观察大便情况

观察并记录患儿大便的次数、性状、量，必要时拍照或留样，并及时反馈给医生。如果大便呈红豆汤样、果酱色或鲜血便，应立即就医，防止出血性坏死性小肠结肠炎或肠套叠等严重情况的发生。

(2)监测生命体征

密切监测患儿的生命体征，如体温、脉搏、呼吸、血压等，出现异常或症状加重时，如发热、心率过快或变慢、呼吸深快等症状，应当及时就医。体温过高时可给患儿多饮水、擦干汗液、及时更换汗湿的衣服，并予物理降温。

(3)观察全身中毒症状

全身中毒症状有发热、精神萎靡、嗜睡、烦躁等。持续39℃以上的高热提示中毒症状明显，可能导致感染性休克。

(4)观察水、电解质和酸碱平衡紊乱症状

水、电解质和酸碱平衡紊乱症状有脱水征象、代谢性酸中毒、低钾血症等。

①观察患儿有无脱水征象，如精神烦躁或萎靡、尿少甚至无尿、皮肤干燥等。

②若患儿出现呼之不应，双目凝视，伴或不伴口唇青紫，则可能因低钙、低镁而出现惊厥。

③若患儿腹胀严重，可能伴有低钾血症或严重感染。

6. 心理护理

对于低龄患儿，给予安抚，以缓解患儿紧张情绪；对于年长患儿，安慰的同时可适当解释病情以提高患儿战胜疾病的信心。

① 北京护理学会儿科专业委员会. 婴幼儿尿布性皮炎护理实践专家共识[J]. 中华护理杂志，2020，55(8)：1169.

（二）婴幼儿腹泻的预防

1. 指导饮食

提倡母乳喂养，母乳喂养时要特别注意乳头的清洁；人工喂养时注意奶具要严格消毒，喂剩的奶要丢弃。增加辅食时，要逐步添加、循序渐进，不可一次增加过多品种或数量的辅食。由于婴幼儿的消化系统发育不完善，要避免婴幼儿过食、偏食或突然改变饮食结构，还要培养婴幼儿饮食规律的好习惯。

2. 注意卫生

保持环境整洁，室内空气新鲜，温湿度适宜。注重饮食卫生，食物要新鲜，不吃刺激性、过期、变质或未清洗干净的食物。教育婴幼儿养成饭前便后洗手、不喝生水、不留长指甲、不吸吮手指的个人卫生习惯。集体就餐时注意餐具的干净卫生。婴幼儿餐具、毛巾等用品要专人专用、定期消毒。

3. 及时消毒隔离

日常生活中，婴幼儿的玩具、餐具、便器等要定期消毒。对于感染性腹泻患儿，要及时隔离，同时做好呕吐物和粪便的消毒工作。患儿使用过的餐具、玩具和接触过的物品表面要及时消毒以免发生交叉感染。

4. 合理用药

家长不要自行给婴幼儿长期服用广谱抗生素，避免导致抗生素耐药和肠道菌群失调，须遵医嘱合理用药。

5. 提高抗病能力

引导婴幼儿加强体育锻炼，适当户外活动，确保营养均衡。注意天气变化，防止受凉或过热。

6. 接种疫苗

由于婴幼儿消化和免疫系统发育不完善，对轮状病毒抵抗力弱，加之轮状病毒传播途径多样，婴幼儿极易被传染，而一般的洗手、改善用水卫生等方式很难预防和消除轮状病毒的感染，因此免疫接种是轮状病毒肠炎的有效预防手段之一，适龄婴幼儿可选择尽早接种轮状病毒疫苗降低轮状病毒肠炎的发病率。

课后练习

1. 下列不属于轻型腹泻表现的是（　）。

A. 大便次数较平时增多，一般每天在10次以内

B. 每次大便量不多

C. 以胃肠道症状为主

D. 合并有脱水症状

2. 关于婴幼儿腹泻的饮食治疗，下列不正确的是（　）。

A. 母乳喂养者可继续哺乳，暂停辅食

B. 人工喂养者，可给予米汤或脱脂奶

C. 腹泻严重者暂禁食水4～6小时，少量多餐

D. 双糖酶缺乏者，不宜用蔗糖，并暂停乳类喂养

3. 婴幼儿秋冬季腹泻的最常见原因是（　）。

A. 轮状病毒

B. 柯萨奇病毒

C. 大肠埃希菌

D. 金葡萄球菌

4. 请简述婴幼儿腹泻的护理措施有哪些。

5. 请设计一份教案和课件，并为幼儿园小朋友做关于腹泻的健康宣教，包括腹泻的病因、护理和预防等。

任务 4 婴幼儿过敏性疾病护理

婴幼儿过敏性疾病

任务导读

毛毛出生没多久，身上经常会泛起大片红疹，有些表面还有小水泡，因此毛毛变成了各大医院皮肤科的“常客”。可即使是频繁地看诊、检查、治疗、用药，这反复发作的湿疹依然没有得到根治。

一转眼，毛毛就 5 个月大了，眼看着就到该添加辅食的时间段了。都说小孩子要多喝牛奶、多吃鸡蛋才能长得高，才能身体好。早晨，奶奶精心制作了一份蛋黄泥作为辅食喂给毛毛吃，谁知毛毛立即呼吸急促，面色苍白，全身散在皮疹突出平面。奶奶一看情况不妙，赶紧带着毛毛去医院。

在赶往医院的路上，毛毛的症状快速加重，口唇开始发紫，呼吸也更不顺畅了，身上的皮疹更是越来越多。

到医院急诊室以后，医生发现奶奶怀里的毛毛已经呼之无反应，连哭都不哭了。急救医生立即开始对毛毛实施抢救。

你知道毛毛发生了什么吗？平时生活中我们应该注意些什么呢？

任务提要

本任务通过介绍食物过敏、过敏性鼻炎、支气管哮喘和严重过敏反应这四种婴幼儿过敏性疾病的相关知识，明确婴幼儿过敏性疾病的防治措施。

一、婴幼儿过敏性疾病概述

过敏性疾病是一组由机体免疫系统对环境中典型无害物质产生的超敏反应性疾病，别称变态反应性疾病。随着疾病谱的改变，过敏性疾病在人群中的发病率逐年升高，影响着全球约 25% 的人群，已然成为 21 世纪常见疾病之一[①]。

（一）婴幼儿过敏性疾病概述

近年来我国婴幼儿过敏性疾病的患病率呈显著上升趋势，比如 2010 年我国

① HAAHTELA T, VON HERTZEN L, MÄKELÄ M et al. Finnish Allergy Programme 2008–2018—time to act and change the course [J]. Allergy, 2008, 63(6): 634−645.

14岁以下儿童哮喘患病率较20年前上升了147.9%[①]，又比如我国婴幼儿过敏性鼻炎的患病率已高达3.3%～35.1%，且年龄较小者比年龄较大者患病率更高[②]。

过敏性疾病的发生发展取决于遗传和环境因素，但患病率的升高主要与环境因素有关[③]，如城市居住条件、农场暴露、感染史、空气污染等。另外，饮食、药物使用、肥胖也和部分过敏性疾病的发生发展密切相关。

过敏性疾病不仅影响患儿本身发展，也降低了其家庭的生活质量，还加重了社会的经济负担。

知识链接

过敏性疾病的发病机制

过敏反应与人体免疫息息相关。人体免疫系统由免疫器官、免疫细胞及免疫分子组成，是机体执行免疫应答及免疫功能的重要系统，具有识别和清除外来入侵抗原及体内突变或衰老细胞并维持机体内环境稳定的功能。

免疫应答是指免疫系统识别和清除"非己"物质的整个过程。这里的"非己"物质指入侵的病原微生物，以及机体内突变的细胞和衰老、死亡的细胞。一般情况下，免疫细胞对"非己"的异种或异体物质产生适当应答，使之清除，从而发挥免疫保护作用。但如果发生免疫失调，特别是机体产生过强的免疫应答引发超敏反应，将导致过敏性疾病的发生。婴幼儿常见过敏性疾病的主要发病机制如表2-3所示[④]。

表2-3 婴幼儿常见过敏性疾病的主要发病机制

疾病分类	IgE（免疫球蛋白E）介导	非IgE介导	混合介导
食物过敏	+	++	+
消化道过敏	+	++	++
特应性皮炎	+	+	+
过敏性鼻炎	++	+	−
支气管哮喘	++	−	−
严重过敏反应	++	−	−

注：++表示该机制为疾病发生的主要机制；+表示该机制参与疾病发生；−表示尚无明确证据显示该机制参与疾病发生

① 刘传合，洪建国，尚云晓，等. 中国16城市儿童哮喘患病率20年对比研究[J]. 中国实用儿科杂志，2015，30(8)：596-600.

② ZHANG Y, ZHANG L. Prevalence of allergic rhinitis in China [J]. Allergy Asthma & Immunology Research, 2014, 6(2): 105-113.

③ 申昆玲. 儿童过敏性疾病规范化培训教程[M]. 北京：人民卫生出版社，2021：5.

④《中华儿科杂志》编辑委员会，中华医学会儿科学分会. 儿童过敏性疾病诊断及治疗专家共识[J]. 中华儿科杂志，2019，57(3)：164-171.

由于对非IgE介导过敏的发病机制尚不清楚，这里我们重点介绍IgE介导过敏的发病机制。IgE介导过敏主要指临床最常见的Ⅰ型超敏反应。发生过程主要包含致敏期和发敏期，过敏原进入机体后诱导B细胞分泌IgE抗体，并形成致敏的肥大细胞、嗜碱粒细胞，使机体处于对该病原体的致敏状态。当相同的过敏原再次进入致敏状态的机体时，过敏原与致敏的肥大细胞或嗜酸性粒细胞表面的2个及以上IgE抗体结合，使IgE受体FcεRⅠ交联启动活化信号，导致肥大细胞与嗜碱粒细胞释放预存的生物活性介质，引起荨麻疹、支气管哮喘、过敏性休克等局部或全身性过敏反应。根据反应发生的快慢和持续时间的长短又分为速发相反应和迟发相反应。速发相反应往往发生在接触过敏原后数秒钟到2小时内，主要表现为毛细血管扩张，血管通透性增强，平滑肌收缩，腺体分泌增加。迟发相反应发生在过敏原刺激后2～48小时甚至更长，早期引起黏膜渗出，长期反复发作造成组织损伤和增生性炎症。

（二）几种常见的婴幼儿过敏性疾病

常见的婴幼儿过敏性疾病包括食物过敏、消化道过敏、特应性皮炎、过敏性鼻炎、支气管哮喘和严重过敏反应等。以下介绍其中几种。

1. 食物过敏

食物过敏是指人体暴露于某种特定食物时出现的由特异免疫反应引起的不良健康影响，也可定义为由食物引起的对人体有害的免疫反应，这种反应在接触某种特定的食物时可重复发生[①]。有研究发现食物过敏患病率具有年龄特异性，表现为婴幼儿患病率更高[②]。食物能通过胃肠道摄入、呼吸道吸入、皮肤接触等多种途径诱发儿童过敏，且反应轻重不一，严重时可致死亡。据报道能引起食物过敏的最主要的抗原有170余种，在我国最常见的是牛奶、鸡蛋、鱼、虾、花生等。尽管随着婴幼儿年龄增长，会逐渐出现对食物耐受，但仍有部分患儿处于持续过敏状态，特别是那些对花生、坚果、鱼和贝类过敏的。

食物过敏可累及不同器官和系统，如皮肤、黏膜、呼吸系统、消化系统、神经系统、循环系统等，具体症状表现如表2–4所示[③]。

① 周薇，赵京，车会莲，等. 中国儿童食物过敏循证指南[J]. 中华实用儿科临床杂志，2022，37(8)：572–583.

② EBISAWA M, ITO K, FUJISAWA T et al. Japanese guidelines for food allergy 2020 [J]. Allergology International, 2020, 69(3): 370–386.

③ 田春雨，熊实秋，刘传合. 日本食物过敏指南(2020)解读[J]. 中华实用儿科临床杂志，2022，37(9)：660–664.

表 2-4 食物过敏的症状

器官/系统	症状
皮肤	红斑、荨麻疹、血管性水肿、瘙痒、灼烧感、湿疹
黏膜	结膜充血、水肿、瘙痒、流泪，鼻塞、喷嚏，口咽、唇舌不适、肿胀
呼吸	咽喉不适、发痒、声音嘶哑、咳嗽、气喘、呼吸困难、发绀
消化	恶心、呕吐、腹痛、腹泻、便血、吞咽困难
神经	头痛、乏力、不安、意识障碍、大小便失禁
循环	血压下降、心动过速、心动过缓、心律失常、四肢发冷、面色苍白（外周循环衰竭）

婴幼儿食物过敏最常用的治疗方法是避食和食物替代，严重过敏反应患儿应严格避食，轻中度患儿可低敏饮食，以防止过敏的发生。另外食物脱敏治疗、免疫治疗，也是食物过敏的主要治疗方法之一。除此之外，还可以通过药物积极治疗食物过敏引起的其他相关症状。

2. 过敏性鼻炎

过敏性鼻炎指机体暴露于过敏原引起的主要由IgE介导的鼻黏膜非感染性炎性疾病，是最常见的婴幼儿过敏性疾病之一，也称变态反应性鼻炎，根据症状发作时间可分为间歇性过敏性鼻炎和持续性过敏性鼻炎。

遗传和环境因素被认为是该病的病因学因素。过敏体质的患儿接触过敏原后，诱发Ⅰ型超敏反应，导致鼻腔黏膜嗜酸性粒细胞浸润和肥大细胞活化，从而引起过敏性鼻炎。婴儿期最常见的过敏原有尘螨，动物皮屑、毛发等，幼儿期可由鸡蛋和牛奶等食物引起，另外在花粉季节也容易由花粉导致过敏性鼻炎。

过敏性鼻炎的四大症状包括鼻塞、鼻痒、阵发性喷嚏和清水样涕，伴有眼痒、结膜充血等眼部症状，还可能出现过敏性黑眼圈、过敏性敬礼症、过敏性褶皱。过敏性黑眼圈指下眼睑慢性充血变黑；过敏性敬礼症指为减轻鼻痒和使鼻腔通畅而用手掌或手指向上揉鼻的动作；过敏性褶皱指经常向上揉搓鼻尖导致外鼻皮肤表面出现的横行皱纹。

该病目前虽不能彻底治愈，但若通过环境控制、药物治疗、免疫治疗、健康教育的规范化综合治疗，可以很好地控制症状。规范化综合治疗包括通过回避过敏原减少对机体的刺激，并根据患儿病情选择不同种类的药物，还可以选择鼻腔冲洗、免疫治疗、手术治疗等方式[①]。

① 中国医师协会儿科医师分会儿童耳鼻咽喉专业委员会.儿童过敏性鼻炎诊疗——临床实践指南[J].中国实用儿科杂志，2019，34(3)：169-175.

3. 支气管哮喘

支气管哮喘作为最常见的慢性疾病之一，是由嗜酸性粒细胞、肥大细胞和T淋巴细胞等多种炎性细胞和细胞组分参与的气道慢性炎症性疾病，通常表现为过敏反应性炎症，是哮喘的基本病理改变。该种慢性炎症会使易感个体出现气道高反应性，当婴幼儿接触物理、化学、生物等刺激因素时，往往出现广泛多变的可逆性气流受限，从而引起反复发作的喘息、咳嗽、气促、胸闷等症状，常在夜间和（或）清晨发作或加剧，多数患儿可经治疗缓解或自行缓解。

支气管哮喘的发病机制还不完全清楚，目前认为与免疫、神经、遗传和环境等因素密切相关，其中环境污染物可加重哮喘患儿症状，增加发病率[①]和住院风险[②]。另外，超重或肥胖也是婴幼儿哮喘的重要危险因素，且女孩的风险更明显[③]。

支气管哮喘的典型症状表现为反复发作的喘息、气促、胸闷或咳嗽，夜间及凌晨发作和加重是它的重要临床特征，常为接触过敏原等刺激物质或治疗不当所致，可在数分钟内发作，症状持续数小时至数天。发作时表现为喘息、气急、胸闷或咳嗽等症状突然发生或加重，发作前可有流涕、打喷嚏和胸闷等症状，发作时呼吸困难，呼气时间延长且伴有高调的喘鸣音。严重患儿呈端坐呼吸，呼吸极度困难、大汗淋漓，面色青灰，口唇、指甲发绀，甚至出现嗜睡或昏迷。发作间歇期则表现和正常儿无殊，但若存在感染或接触外界过敏原时可立即触发哮喘发作。若急性发作控制不力或反复感染，就会导致慢性反复发作症状，表现为常年咳喘发作，活动后感胸闷气急，肺部常可闻及哮鸣音，严重者会并发肺不张、支气管扩张和肺源性心脏病等。

支气管哮喘的症状是可逆的，经治疗可迅速缓解。其治疗原则在于尽早开始治疗，且要坚持长期、持续、规范、个体化治疗[④]。急性发作期可采取平喘、抗炎等治疗措施快速缓解气道阻塞症状，慢性持续期和临床缓解期重在防止症状加重和预防复发，并做好自我管理[⑤]。

4. 严重过敏反应

严重过敏反应是一种主要由IgE介导的危及生命的全身系统性超敏反应，发

---

① ACHAKULWISUT P, BRAUER M, HYSTAD P et al. Global, national, and urban burdens of paediatric asthma incidence attributable to ambient NO_2 pollution: Estimates from global datasets [J]. The Lancet Planet Health, 2019, 3(4): 166–178.

② JUNG C R, CHEN W T, TANG Y H, HWANG B F. Fine particulate matter exposure during pregnancy and infancy and incident asthma [J]. Journal of Allergy and Clinical Immunology, 2019, 143(6): 2254–2262.

③ DENG X, MA J, YUAN Y et al. Association between overweight or obesity and the risk for childhood asthma and wheeze: An updated meta-analysis on 18 articles and 73,252 children [J]. Pediatric Obesity, 2019, 14(9): 12532.

④ 中华医学会儿科学分会呼吸学组，《中华儿科杂志》编辑委员会. 儿童支气管哮喘诊断与防治指南（2016年版）[J]. 中华儿科杂志，2016，54（3）：167–181.

⑤ 洪建国. 儿童支气管哮喘规范化诊治建议（2020年版）[J]. 中华儿科杂志，2020，58（9）：708–717.

病迅速，多伴有皮肤黏膜系统表现，少数可有单一呼吸或心血管系统症状、体征，过敏性休克为危重症表现[①]。近年来婴幼儿严重过敏反应的发病率[②]、住院率[③]均呈上升趋势。食物、昆虫叮咬、药物、天然乳胶等都可以诱发严重过敏反应[④]。另外，运动、感染、饮酒等协同因素也可影响严重过敏反应的发病和严重程度[⑤]。

严重过敏反应主要是由IgE介导，肥大细胞、嗜碱性粒细胞、嗜酸性粒细胞等释放生物活性介质引起的全身反应，分为致敏阶段和效应阶段，具有明显的个体差异和遗传倾向。

婴幼儿严重过敏反应最常累及的是皮肤黏膜，表现为全身风团样皮疹、皮肤潮红、血管神经性水肿等，也有可能出现咳嗽、喘息、喉鸣等呼吸系统症状和腹痛、持续性呕吐等胃肠道症状，其中较不常见的有低血压和心动过速等心血管系统症状。其中持续性呕吐可能是某些情况的唯一表现，停止玩耍、过度依赖成人陪伴、持续哭闹及嗜睡可能是常见的婴幼儿严重过敏反应的早期表现，不常见的心源性休克在婴幼儿中通常为晚期表现[⑥]。

严重过敏反应被称为“过敏杀手”，可能在1～2分钟内危及生命。一旦发生严重过敏反应，应立即抢救，肾上腺素是首选急救药物。除了急性发作治疗，急性发作期后的长期管理也至关重要。首先要规避诱发和协同因素，避免暴露在过敏原下；其次要及时识别严重过敏反应的早期表现，并采取相应措施；最后要做好健康教育，确保患儿和其监护人知晓如何处理急性严重过敏反应[⑦]。

知识链接

过敏进程

儿童过敏性疾病如特应性皮炎、食物过敏、过敏性鼻炎和哮喘并非各自独立存在，而是具有一定的发展变化规律的。婴儿或儿童早期出现的某种变态

① CARDONA V, ANSOTEGUI I J, EBISAWA M et al. World allergy organization anaphylaxis guidance 2020 [J]. World Allergy Organization Journal, 2020, 13(10): 100472.

② MICHELSON K A, DRIBIN T E, VYLES D et al. Trends in emergency care for anaphylaxis [J]. The Journal of Allergy and Clinical Immunology Practice, 2020, 8(2): 767−768.

③ MOTOSUE M S, BELLOLIO M F, VAN HOUTEN H K et al. Increasing emergency department visits for anaphylaxis, 2005–2014 [J]. The Journal of Allergy and Clinical Immunology Practice, 2017, 5(1): 171−175.

④ 高琦，徐保平，万伟琳，等. 世界过敏组织严重过敏反应指南解读[J]. 中华实用儿科临床杂志，2020，35(3)：170−177.

⑤ 高琦，殷菊，徐保平，等. 世界过敏组织严重过敏反应指导意见2020解读[J]. 中华实用儿科临床杂志，2021，36(6)：431−437.

⑥ 向莉，万伟琳，曲政海，等. 中国儿童严重过敏反应诊断与治疗建议[J]. 中华实用儿科临床杂志，2021，36(6)：410−416.

⑦ 姜楠楠，向莉. 儿童严重过敏反应的预防和长程管理[J]. 中华预防医学杂志，2021，55(5)：566−573.

反应症状常预示未来其他过敏性疾病的发生，这种现象被称为过敏性疾病的自然进程。早在 1973 年，福查德就提出了“过敏进程”，描述了在婴儿期患特应性皮炎、食物过敏发展为儿童期的哮喘、过敏性鼻炎的过程[1]。经典的过敏进程常以婴儿期特应性皮炎为首发症状，并随着年龄的增长逐渐进展为哮喘和过敏性鼻炎。然而越来越多的研究却发现仅约 3.1% 的儿童遵循经典过敏进程的轨迹[2]。因此一种扩大定义的过敏进程被提出，即过敏性疾病的发生由特应性皮炎开始，然后表现出其他任何一类过敏性疾病，患者可能在没有发生哮喘或过敏性鼻炎的情况下表现出过敏性疾病的发展过程[3]。

过敏进程是多方面因素共同作用所致，与遗传背景、过敏原接触和环境易感因素等息息相关。儿童过敏进程的干预策略重在“防”[4]，比如 4 岁以下儿童，母乳喂养 4 个月以上可减少湿疹发病风险，有效控制过敏进程，食用深度水解配方奶粉可防治牛奶过敏。对于过敏症状显著的患儿，应变“防”为“治”，特别是当不能确定过敏原时须应用药物对症治疗。另外，过敏原特异性免疫治疗（又称脱敏治疗）可能是改变过敏性疾病病情发展的唯一途径，但其治疗对象有一定的人群。

婴幼儿过敏性疾病的护理和预防

二、婴幼儿过敏性疾病的护理和预防

（一）婴幼儿过敏性疾病的护理

1. 环境控制

环境控制是护理任何过敏性疾病的首要环节，特别是对于气道过敏性疾病而言，避免接触已明确的吸入性过敏原是切实可行的有效措施（见表 2-5）[5]。

---

① 杨雨怡，曾琳，周薇，等. 生命早期影响过敏进程的因素[J]. 中华临床免疫和变态反应杂志，2022，16（1）：84–89.

② DAVIDSON W F, LEUNG D Y M, BECK L A et al. Report from the National Institute of Allergy and Infectious Diseases workshop on “Atopic dermatitis and the atopic march: Mechanisms and interventions” [J]. The Journal of Allergy and Clinical Immunology, 2019, 143(3): 894–913.

③ HILL D A, CAMARGO C A JR, PALLER A S et al. A march by any other name [J]. Annals of Allergy, Asthma & Immunology, 2018, 121(1): 137–138.

④ 高琦综述，向莉，申昆玲审校. 儿童过敏进程及其防治研究进展[J]. 中国儿童保健杂志，2014，22（11）：1168–1170.

⑤《中华儿科杂志》编辑委员会，中华医学会儿科学分会. 儿童过敏性疾病诊断及治疗专家共识[J]. 中华儿科杂志，2019，57（3）：164–171.

表 2-5　婴幼儿过敏性疾病吸入过敏原控制策略

吸入过敏原	控制策略
尘螨	保持室内清洁、空气流通，降低湿度，定期清洗空调过滤网 使用密闭良好的床板及枕头，防螨床单、枕巾及被褥 每周用热水（54.4℃以上）清洗床单、枕巾 远离毛绒玩具，不用地毯、挂毯
霉菌	修缮易潮湿区域，定期监测霉菌情况 卧室避免湿度过高 生活区域使用高效空气过滤器 不用地毯 注意清洁小物件，如玩具、CD、毛绒玩偶 季节交替时橱柜内的衣物晾晒后穿着
花粉	在花粉浓度较高的季节注意关窗，尽量减少户外活动时间 户外活动时做好适当防范，包括戴口罩或鼻腔涂用微颗粒阻隔剂 不在户外晒被和床单，避免花粉沾染 室内安装空调及高效空气过滤器
动物皮屑	不养宠物或至少宠物不进卧室
蟑螂	监测食物和水源 保持厨房、浴室干燥 修缮墙壁缝隙 使用安全的杀虫剂

2. 饮食护理

当婴幼儿被确诊为食物过敏或由食物诱发的其他过敏性疾病，应严格回避过敏食物。严重牛奶过敏患儿须完全回避含有牛奶蛋白成分的配方奶粉和食物，可选择氨基酸配方奶粉、深度水解蛋白配方奶粉；轻症牛奶过敏患儿一般不推荐长期食用以上两款奶粉，可食用 1～3 个月后尝试逐渐添加适度水解蛋白配方奶粉，并根据适应程度及时调整①；鸡蛋和其他食物过敏患儿原则上也应回避，并根据症状是否好转决定是否再添加该种辅食。母乳喂养者应继续母乳喂养，母亲自身应回避牛奶及其制品，若母亲饮食回避后患儿症状不缓解且伴有生长障碍时，可选用氨基酸配方奶粉喂养。

3. 皮肤护理

对于有皮肤过敏症状的患儿，应保持其皮肤清洁卫生，勤换衣物和床单，选择透气性好、柔软、棉质的衣物，密切观察其皮肤状态与皮疹形态、颜色、位置，皮肤是否受压，是否发生皮肤破损或新皮疹。勤剪指甲，及时用药，以免患儿在瘙痒时抓挠皮肤导致破溃。

① 中华医学会儿科学分会免疫学组，中华医学会儿科学分会儿童保健学组，中华医学会儿科学分会消化学组，等．中国婴幼儿牛奶蛋白过敏诊治循证建议[J]. 中华儿科杂志，2013，51(3)：183-186.

4. 急救护理

由于婴幼儿发生严重过敏反应时的症状体征不典型且患儿表达不清晰，而严重过敏反应的进展往往非常迅速，患儿可能在 1 ～ 2 分钟内出现休克、心跳呼吸骤停等情况，严重者可能死亡，因此一旦出现这种情况，要迅速前往最近的医院进行急救。

5. 心理护理

过敏性疾病通常起病急、病因不明，且病情反复发作，患儿极易出现情绪失控等现象。照护者要关注患儿心理，动作轻柔，及时安慰鼓励患儿，增强患儿信心，缓解其负性情绪。

知识链接

过敏原检测①

过敏原检测在追踪过敏性疾病的来源上起着重要作用。

过敏原皮肤检测是过敏原检测中最传统和常见的方法，也被称为皮肤点刺试验或针刺试验，适用于任何年龄。检测前先准备好含有特定过敏原的试液，并滴一滴溶液于后背上半部的皮肤表面或前臂的内侧，将点刺针或者其他尖锐的设备轻轻刺入皮肤的表层（以不出血为度）。观察 15 ～ 20 分钟，皮肤反应越大，过敏越严重，反之则考虑对该过敏原不过敏。除此之外，还可以采用皮内注射试验，适用于强烈怀疑对某种过敏原过敏但在普通的皮肤检测中却无反应时。值得注意的是该种方法可能引起严重过敏反应，要慎重选择。

过敏原血液检测由于能提供更全面准确的检测结果而越来越受欢迎。它不仅可以检测几乎所有通过皮肤检测的过敏原项目，而且检测过程更方便，只须刺破皮肤一次采血即可完成。但对于婴幼儿而言，血液检测的刺痛感比皮肤检测更可怕。另外由于过敏原在血液检测中不太容易呈现阳性结果，因此血液检测的准确度要稍微差一些，但若检测结果显示为阳性，那就是准确可靠的。

检测在许多情况下是很有用的工具，但没有任何一种过敏原检测方法是完全可靠的，因此检测的结果不应该作为判断过敏的根本依据。

① 西尔斯 R，西尔斯 W. 西尔斯过敏全书[M]. 涂传鸣，李源露，译. 海口：南海出版公司，2019：27.

（二）婴幼儿过敏性疾病的预防

1. 环境控制

应采取有效措施控制环境中的过敏原（见表2–5）。

2. 营养策略

（1）母亲孕期生活与饮食

产前控制母亲饮食对预防婴儿过敏的效果尚不明确，但母亲吸烟会增加婴儿过敏风险，应尽量避免主动和被动吸烟。

（2）母亲哺乳期饮食

食物过敏原可通过母乳传递给婴儿，但含量较低。高过敏风险婴儿的母亲应减少牛奶、鸡蛋、花生、带壳海鲜等常见致敏食物的摄入。

（3）婴幼儿饮食

①喂养方式：纯母乳喂养可有效减少婴儿期过敏发生，推荐纯母乳喂养至少4～6个月。高过敏风险者混合或人工喂养可采用适度水解蛋白配方奶，并持续至免疫系统和消化系统发育适度完善后逐步添加固体食物。

②固体食物引入：4～6月龄后常规引入固体食物，每次只引入一种新食物且持续3～5天或5天以上。引入过程中要保证食物多样化，能保持日常摄入以维持其耐受性。最晚引入固体食物时间不得超过1岁。

③其他：适当食用功能明确的益生菌对预防婴幼儿过敏有一定作用，不能母乳喂养者可添加含有益生菌的配方奶粉，但不建议采用其他免疫调节性营养食物（如ω–3、维生素D）预防过敏性疾病。

3. 健康教育

健康教育在过敏性疾病的防治中至关重要，甚至会决定治疗效果。因此要开展并加强过敏性疾病的知识普及和宣教，使患儿家长了解过敏性疾病的病因、临床表现和危害；指导患儿家长进行良好的环境控制，避免接触过敏原；告知患儿家长均衡营养的重要性、正确的洗护和穿衣习惯、各种药物的使用方法和剂量、减少皮肤致敏的方法、过敏原检测的方法和必要性，以及其他治疗方法的作用、疗程和不良反应等，进一步提高治疗依从性。

知识链接

过敏与预防接种

罹患过敏性疾病、有特应性体质或有过敏家族史的婴幼儿，只要既往不对疫苗或其成分过敏、所患过敏性疾病与疫苗成分无关，均可按计划常规进行疫苗接种①。一般选择过敏缓解期或恢复期，且应在有抢救设施的单位进行。

罹患与疫苗成分有关的过敏性疾病患儿的疫苗接种须谨慎。鸡蛋过敏患儿建议可正常接种麻疹、风疹和部分狂犬病疫苗②，但若接种流感疫苗则应观察至少 60 分钟③。对酵母或凝胶过敏的患儿，接种含有酵母的疫苗（如乙肝、人乳头瘤病毒疫苗）或凝胶成分的疫苗（如麻腮风、百白破、水痘、带状疱疹、黄热病、狂犬病、流感、乙脑疫苗）时，应在接种前进行皮肤试验，阳性者须采用分级剂量注射，并观察至少 60 分钟，阴性者则常规接种后观察至少 60 分钟④。

疫苗过敏反应是指疫苗接种 4 小时内出现至少一个系统的症状或体征（如皮肤、呼吸道、心血管或胃肠道表现）⑤。对于曾发生对过敏原未明确的疫苗过敏时，若是严重过敏反应，不推荐再接种该疫苗，并要注意在接种其他疫苗时有无不良反应，若为非致命性疫苗过敏，且有必要再接种该疫苗时，推荐在配备有抢救物品及设置的医疗机构进行，并在接种后留观。

---

① NILSSON L, BROCKOW K, ALM J et al. Vaccination and allergy: EAACI position paper, practical aspects [J]. Pediatric Allergy and Immunology, 2017, 28(7): 628–640.

② CAUBET J–C, RUDZEVICIENE O, GOMES E et al. Managing a child with possible allergy to vaccine [J]. Pediatric Allergy and Immunology, 2014, 25(4): 394–403.

③ FRANCESCHINI F, BOTTAU P, CAIMMI S et al. Vaccination in children with allergy to non–active vaccine components [J]. Clinical and Translational Medicine, 2015, 14(4): 3.

④ DRESKIN S C, HALSEY N A, KELSO J M et al. International Consensus (ICON): Allergic reactions to vaccines [J]. The World Allergy Organization Journal, 2016, 9(1): 32.

⑤ ZUDAIRE L E, DEL CASTILLO L O, LEBRERO E A et al. Documento de consenso sobre la actitud ante un niño con una reacción alérgica tras la vacunación o alergia a componentes vacunales [Consensus position document on the child with an allergic reaction after vaccination or an allergy to vaccine components] [J]. Anales Pediatría, 2015, 83(1): 63.

课后练习

1. 下列属于常见室内过敏原的是（　）。

A. 宠物

B. 霉菌

C. 尘螨

D. 婴幼儿专用沐浴乳

2. 下列关于支气管哮喘的预防不恰当的是（　）。

A. 避免接触过敏原

B. 去除各种诱发因素

C. 经激素治疗的患儿无须继续使用激素

D. 自我管理教育

3. 治疗婴幼儿严重过敏反应时，首选急救药物是（　）。

A. 肾上腺素

B. 地塞米松

C. 西替利嗪

D. 利多卡因

4. 下列不属于过敏性鼻炎的典型临床表现的是（　）。

A. 喷嚏

B. 鼻塞

C. 鼻痒

D. 头痛

5. 下列不属于最易引起我国婴幼儿过敏反应的食物是（　）。

A. 鸡蛋

B. 豆浆

C. 牛奶

D. 花生

6. 食物过敏的症状不包括（　）。

A. 呕吐、腹泻

B. 湿疹、荨麻疹

C. 嘴唇、舌头或咽喉肿胀

D. 血尿、蛋白尿

7. 婴幼儿最佳过敏预防措施是（　）。

A. 母乳喂养

B. 过敏食品回避

C. 使用替代食品

D. 4～6 个月添加辅食

8. 对牛奶蛋白过敏的婴幼儿可以食用（　）替代。

A. 马奶

B. 骆驼奶

C. 水解蛋白配方奶

D. 豆浆

实训项目：婴幼儿疾病的护理

案例 1

患儿，男，从出生后一直排便不好，每天排便 8～10 次，稀水样，有时排尿也会带些粪便。患儿是混合喂养，近 1 个月体重增长不满意，曾就诊于多家医院，有的医生说是感染，有的说是乳糖不耐受，经过了 1 周的去乳糖奶粉喂养（停母乳和配方奶粉治疗），腹泻症状较前好转。

案例 2

患儿，男，6 岁。患儿经常"感冒"，并很快发展成为"支气管炎和肺炎"，从 2 岁时开始，冬春季和秋冬季每个月至少 1 次。因担心患儿不能坚持上学，父母带患儿就诊于儿科。医生详细询问了病史，并做了相关检查。患儿每次发病的共同特点：先是出现打喷嚏、流鼻涕、鼻塞，进而咳嗽，很快出现喘息。诱因可能为受凉、呼吸道感染、进食刺激性食物（冷、辣、过咸等）、郊游、空气污染及剧烈运动。多数时候无发热，病程在 10 天左右，有时咳嗽还会持续很长时间，时轻时重，常有打喷嚏、流鼻涕。呼吸道的症状夜间重、白天轻，反复持续。

既往病史：婴儿期有反复湿疹史，有头孢菌素过敏史。

家族史：母亲有日光性皮炎史和磺胺过敏史；父亲有酒精过敏史。

案例 3

患儿，男，6 岁。因双侧鼻塞，流涕 1 周就诊。常住地为内蒙古赤峰市，连续两年在当地 7 月末出现鼻痒、喷嚏、流清涕、鼻塞等症状，伴有眼痒症状。

家族史：患儿母亲为支气管哮喘患者。

门诊检查：患儿体温正常，查体见双侧鼻黏膜苍白水肿明显，有大量清水样分泌物，双侧球结膜水肿。

患儿在门诊进一步完善实验室检查，进行过敏原皮肤点刺检测，结果提示患儿夏秋季花粉中，大籽蒿 ++++、豚草 ++、葎草 ++；血清特异性 IgE 检测结果阳性，其中艾蒿 6 级、豚草 2 级。

案例 4

患儿母乳喂养，奶量正常。于出生后第 1 天无明显诱因出现面部皮肤轻微黄染，4～7 天皮肤黄染逐渐波及全身，第 10 天左右黄染渐退，无哭闹、嗜睡、呕吐、大便发白、腹泻等症状。患儿出生后第 23 天哭闹，家属发现其黄疸加重，呈全身黄染，且患儿精神软、吸吮无力，大便灰白、小便黄，遂送至医院就诊。

实训任务

以小组为单位选择一个案例进行讨论分析，能够对所选案例中的患儿进行初步的疾病诊断，并根据诊断进一步分析病因和临床表现。在所提供案例的基础上设计模拟情景剧，可自行添加相关必要信息，由组员分别扮演患儿、家属、医务人员等角色，要求将该疾病的病因、临床表现、护理措施以及如何预防的健康宣教贯穿在情景模拟中，使观众能在观看后对该疾病有更深入的了解，从而进一步树立关爱婴幼儿的职业情感。

实训要点

知识储备：疾病的病因、主要症状、治疗要点、护理措施。

预防技能储备：健康史采集和疾病分析。

PROJECT

3

项目三

婴幼儿家庭教育指导

项目导学

父母常常会因为孩子的一点点进步而惊喜不已，也会因为孩子的动作发展、语言发展、认知发展比别的孩子晚而担忧不已。本项目从婴幼儿动作、认知、语言、情绪、社会性五个领域的发展入手，提供婴幼儿各领域发展的特点与指导策略，让父母在育儿道路上更有方法、更从容、更自信。

学习目标

1. 掌握婴幼儿动作发展指导。
2. 掌握婴幼儿认知发展指导。
3. 掌握婴幼儿语言发展指导。
4. 掌握婴幼儿情绪发展指导。
5. 掌握婴幼儿社会性发展指导。

内容图解

- 婴幼儿家庭教育指导
  - 婴幼儿动作发展指导
    - 婴幼儿动作发展概述
    - 婴幼儿基本动作发展
    - 婴幼儿动作发展指导策略
  - 婴幼儿认知发展指导
    - 婴幼儿感知觉发展特点及指导
    - 婴幼儿注意力发展特点及指导
    - 婴幼儿思维发展特点及指导
  - 婴幼儿语言发展指导
    - 婴幼儿语言发展与教育概述
    - 婴幼儿语言发展指导策略
  - 婴幼儿情绪发展指导
    - 婴幼儿情绪发展概述
    - 婴幼儿情绪发展特点
    - 婴幼儿情绪发展指导策略
  - 婴幼儿社会性发展指导
    - 婴幼儿社会性发展概述
    - 婴幼儿社会性发展特点
    - 婴幼儿社会性发展指导策略

任务1 婴幼儿动作发展指导

婴幼儿动作发展的规律和价值

任务导入

远远已经3个月大了，妈妈发现最近躺在婴儿床上的远远似乎对自己的小手非常感兴趣。一开始，他高度专注地把小手往嘴里放，经过努力，他成功了。能够顺利地吸吮到小手让远远非常高兴，起劲时还会发出“吧唧吧唧”的响声。如果有人打扰他，将他的小手从嘴里拿出来，或者由于衣服穿太多吃不到小手时，远远都会发出烦躁的、抗议的哭声。只有把小手顺利放在嘴里，远远脸上才会现出满足的表情①。

远远为什么会这么喜欢吃手？是因为小手好吃吗？

任务提要

本任务将从婴幼儿动作发展概述、婴幼儿基本动作发展、婴幼儿动作发展指导策略三方面进行阐述，带大家了解婴幼儿的动作发展，为在实践中进行婴幼儿动作发展教育指导奠定基础。

动作是人类生存和生活的一种基本能力，也是人早期与外界环境相互作用的主要手段之一，是个体进行各种活动所不可或缺的，因而动作发展是个体早期发展的重要领域。动作在个体早期心理发展，如感知觉、注意、记忆、思维、情感、自我意识和社会适应等方面起到重要的作用。动作是心理活动的外部表现，是儿童早期发展水平的客观指标。

一、婴幼儿动作发展概述

问题导入

婴幼儿动作是什么？发展有何规律？作为家长，又该如何促进0～3岁婴幼儿的动作发展？这些都是家长密切关注的问题。这里我们就来了解婴幼儿动作发展规律、价值与影响因素，为后续婴幼儿动作教育指导奠定基础。

① 李利. 蒙台梭利解读儿童敏感期[M]. 北京：化学工业出版社，2011.

（一）婴幼儿动作发展的定义和规律

1. 动作发展的定义

动作发展是由神经系统、肌肉协调控制的身体动作的发展，主要是指行走的动作、手的抓握能力和动作技能的提高与改善。它是儿童心理学研究的重要课题。从心理学的角度看，动作是活动的组成部分，动作的发展是婴幼儿活动发展的直接前提。动作发展必然包括动作协调。动作协调是指肌肉之间只有联系起来才能操作，孤立的肌肉是无法操作的。行走、用手拿东西、写字、作画，所有这些都需要同时的、复合的肌肉运动。所以，动作发展不是单一的，而是神经系统、肌肉协调共同参与的系统发展。

婴幼儿动作发展包括身体的协调和手眼动作的协调两个方面。因此，动作发展必然包括以下三个方面：①动作发展即动作协调，动作协调就是肌肉之间同时的、复合的运动；②动作发展即感觉器官与运动器官协调一致的程度；③动作发展与心理发展密不可分。

2. 动作发展的规律

婴幼儿动作是在生理和心理逐渐发育成熟的过程中，遵循一定的规律和顺序一步一步地发展和完善的。

（1）自上而下规律

婴幼儿动作是从上到下发展起来的，从头部先开始继之以躯干动作，最后是下肢动作及全身动作，即“头尾律”。婴幼儿最早发展的动作是抬头、转头，接着是翻身、翻滚和坐，最后是爬行、站立和行走。婴幼儿任何一个动作都是沿着抬头—翻身—坐—爬—站立—行走这种从上到下的方向逐渐发展成熟的。

（2）由近及远规律

婴幼儿动作由靠近身体中心（躯干）部位先发展再到身体肢端部位的发展，即婴幼儿动作发展从中部开始，越接近躯干的部分动作发展越早，而远离身体中心的肢端动作发展较迟。比如，上肢动作遵循肩头—上臂—肘—前臂—手腕—手—手指的顺序，下肢动作遵循大腿—膝盖—小腿—脚—脚趾的顺序。

（3）先大后小规律

婴幼儿动作发展先从大肌肉大动作开始，然后小肌肉的精细动作逐渐发展。例如，儿童的抬头、翻身、站立、行走等大动作先发展，然后才逐渐发展手指、脚趾的细小动作。

（4）从整体动作到分化动作

初生婴儿的动作是混乱笼统的、未分化的大肌肉群动作。随着神经系统和肌肉的成熟，以及婴儿自身反复练习，动作不断分化。婴儿渐渐学会控制身体的小肌肉群动作。婴儿成功获得对各部分的小肌肉群动作协调控制后，又开始学习把这些小动作“归并”到一起，整合成为更加复杂的整体动作。因此，动作发展过程就是从大肌肉群动作到小肌肉群动作，从未经分化的、混沌的整体动作到分化了的整体动作的分化、整合过程。婴幼儿动作由全身性的、笼统的、弥漫性的动作，分化成为局部化的、准确化的和专门化的动作。例如，婴儿在抓眼前的物体时，手脚并用，多余动作很多；但随着月龄增加，幼儿面对眼前的东西，躯干与四肢协调配合，能准确地抓到想要的物体。

（5）从无意动作到有意动作

婴幼儿最初的动作是无意的，之后越来越多地受到心理有意的支配。例如，初生婴儿的抓握反射是无意的、本能的动作，无论给他什么，他都将抓住，不带目的。但几个月后，婴儿逐渐能够有意地、有目的地去抓物体。因此婴幼儿的动作发展服从“无有律”。

（二）婴幼儿动作发展的价值

1. 动作发展是婴幼儿神经系统正常发育的标志之一

婴幼儿动作的发展与神经系统发展有着密切关系。动作是感觉器官接受了外界刺激，通过外周神经将信息传达到中枢神经系统，中枢神经系统进行整合及处理后，再将处理后的信息或指令通过外周神经传达到相应的器官而产生的。当信息通过运动神经传达到肌肉时，肌肉就会收缩和舒张产生一系列的动作。例如，让婴幼儿拿取面前的黄色积木，首先，婴幼儿的眼睛看到了桌面上的积木，这一视感知觉的信息通过传入运动神经传递到大脑，大脑将传来的信息进行分析和整合后产生拿取积木的信息指令，传出运动神经将这一指令传递到手部的肌肉和关节，手部的肌肉、骨骼和关节协同活动产生了“拿取”的相关动作。

中枢神经系统对动作的调节和控制是在三个水平上进行的，包括最底层的脊髓、中层的脑干和最高层的大脑皮层。脊髓是最基本的反射中枢，脑干是控制运动的第二级神经中枢，大脑皮层是最高级的运动调节中枢。各个控制水平既具有各自的功能，又是相互关联、相互协调的[①]。

因此，婴幼儿的动作发展是其神经系统正常发育的标志之一。例如，巴宾斯基反射最早可见于 4 ～ 6 个月的胎儿，在出生后 6 ～ 18 个月该反射逐渐消失，但在睡眠和昏迷中仍可出现。2 岁后被足蹄反射代替。此时若再出现巴宾斯基反射，一般是锥体束受损害的表现[②]。

---

① 董奇，陶沙．动作与心理发展[M]. 2 版．北京：北京师范大学出版社，2004：26.
② 林崇德．发展心理学[M]. 3 版．北京：人民教育出版社，2018：99.

2. 动作发展有助于婴幼儿身体健康

婴幼儿经常活动和坚持动作训练有助于身体健康，对运动系统、呼吸系统、循环系统、消化系统等都会产生良好的影响。运动促进血液循环和心脏的收缩，使心血管系统的机能得到提高；运动促进消化系统的消化和吸收，保证婴幼儿活动和运动需要的热能与各种营养素；运动使肌肉保持正常的张力，并通过肌肉活动给骨组织以刺激，促进骨骼中钙的储存，促进骨骼生长，同时使关节保持较好的灵活性，使韧带保持较佳的弹性，增强运动系统的准确性和协调性；运动增加肺活量，改善呼吸功能；运动增强人体的免疫功能，当外界环境发生变化时，经常活动和锻炼的婴幼儿能很快适应，而不经常活动的稍有不慎就会生病。因此，儿童从小就要经常活动，养成运动的习惯，增强体质，提高身体健康水平。

3. 动作发展有助于婴幼儿心理发展

运动对婴幼儿心理活动和心理功能的发展具有重要的作用。婴幼儿的感知觉、情绪、注意力等心理活动，是婴幼儿运动发展必不可少的因素。反过来，婴幼儿在不断运动的过程中，又促进了感知觉、情绪和注意力的发展。随着动作的进一步发展，婴幼儿的空间概念也得以发展。例如，婴幼儿拿起棉签，对准瓶口，放入瓶子中，这说明婴幼儿的空间概念得到了发展。因此，动作发展在个体早期心理发展，如感知觉、注意、记忆、思维、情感、自我意识和社会适应等方面都起到重要的作用。

4. 动作发展满足婴幼儿独立生存能力发展的需要

脑和手是人类劳动谋生的工具，是独立生存和生活能力发展的重要组成部分。婴幼儿通过运动与环境发生联系并逐渐适应环境，同时在适应环境的过程中，进一步发展动作。0～3岁的婴幼儿随着年龄的增长，其自我服务意识也愈加强烈。这种自我服务意识体现在日常生活中的方方面面，比如穿衣服、穿鞋、系鞋带、扣纽扣、端杯喝水等，都需要婴幼儿大小肌肉群的共同协作。

（三）婴幼儿动作发展的影响因素

婴幼儿动作发展的影响因素

1. 先天因素——生理成熟

生理成熟是动作发展的生物前提和物质基础。格塞尔著名的“双生子爬梯试验”表明个体的发展取决于成熟，而成熟则取决于基因所决定的时间表。在婴幼儿尚未成熟之前，有一个准备的状态。这个准备状态实际上就是生理机制由不成熟向成熟过渡的阶段。处于准备阶段的婴幼儿，尚未具备相应的学习能力，这时如果让他们学习某种技能，就难以达到真正的学习目的。这不仅表现为学习难度大，还表现为学习成绩不巩固，更有甚者还会伤害学习动机和学习兴趣。因此，成熟在婴幼儿的动作发展中起着重要作用。

2. 后天因素

（1）教养环境

教养环境对婴幼儿动作发展有重要的影响。家庭教养环境主要指父母的育儿方式、教养态度和物质条件。育儿方式对儿童的生长发育、动作发展和智力发展均有一定的影响。例如，在某些落后的地方仍然存在将新生儿捆成“蜡烛包”的做法，这种做法限制了儿童双手的活动，势必影响儿童上肢大动作和手部精细动作的发展；新几内亚的阿拉佩希人的婴儿在独坐之前就能靠双手扶住东西站立，这与母亲经常竖着抱婴儿有关，这样婴儿就能用脚去踢大人的手臂和腿。非洲婴儿在母亲背上的襁褓中，因头缺乏支撑，所以很快就学会了使头直立。我国的一些比较研究也表明了环境对动作能力发展的影响。例如，上海市第六人民医院宋杰、朱月妹在我国 6 岁内小儿中试用丹佛智能发育筛选法（Denver developmental screening test，DDST）后发现，在精细动作方面，我国小儿“视线跟随”比 DDST 规定的早些，但在大动作方面则较晚，尤其是在“俯卧举头”“能翻身”“自握能站”等项目上。研究者认为，我国育养小儿的传统习惯，如母亲或保育员不让婴儿俯卧等能部分说明这种差异。

（2）营养与健康

营养是动作发展的物质基础，合理的营养能为动作发展提供充足的热能和各种营养素。当热能或蛋白质不足时，身体的第一个反应就是减少活动以减少热能或蛋白质的消耗。因此营养不良的孩子不爱活动甚至特别安静，从而失去了动作锻炼的机会；营养过剩导致儿童肥胖，体重增加，在运动时增加了负担，从而影响儿童锻炼身体的兴趣。因此营养物质供给不足或过剩都会影响婴幼儿动作的发展。

（3）后天的学习与训练

有研究表明，长期的动作训练可以加速动作发展，但训练对某些活动的影响可能比对其他一些活动大些。例如行走训练，泽勒佐、科尔布进行了一项研究，这是在婴儿会自然做出行走反射时开始的，训练从出生后第 2 周开始到第 8 周结束。24 名婴儿被分为 4 组，积极练习组的婴儿每天有 4 次练习，每次 3 分钟，在这些时间里他们被人扶住腋下，脚底接触平面；消极被动组的婴儿则躺在小床上，坐在婴儿座位上，或者坐在父母膝上，轻轻伸屈他们的双脚和手臂；无练习组的婴儿没有训练，每周测试一次；控制组的婴儿只是在这项训练计划结束时才测试一次，目的是弄清楚无练习组婴儿确实没有从每周的测试中学到什么东西。研究人员发现，被分在积极练习组的婴儿在 10 ~ 12 个月时就会走路，比常模年龄（14 个月）提早 2 ~ 4 个月。研究者认为，这可能是行走反射在帮助婴儿产生更大的活动性方面起着一定作用；行走动作的训练有个关键期，因此应该利用行走反射，不要让其自然消失[①]。

二、婴幼儿基本动作发展

问题导入

婴幼儿的身心条件与成长环境不同，发展的速率也不同。无论是有关全身大肌肉活动的大动作的发展，还是主要涉及手部小肌肉活动的精细动作的发展都遵循一定的顺序，不同部分的发展时间都是不一样的。那么每个阶段婴幼儿的动作都是如何发育的？本部分就带领大家了解婴幼儿基本动作发展的顺序。

（一）婴幼儿大动作发展

1. 大动作的含义

婴幼儿大动作发展

婴儿在出生后 1 个月左右，就出现了简单、主动的动作。大动作一般指的是牵涉大肌肉群的活动，包括婴儿早期的翻身，以及后期的爬行、行走、跑、跳等。

2. 大动作的发生和发展

动作发展具有普遍性，但也具有差异性，下述是一般幼儿大动作的平均发展水平，并不是绝对的。如果发现婴幼儿发展延迟在 2～3 个月内，要持续注意观察，若超过半年，最好立即至医院接受进一步的评估与治疗。婴幼儿各月龄段大动作发展情况如下。

0～2 个月：俯卧时会转头；俯卧时头能抬至 45°；仰卧时手脚会乱动，且两脚会在空中交互踢；身体被直立抱起时，头虽会往下掉但脖子会用力使头颈挺直。

3～5 个月：俯卧时会用手肘支撑，将头、胸部抬高，头能抬高至 90°。俯卧时会将手臂伸直，以手掌撑床，将头、胸部抬高，翻身至仰卧。从仰卧被拉起时，头不会往后掉。从仰卧被拉至坐时，会主动抓住对方的手坐起。被扶着腋下站立时，双脚仅能支撑一点点身体重量。

6～8 个月：坐在椅子上身体会挺直。被扶着腋下站立时，双脚能支撑身体的大部分重量。仰卧时头会抬高，会翻身至俯卧。俯卧时肚子贴地，身体会打转。会肚子贴地匍匐前进。被扶着站立时，双脚会原地连续跳。坐时仅靠手轻微撑地能独立坐稳并维持 1 分钟。能从趴姿或坐姿转换至蹲姿。从坐姿被拉至站立时会主动抓住对方的手站起来。会从趴姿或蹲姿转换至坐姿。被扶着站立时，会想要

① 唐敏，李国祥. 0～3 岁婴幼儿动作发展与教育 [M]. 上海：复旦大学出版社，2011：13-15.

跨步出去。

9～11个月：狗趴姿势时，肚子离地，会用手及膝盖、异侧手脚交错地爬行移动。不需要靠手撑地就能独自坐稳10分钟。坐时会扶着家具站起来。站时身体会慢慢往下到地板。会扶着家具或物体边缘侧走。一手被牵着时会向前迈步。能独立站立。

12～15个月：能独立行走。能爬上楼梯。站立时会把球丢出去，但无法丢在某一定点。行走时起动、停止、转弯皆能控制自如，不会跌倒。能独立从俯卧转换至站立。能倒退走。

16～19个月：会跑步但不稳。用一手扶着扶手上楼梯。能爬下楼梯。会由站姿坐到小椅子上。会爬上大人坐的椅子。扶着时能单脚站。

20～23个月：能用一手扶着扶手下楼梯。会蹲着玩，且不扶东西能从蹲姿转换至站姿，或从站姿转换至蹲姿，皆能控制自如不会跌倒。原地跳跃双脚能同时离地。

24～27个月：会扶着扶手，用双脚同上一阶梯的方式来上下楼梯。会双脚同时站在平衡台上不跌倒。会踢球。双脚会一起从楼梯最后一阶往下跳。

28～31个月：会以脚跟接脚趾的方式行走。会单手抬高过肩丢小球1.5～2米远。在平衡台上能以脚跟接脚趾的方式行走，不会跌倒。能用正常大人的方式从仰卧转换到站姿。

32～36个月：能脚踩踏板骑三轮车。能双脚交替上下楼梯。能单脚站立不跌倒。能采用正常大人的走路模式行走（即走路时，脚着地的刹那，另一脚之脚板抬高，脚趾伸直）。走路时双手交替摆动自然，跑得很平稳。

（二）婴幼儿精细动作发展

1. 精细动作的含义

个体手部的精细动作能力指个体主要凭借手及手指等部位的小肌肉或小肌肉群的运动，在感知觉、注意等多方面心理活动的配合下完成特定任务的能力，它对个体适应生存与实现自身发展具有重要意义。

2. 精细动作的发生和发展

1岁之前婴幼儿精细动作变化是最快的。0～3岁婴幼儿各月龄段精细动作发展情况如下。

0～1个月：只要触碰婴儿的掌心，他就紧握拳，这就是抓握反射，像猿人抓握树枝。随着婴儿逐渐长大，这种能力就由被动地抓发展为主动地抓。

1～2个月：婴儿有的时候可以有意识地抓了，如把一些东西放到其手心里，他可以攥一些时间，1个月的时候可能拿着马上扔掉，到2个月的时候可以留一会儿。

2～3个月：婴儿抓握时间加长，而且两只小手会搭在一起。

3～4个月：婴儿拿不到眼睛看到的物体，除非大人放在婴儿手里。

4～5个月：婴儿能碰触到物体（在伸臂范围内），却不能“抓握”。

5～6个月：婴儿学会了所谓的“原始抓握”，即用手臂圈住立方体，然后再在另一只手或者胸部的支撑帮助下使立方体离开支持表面，但这一动作过程中手指的精细动作不占据主要地位，并不是真正意义上的“抓握”动作。

6～7个月：婴儿有了真正意义上的抓握动作，能够弯曲手指“包住”立方体，然后用手指的力量稳稳地抓住立方体。

7～8个月：婴儿手指的力量已能克服重力作用，使立方体离开地面，在抓握时其拇指保持与其他四指平行，同时用力“抓握”立方体。

8～9个月：婴儿抓握时拇指与食指相对，可用两个手指抓起立方体。

9～10个月：如把小积木包起来、藏起来，婴儿会把纸打开，然后把积木拿出来。

11～12个月：婴儿可以全掌握笔，会在纸上无意识地乱画。

12～13个月：幼儿可以拇指与食指、中指相对，用指尖抓起立方体。

13～15个月：幼儿可以自发地画，并能画出道来，到15个月就可以自发地画出图形，想怎么画就怎么画，画的时候不会停笔。

15～18个月：幼儿可以模仿画出极为简单的线条。

18～21个月：幼儿可以做更精细的动作了，可以用比较粗的绳子穿过孔比较大的珠子，手眼初步协调。

21～30个月：幼儿可以进行搭建活动，如搭积木，可以搭小桥，因为搭小桥需要有初步的空间感。

30～33个月：幼儿可以模仿画圆。

33～36个月：幼儿可以做折纸等精细动作。

三、婴幼儿动作发展指导策略

问题导入

俗话说：“二抬三翻六坐七滚八爬十二走。”在婴幼儿不同的发展阶段，其动作发展具有关键期。动作发展为后续的心理、神经系统发展奠定了良好的基础。前面我们已经讨论过，后天的训练与指导能有效帮助婴幼儿的动作发展。作为家长，如何在家庭中把握婴幼儿各动作发展的关键期？如何进行有效的教育？我们将在本部分集中讨论这个问题。

（一）大动作发展指导

1. 转头与抬头

婴幼儿大动作指导（上）

（1）转头与抬头的发展

婴儿转头与抬头动作的出现，是婴儿向成人宣布自己主宰世界的第一步。抬头动作主要是控制头颈的活动，依赖于头颈的力量，为其他大动作的发展奠定基础。

0～1个月：新生儿的颈部肌肉没有力气，俯卧时能稍抬下巴几秒钟，要是把他竖着抱起来，头部可挺立几秒钟。

1～2个月：此时婴儿还无法自己抬头，但头颈力量有了一些增长，抱他坐起来时头部下垂的现象大大减少，同时仰卧时能够比较好地控制头部左右转动去寻找奶源、声源及鲜艳的物体等，在俯卧时婴儿会试着抬头，可稍稍抬起至45°。

2～3个月：婴儿在各方面都有了比较大的变化。在成人的扶持下，身体可直立，头部也可立起，但还不稳固，需要小心保护。虽然直立时婴儿仍无法自己完全抬起头，但在俯卧时头可抬起到90°，并左右转动四处张望。

3～4个月：婴儿头颈力量加强了。在成人的扶持下，身体可做较长时间直立，直立时可自己支撑竖起头部并左右转动，趴着时双手能支撑胸部并抬起头，仰卧时若拉他双手头部也会跟着上来，基本上可完全控制自己的头颈活动。

4～5个月：婴儿可自己抬起头，并自由活动头部。

5～6个月：婴儿能够完全自己控制头颈活动，不再需要成人的扶持。

（2）转头与抬头动作训练

A.转头训练

①注视活动：让婴儿仰卧，家长在离婴儿15～20厘米处拿着红色小球慢慢抖动，吸引婴儿注意，然后慢慢左右移动，婴儿会用眼睛去跟随移动的物体而转动头部。

②追声寻源：让婴儿仰卧，家长摇动玩具吸引婴儿注意，把玩具从一侧移到另一侧，使婴儿头部和视线随着摇晃的玩具左右或上下慢慢移动。

③捉迷藏：妈妈将婴儿抱在身上，面向前方，爸爸在妈妈的背后向左、向右伸头，与婴儿玩类似捉迷藏的游戏，并变换或摇动铃铛，呼唤婴儿名字，与婴儿说话。要尽量挑逗婴儿的兴趣，使他主动左右转头。刚开始训练时，家长要将自己的手放在婴儿头两侧加以保护。

B.抬头训练

①竖抱抬头：妈妈可在每次喂奶后竖抱婴儿，使婴儿头部靠在妈妈肩上，轻拍几下背部，使其打个嗝以防吐奶，然后不要扶住头部，让头部自然立直片刻，

每日 2～3 次，以促进颈部肌肉张力的发展。也可以让婴儿头靠在妈妈肩膀上，向婴儿指出头顶上方的物品，训练婴儿抬头看。

②俯腹抬头：婴儿空腹时，将他放在家长胸腹前，并使婴儿自然地俯卧在家长的腹部，把双手放在婴儿脊部按摩，逗引婴儿抬头，婴儿不但能抬头，而且十分高兴①。

③俯卧抬头：训练俯卧抬头，床面要平坦而且有一定硬度。让婴儿俯卧在床上，妈妈拿色彩鲜艳、有声响的玩具在婴儿前面逗引。抬头动作从抬起头开始，到 2 个月时与床面呈 45°，到 3 个月时能稳定地抬起 90°，到 5 个月时能俯卧抬头抬胸。注意床面要平坦、舒适，最好有一定的硬度，但时间不要太长，以免婴儿太累。一般在婴儿出生后 10 天左右就可以进行，时间可以选在两次喂奶之间，或沐浴后。

2. 翻身

翻身是婴儿第一次真正意义上的全身运动，要借助头部、胸部、四肢等的力量，将身体翻转过来。翻身训练为接下来的肢体大动作——坐、爬、站、走、跑、跳奠定了坚实的基础，同时翻身过程中的游戏交流同样有助于提升婴儿感官能力的发展。因此，应多帮助婴儿进行翻身练习。训练婴儿的翻身动作，要先从仰卧位翻到侧卧位，然后再从侧卧位翻到俯卧位。

（1）侧翻训练

婴儿 1 个月后就可以做侧翻动作训练。训练时，可先用婴儿最感兴趣的一个发声玩具，在他头部的左右侧逗引，吸引婴儿转头注视。然后，可以一手握住婴儿的一只手，另一只手将婴儿同侧腿搭在另一条腿上，辅助婴儿向对侧侧翻注视，如此左右轮流侧翻练习，以帮助婴儿每日感觉体位的变化。这种侧翻动作，每次训练时间可在 2～3 分钟，每日 3～4 次即可。

（2）亲子翻身

让婴儿俯卧或者仰卧在成人的身上，通过成人的翻身，带动婴儿的翻转。这种亲子接触不仅会让婴儿有安全感，而且会通过共同翻转的过程让婴儿有了新鲜的刺激，愿意去尝试。

（3）侧卧过渡

翻身的中间阶段就是侧卧，我们可以通过侧卧的过渡来进行翻身训练。用枕头顶住婴儿的后背，使其呈侧卧姿势，用亲子交流或者玩具在婴儿的背后吸引他，让他有反过来看的冲动，这时将枕头抽走，使婴儿由侧卧变成仰卧，看到背后的东西。再用同样的办法使婴儿从侧卧变为俯卧。

---

① 陶红亮. 0～3 岁婴幼儿游戏方案[M]. 长春：吉林科学技术出版社，2010.

（4）俯卧翻身

俯卧翻身，即让婴儿趴着，用玩具逗引他，使他变成仰卧。刚开始练习俯卧翻身时，成人必须对婴儿进行保护。让婴儿练习翻身的时候，可以用一些玩具逗引他，注意逗引的时候，玩具要放在婴儿头的上方。

实训项目：翻身活动

练习时间：3～5分钟

场地：床上

年龄：3～6个月

步骤：

1. 让婴儿平躺在床上，成人面对婴儿坐好。

2. 成人将婴儿的下肢交叉，用下肢扭动带动上肢运动，此时婴儿一侧手臂会被压在身下，成人可帮助婴儿把手臂向头侧方拉出。

3. 反复数次。观察婴儿表现，及时休息。

3. 坐

婴儿到了6～7个月大时，脊部、背部、腰部已渐渐成长健壮。因此，从翻身到坐起是连贯动作的自然发展。通常婴儿会先靠着呈现半躺坐的姿势，接下来身体会微微向前倾，并以两侧辅助支撑。6个月的婴儿用双手向前撑住后，能自己坐立片刻。婴儿从卧位发展到坐位是动作发展的一大进步，扩大了婴儿的视野，更好接收外界的信息。可以参照以下几种方式辅助婴儿做动作的练习。

婴幼儿大动作指导（下）

（1）拉臂坐起

婴儿躺在床上，家长握住婴儿的肩和上臂，缓慢拉坐起来，再扶婴儿的腰背部让他坐一会儿，然后扶住婴儿头颈部把他放到床上。家长要注意关注婴儿的手臂力量，从扶住婴儿的肩、上臂逐渐过渡到拉手臂、拉腕、拉手坐起。家长可用双手紧紧握住婴儿双手，感受婴儿的力气，家长的大拇指让婴儿的五个手指握住，家长剩余的四个手指抓住婴儿的手腕，慢慢地将婴儿拎起，使婴儿从躺的姿势变成坐的姿势。注意要让婴儿自己用力，家长仅用很小的力，以后逐渐减力，或使婴儿仅握住家长的手指拉坐起来，头能伸直，不向前倾。

（2）靠坐支撑

4个月以后，使婴儿背靠着枕头、小被子、垫子等软的物体半坐起来。婴儿靠坐时，成人应在旁边照料，不离开。因为婴儿会用腿蹬踢，身体下滑而躺下，或者重心向左右偏移，身体倒向一侧。靠坐时间不宜太久，初学的婴儿可持续3～5分钟，坐稳后也不宜超过10分钟。

（3）独坐练习

在婴儿会靠坐的基础上让婴儿练习独坐，家长可先给予一定的支撑，之后逐渐撤去支撑或首先让婴儿靠坐，待坐得较稳后，逐渐离开靠背，一般要到7个月才能逐渐坐稳。家长可让婴儿独坐在地毯上，一手扶住他，一手以玩具吸引他转头转身寻找玩具，家长用玩具左右方向交替逗引，引导婴儿坐时头部向两侧转动寻找物品，训练婴儿独坐平衡。

4. 爬

婴儿在出生5～6个月后就会为爬行做准备，会趴在床上以腹部为中心，向左右挪动身体打转。到了7～8个月，婴儿已经具备了爬的能力，这个时期是婴儿学爬的关键期。

（1）匍匐爬行

匍匐爬行适合5～6个月儿童训练。6个月的婴儿俯卧时用张开的手支撑着，将头和胸高高抬起，整个胸部离开床面，小腿经屈膝向上抬起悬空，以腹部为中心进行原地旋转运动来移动身体位置，这就是匍匐爬行。家长可手拿一个能吸引婴儿的玩具在一侧逗引，使他通过上下肢的运动来转动身体，再换另一侧，逗引婴儿匍匐爬行。

（2）抵足爬行

抵足爬行适合6～7个月儿童训练。在婴儿前面放一些玩具，逗引他双手往前，家长用手抵住婴儿的两只脚，使婴儿的腿呈蛙形，用双手掌抵住婴儿脚心向前推，帮助婴儿用力向前爬。家长要注意配合婴儿双手的动作，帮助婴儿轮流移动手和脚，从而向前爬。

（3）手膝爬行

手膝爬行适合7～8个月儿童训练。8个月的婴儿能用双手和双膝支撑起身体，胸部和腹部完全离地，双手交替向前，带动身体向前移动爬行，即手膝爬行。如果婴儿腹部不能离开床面或不能向前移动，可用双手托住或用长围巾兜住婴儿腹部，将婴儿腹部提起，帮助他保持正确的手和膝盖着地的姿势，再利用双手和双膝练习爬行。

（4）手足爬行

手足爬行适合9～10个月儿童训练。在婴儿能够熟练进行手膝爬行的基础上，让婴儿抬高臀部、抬起膝部，用两手和两脚支撑身体向前爬行。把家里的小席子卷成圆状，让婴儿趴在席子上，将席子的一边压在身下，家长推动席子，婴儿随着席子的展开而朝前爬；也可让婴儿在地上或床上爬，鼓励婴儿大胆往前爬行。

5. 走

10 个月到 2 岁是儿童学会独立行走的年龄，是从摇摇晃晃走几步到掌握身体平衡行走的阶段。行走动作的出现是其全身大动作发展的重要飞跃，婴幼儿动作的发展将从此获得一个更广阔的平台。

（1）扶走训练

将婴幼儿脚放在成人的脚上，左右交替迈步，或扶住婴幼儿的腋下向前推动婴幼儿左右脚交替迈步，然后训练婴幼儿扶着小床、栏杆或沙发边移步。成人要用玩具或婴幼儿感兴趣的东西，在前面逗引，并注意防止跌跤和碰撞等。10 个月后婴幼儿就可以扶着成人的手或家中的边缘物向前迈步了，11 个月的婴幼儿可以借助学步车，向前推物行走，甚至转弯。

（2）独走训练

婴幼儿在 12 个月前能独走的不多。从 8 个月起可以先练习独站，开始让婴幼儿扶着成人的双手，逐渐扶一只手，从抓得紧到逐步放松，只有独站比较稳以后才可能迈步走。走对婴幼儿来说是最伟大而严峻的任务，是一种全身运动，需要耗费相当的力气。开始时牵着成人的手走，然后扶着墙走。

在独站训练之后，可以在床上或草地上让孩子练习独立行走。开始时，成人在两边短距离接应，慢慢延长距离，使孩子学会独行，也可从拉着手走到逐渐松手让孩子自己走进行练习。在孩子会走后，常带孩子到户外活动，练习自如行走。

知识链接

婴儿主被动操

主被动操适合于 6 ～ 12 个月的婴儿，6 ～ 8 个月做前四节，9 ～ 12 个月做全部操节。

一、起坐运动

1. 将婴儿双臂拉向胸前，双手距离与肩同宽。

2. 轻轻拉引婴儿使其背部离开床面，拉时不要过猛。

3. 让婴儿自己用劲坐起来。

二、起立运动

1. 让婴儿俯卧，成人双手握住其肘部。

2. 让婴儿先跪坐着。

3. 扶婴儿站起。再让婴儿由跪坐至俯卧。

三、提腿运动

1. 婴儿俯卧，成人双手握住其双腿。

2. 将婴儿两腿向上抬起呈推车状。随月龄增大，可让婴儿双手支持起头部。

四、弯腰运动

婴儿背朝成人直立。成人左手扶住其两膝，右手扶住其腹部。在婴儿前方放一个玩具。

1. 让婴儿弯腰前倾。

2. 让婴儿捡起玩具。

3. 让婴儿恢复原样呈直立状态。

4. 重复两个八拍。

五、托腰运动

1. 婴儿仰卧，成人右手托住其腰部，左手按住其踝部。

2. 托起婴儿腰部，使其腹部挺起呈桥形。

六、游泳运动

1. 让婴儿俯卧，成人双手托住其胸腹部。

2. 悬空向前后摆动，活动婴儿四肢，做游泳动作，重复两个八拍。

七、跳跃运动

婴儿与成人面对面，成人用双手扶住其腋下。

1. 把婴儿托起离开床面轻轻跳跃。

2. 重复两个八拍。

八、扶走运动

婴儿站立，成人站在其背后，扶住婴儿腋下、前臂或手腕。扶婴儿学走，重复两个八拍。

6. 跳

跳跃是儿童智慧发展的一个重要因素，因为跳跃会引发一系列的动作。随着儿童腿部力量的增强，儿童的运动智慧又迈上了一个新的台阶。

(1)扶着跳

家长两只手分别放在儿童的腋下，慢慢引导儿童做跳跃动作，家长用双手轻轻向上提起儿童，让他向上一蹿一蹿地跳跃，同时家长可伴以亲切且富有节奏的语言。儿童跳跃时，家长可念一些节奏感强而且有趣的儿歌或伴以一些节奏欢快的音乐，以激发儿童蹬腿的兴趣。随着练习时间的延长，儿童会逐渐喜欢上这项直立跳跃运动，只要大人一抱起他，儿童就会自动地做出直立跳跃动作，同时还能表现出欢快情绪。

（2）直立跳

家长用细绳将毛绒娃娃或彩球等玩具挂在屋里，高度以儿童跳起来可以够得到为标准。家长鼓励儿童双脚往上跳起来伸手触碰玩具，儿童手碰到玩具时，家长应给予鼓励①。

（3）向前跳

大多数儿童都喜欢蹦蹦跳跳、活泼可爱的小白兔，家长可以因势利导，让儿童模仿小白兔蹦跳的样子，训练儿童的跳跃能力。还可以让儿童玩“小白兔采蘑菇”的游戏，将蘑菇散放在地上，家长规定完成的时间，如果儿童在规定的时间内采完蘑菇，就给予表扬和奖励。

（二）精细动作发展指导

1. 抓握动作

婴幼儿精细动作发展指导（上）

抓握动作是个体最初的和最基本的精细动作，是各种复杂的工具性动作发展的基础。在抓握的基础上，婴幼儿将发展翻书、写字、绘画及生活自理等动作技巧。

（1）1～3个月抓握指导要点

①获得触觉经验的训练：1个月内的婴儿，小手常常呈握拳形状，有时也能张开。成人可经常轻轻扳动、捋顺其手指，或轻轻活动其双手，增强手指各关节的灵活性，促进手的自然开合。对于出生后1～2个月的婴儿，可以用不同质地的、适合婴儿小手抓握的物品，比如拨浪鼓、海绵条、绒布头、纸卷、小积木等，或者经常让宝宝抓成人的手指，使其获得触觉经验。3个月后，成人还要给婴儿按摩手指，从手心到手背，再到每个手指头，每天2～3次。

②用手拍抓的训练：婴儿2个月后，可以在婴儿眼前悬吊一些玩具，让婴儿自己动手击打、够取、抓握。例如，可以用柔软的布料包裹棉花，吊在婴儿的小手够得到的地方，吸引婴儿去抓。3个月大的婴儿抓握动作开始发展，手经常呈半张开状态，有时两只手能凑到一起，玩弄自己的衣襟，偶尔能把衣襟拉到脸上；常会用手去抓周围的东西，并试图把物体抓住，但因为对距离的判断不准确，不容易成功。此时可以把体积小、颜色鲜艳的玩具如小塑料球放在婴儿面前，逗引婴儿用手抓握。

① 陶红亮. 0～3岁婴幼儿游戏方案[M]. 长春：吉林科学技术出版社，2010.

（2）4～6个月抓握指导要点

①触觉灵敏度的训练：可以使用直径为2～2.5厘米的小球，让婴儿抓握，以锻炼手的皮肤感觉。球的重量有区别，材料有软有硬，如塑料球、木球、皮球、绒布球等。球也可以用线绳吊起来，刚好能让婴儿握住。也可用帆布、毛巾布、花布缝制的小布包，都有助于手的抓握动作的训练，尤其对大拇指的训练很有好处，可以增强手掌触觉的灵敏度。

②双手握奶瓶训练：结合对婴儿的手部抓握训练，可以教婴儿用手抓握奶瓶吃奶或者喝水。开始时，成人用奶瓶哺喂婴儿吃奶或喝水，可以用手拿着奶瓶的顶端，让婴儿双手扶持在奶瓶的中间部位，共同保持奶瓶向婴儿嘴中输送液体。成人扶持奶瓶，主要是掌握奶瓶的倾斜程度，以控制流量避免呛到婴儿，等到婴儿渐渐能自己掌握以后，逐渐放手让婴儿自己握奶瓶。

③摇动、敲打训练：在婴儿5个月的时候，在其有了抓握能力的基础上，可以拿一个能发声的、带柄的玩具，如拨浪鼓、摇铃等，吸引婴儿去拿，待婴儿拿到后，握住婴儿的手一起做摇动动作，使婴儿感到有趣，引导婴儿主动拿物摇动。等到婴儿两只手都会摇动后，成人可先让婴儿双手各拿一个玩具，抓住他的双手互相对敲，也可以示范给婴儿看，让其模仿。还可教婴儿用一只手敲打玩具。开始时手把手教，之后可以示范让婴儿慢慢掌握。另外，也可以买市场上专门训练敲打的玩具，如木制的螺丝钉。所有这些都要随时随地进行，让婴儿慢慢模仿学会，以促进婴儿注意力的稳定和动作的发展。

④拇指和其余四指对立握物：6个月以前，婴儿是在用手握物，大拇指几乎不起作用；6个月以后，婴儿的拇指和食指分开，可以对立握物或将物体夹在手指与手掌之间。成人可以尝试让婴儿拇指和其余四指对立抓握积木棒、花铃棒等。

⑤双手配合动作训练：6个月时，婴儿开始发展双手的共同活动，首先是换手。成人在和婴儿玩的时候，可有意识地连续向他的一只手递玩具或食物，训练其将手中的东西从一只手换到另一只手。这种最初的双手配合活动很重要，通过它可以观察出婴儿双手活动是否正常。

（3）7～9个月抓握指导要点

①拿起、放下动作训练：婴儿学习拿、放玩具一般都有个过程，开始时不会有意识地放下手中的玩具，可能只是随便地松手将东西扔掉，这时，成人可以做拿起、放下的示范动作，并反复强调“放下”，教婴儿模仿。

②大拇指动作训练：这个时期婴儿开始形成各种姿势的抓握。要选择一些练习，促进大拇指的运动。可以拿有柄的玩具给婴儿，如拨浪鼓。这类玩具品种不多，所以成人可以自制一些布偶玩具，不过要有手有脚、带胳膊带腿的，以便于婴儿抓握。

③食指动作训练：可以训练婴儿用食指拨动玩具、拨按电话键，还可以让婴儿把食指伸进小瓶子里做抠的动作（注意瓶口直径要在 2 厘米以上）。

④拇指、食指配合的捏取动作训练：9 个月时，婴儿已经会用拇指和食指捏取小物体，会把蒙在脸上的纱巾拉下来，会将物体放入瓶子或盒子中并反复放入、倒出。这时，成人可以让婴儿练习剥糖纸、拿饼干、摆弄积木、套盒子等游戏。训练婴儿用拇指、食指试着捏取较小物件，丢入大纸盒中，或从盆中、碗中用手拿出小物件，可以先示范再让婴儿做，成功后可以用语言、亲吻等方式给予鼓励。可以与婴儿玩蒙面游戏，先用彩色手帕引起婴儿注意，逗引婴儿用手去抓；然后把布盖在婴儿脸上，开始时婴儿会手脚乱动或哭喊，可以用语言引导婴儿自己去抓掉。多次训练后，婴儿就能够学会用手主动抓去蒙在脸上的手帕，成功后要和婴儿一起欢呼庆祝。

2. 操作动作

婴幼儿精细动作发展指导（下）

（1）翻书

翻书可以锻炼婴幼儿的掀开和合上动作，促进婴幼儿手眼协调能力的发展，同时可以培养对图书的兴趣。

①练习掀开、合上动作：从婴儿 10 个月起，成人把婴儿抱在怀里坐着，打开一本常常看的图书。先指着书中婴儿认识的一种小动物的图画，引起兴趣，再当着婴儿的面合上，配上有趣的语言："小动物藏哪里去了呢？我们一起来找找看。"接着示范一页一页地翻书，翻到后显出兴奋的样子："找到了！"然后再合上书，让婴儿模仿成人的动作，打开书找小动物。开始时，婴儿只能打开、合上，渐渐能学会翻页。

②拇指和食指对捏、对搓、提翻书页的动作：在幼儿 12 个月以后，成人拿一本专供幼儿阅读的大开本彩图书，让幼儿双腿伸直坐在床上，将书摊开在幼儿的双腿上，一页一页帮他翻，教他用拇指和食指捏着书页，将书页轻轻地提起来翻过去，而且要教他顺着翻。让幼儿翻的书最好是用硬纸印的厚页书。

（2）搭积木

搭叠积木可以锻炼婴幼儿手指精细动作能力、手眼协调能力；帮助婴幼儿认识积木的颜色、形状、大小等；帮助婴幼儿感受积木在空间上的变化，理解高矮宽窄等概念。

①排积木练习：婴儿 11 ～ 12 个月时可以训练他用积木排火车。刚开始玩积木时，婴儿只会将积木弄出声响，没有游戏的意识。但到 11 个月时，成人可以引导婴儿排列积木，即将积木排成长长一串，还可以推着长串积木模拟火车前进。

②搭积木练习：幼儿 13 ～ 15 个月时，家长可以把各种各样的积木放在他面

前，示范拿起一块积木叠在另一块上，进行垒高。幼儿先学习从最基础的2～3层搭起，等到能平稳搭高后，逐渐增加积木。到15个月时，幼儿一般能搭4层高的积木。1.5岁的幼儿处于训练手的灵活性、准确性的关键时期，成人与其一起搭积木是很好的训练方式。注意每一次做完之后，都要鼓励幼儿，增强其自信心。通过越来越多地搭叠积木，幼儿会渐渐找到窍门，认识到每一块积木必须放正才能叠高的规律，能够越搭越多、越搭越高，手部精细动作发展也会越来越好。

（3）扣纽扣

扣纽扣是培养幼儿生活自理能力较重要的一项，可以为幼儿进入幼儿园做好准备。

①解扣子：幼儿2.5岁时，让他拿稳扣子的下方，把扣子的上方插入扣眼内，从扣眼的内侧把扣子拿出来。

②扣扣子：让幼儿把衣服穿上后，比齐衣服前的左右开口，从下面的扣子开始，拿稳扣子的上方，把扣子的下方插入扣眼内，在扣眼外面把扣子取出来。注意给幼儿锻炼的扣子和扣眼都要足够大，不能太小。

可以让幼儿先试着给娃娃穿衣服和扣子，幼儿可能扣得不对，成人可多次示范扣扣子的方法和顺序；可教幼儿给娃娃解扣子，再让幼儿把娃娃的衣服穿上，为娃娃拉扣子；成人可故意将扣子扣错，鼓励幼儿找出错误，并纠正错误；让幼儿给自己身上的衣服解扣子和扣扣子。

（4）拧瓶盖

拧瓶盖可以训练婴幼儿手的拇指和食指、中指的小肌肉朝不同的方向用力的能力，促进手指小肌肉的发展。锻炼手部小肌肉的力量和工作的有效性。

①盖盖子动作的训练：10个月的婴儿可以练习盖上盖子。准备1只杯子和3个大、中、小规格的盖子，只有一个能正好盖在杯子上。然后，教婴儿做盖杯子的动作。这个月龄的婴儿很快就能够完成把盖子盖到杯子上的动作。然后，要把3个杯盖都交给婴儿，启发婴儿："用哪个盖子盖上杯子好？"婴儿在反复盖上、拿下的过程中，最终会选择最合适的那一个，要及时给予赞扬和鼓励。盖杯子的游戏虽小，却能使婴儿掌握物体之间、物体特性之间的最简单联系，启发婴儿的思维活动。

②旋拧动作的训练：在婴儿10～11个月时，成人可以锻炼婴儿手指的拇指和其他四指的旋拧能力及婴儿手腕的力量。事先准备皱纹纸若干张，裁成64开大小；栗子若干个。在婴儿面前拿起一个栗子和一张纸；将栗子放在纸中间，然后用纸把栗子包起；一只手的拇指和其他四指将多余的纸旋拧起来，形成"包子"形状；帮助婴儿完成上面的过程。最好选择皱纹纸，颜色鲜艳，质地柔软，也可用面巾纸代替；注意卫生。

③配上大小瓶盖：幼儿 13 个月时，成人拿出大小差异比较明显的 2 个瓶子，拧下瓶盖，将 2 个盖子放在一起，然后逐个试一下，将盖子盖到瓶子上。幼儿学会后，成人可以再增加一个瓶子，让他自己操作。开始时，幼儿需要逐个试，后来他能拿起大的盖子，盖大瓶；拿起小的盖子，盖小瓶。

④钥匙开锁：可以训练 15 个月的幼儿用钥匙开锁的手眼协调的精细动作。幼儿要看准钥匙洞，把钥匙插入，而且要插到适宜的深度，顺时针方向转动，锁才能打开。

⑤拧开和上紧螺旋：幼儿 24 ～ 26 个月时，可以用木质的螺旋玩具让他练习拧开和上紧螺旋。有大的木螺钉和螺母，还有松开螺旋的工具，使幼儿练习用手按顺时针方向把螺旋拧紧，按逆时针方向把螺旋打开，使幼儿手指灵活，能有目的地打开或拧紧螺旋。

⑥打开和盖上不同的瓶盖和盒盖：幼儿 30 个月后，可以训练他按大小、颜色、特点及记忆中的形象把不同的瓶盖和盒盖盖上。收集一些大小不同的瓶子，以及形状颜色不同的盖子，如化妆品的盒子、瓶子，药瓶和旅店盛浴液的小瓶子等，让幼儿自己学着打开又拧上。通过观察和练习，幼儿能够区分不同的瓶盖、盒盖，并把不同的瓶盖、盒盖打开，然后逐个拧上；也可同时打开 3 个，让幼儿选择合适的盖盖上。熟练后，将六七个瓶盖、盒盖打开混在一起，看幼儿能否自己按大小、颜色及记忆将盖子盖上。

课后练习

1. 请结合实际，谈谈动作发展对婴幼儿发展的价值。

2. 为 19 ～ 21 个月的儿童设计三个大动作发展的游戏，包括游戏名称、游戏目的、游戏时间、每天次数、游戏方法、注意事项。

3. 为 22 ～ 24 个月的儿童设计三个精细动作发展的游戏，包括游戏名称、游戏目的、游戏时间、每天次数、游戏方法、注意事项。

4. 到实训室进行婴幼儿动作发展训练模拟试教活动，运用相关的知识进行点评。

任务2 婴幼儿认知发展指导

任务导读

感觉剥夺实验

第一个以人为被试的感觉剥夺实验是由贝克斯顿、赫伦、斯科特于1954年在加拿大一所大学的实验室里进行的。被试是自愿报名的大学生，每天的报酬是20美元（当时，大学生打工一般每小时可以挣50美分），所以大学生都极其愿意参加实验。所有的被试都要做的事是每天24小时躺在有光的小屋的床上，时间尽可能长（只要他们愿意）。被试有吃饭的时间、上厕所的时间。严格控制被试的感觉输入，如给被试戴上半透明的塑料眼罩，该眼罩可以透进散射光，但被试戴上后没有图形视觉；给被试戴上纸板做的套袖和棉手套，限制他们的触觉；让被试的头枕在"U"形泡沫橡胶枕头上，同时用空气调节器的单调嗡嗡声限制他们的听觉。实验前，大多数被试以为能利用这个机会好好睡一觉，或者考虑论文、课程计划。但后来他们报告说，对任何事情都不能进行清晰的思考，哪怕是在很短的时间内。他们不能集中注意力，思维活动似乎是"跳来跳去"的。感觉剥夺实验停止后，这种影响仍在持续。具体地，对于简单的问题，如词或数字的记忆，感觉剥夺没有影响；对于中等难度的问题，如移动单词中的字母，感觉剥夺也没有什么影响；对于复杂的问题，如需要高水平语言能力和推理能力的创造测验、单词联想测验，接受过感觉剥夺的被试不如未接受感觉剥夺的被试的成绩好。感觉剥夺影响了复杂的思维过程或认识过程。在感觉剥夺实验中，还发现了一个意想不到的结果，那就是接受感觉剥夺实验的被试中有50%报告有幻觉，其中大多数是视幻觉，也有被试报告有听幻觉或触幻觉。视幻觉大多在感觉剥夺的第三天出现，幻觉经验大多是简单的，如光的闪烁，没有形状，常常出现于视野的边缘。听幻觉包括狗的狂吠声、警钟声、打字声、警笛声、滴水声等。触幻觉的例子有，感到冰冷的钢块压在前额和面颊，感到有人从身体下面把床垫抽走。

早期情感剥夺是指剥夺孩子的愉快情绪体验，如好奇、喜悦、快乐和情爱等，而让孩子体验许多不愉快的情绪，如生气、害怕、猜忌等。在情感剥夺的环境下成长的孩子是"情感饥渴"的，他们不仅得不到爱，而且缺乏助长情感和爱的亲密的社会关系。“狼孩”的故事可谓家喻户晓，电视、报刊也时常报道此类悲情的事情。情感剥夺的一般原因有：父母或父母一方死亡；父母不能满足孩子的需要；父母与孩子的关系紧张；父母疏于教育，孩子缺少父母的关爱；父母与其他家庭成员关系紧张，以及孩子不受同伴欢迎等。情感被剥夺的孩子，身体发育和心智发展都会受到伤害。具体表现在：延缓了孩子的正常发展，使孩子的运动能力和神经肌肉发展迟缓；导致孩子语言发展差，甚至可能发展为口吃及语言失调；导致孩子不能集中注意力，干扰了记忆、学习和理解；妨碍孩子的学习和与他人的相处，导致孩子以消极的态度来对待客观事物和现象，心智发展水平低于一般孩子。对于爱的剥夺的危机期是 6 个月到 5 岁，5 岁后的情感剥夺对智力发展影响较小。

任务提要

本任务聚焦婴幼儿认知发展及父母有效的养育行为，为婴幼儿认知发展及父母的有效养育提供理论指导与实践引领。

随着中国人口老龄化的加剧和全球经济时代的到来，认知资本成为经济可持续发展的关键，而儿童早期认知发展对其生命后续阶段的能力发展乃至整个国家的发展都很重要。0 ～ 3 岁是婴幼儿建立认知、学习语言、发展社会情感的关键时期。0 ～ 3 岁婴幼儿的发展主要是通过监护人及其所提供的家庭学习环境来实现的，监护人的养育行为及其所提供的学习环境对儿童早期的认知、语言和社会情感的发展具有重要影响。

认知是心理学家常用的术语，指人类的认识活动及获得并运用知识解决问题的心理过程。认知过程有助于人们理解和适应周围环境，这些认知过程主要包括注意、知觉、学习、思维和记忆，简言之，是指人类大脑中那些无法观察的事件和活动①。根据戈斯瓦米对认知能力的定义，儿童早期认知发展可以理解为儿童早期从环境中获取信息的一系列过程，这个过程涉及学习、记忆、推理和问题解决等方面。哈努谢克和沃斯曼因指出，认知能力的不同是经济合作与发展组织国家经济增长率出现差异的主要原因。认知技能反映了人们使用和开发技术、用创新思维解决问题的能力，对经济发展尤为重要。儿童早期认知发展是儿童早期通过学习、感知、记忆、交流、推理、创新等方式获得认知技能和能力的过程。通过

① 谢弗，基普．发展与心理学：儿童与青少年[M]．邹泓，周晖，张冲，等译．9 版．北京：中国轻工业出版社，2016：225.

该过程获得的认知能力对个人一生的发展乃至对国家未来经济的发展都有着重要影响[①]。

认知心理是人在认识客观世界的活动中所表现出来的各种心理现象，主要指人的感觉、记忆、想象和思维等。婴儿出生时只有低级、原始的感觉活动。随着感官的不断成熟和环境的影响，婴儿很快（出生后9天左右）就出现了能对作用于感官的事物整体做出直接反应的知觉，并能在头脑中产生对经历过的事物的简单记忆。1.5～2岁的孩子开始表现出最初的与动作紧密结合的想象和思维活动[②]。

问题导入

爱看照片的球球[③]

3个月大的球球睡觉的小床在爸爸妈妈的房间里，卧室的墙上挂着放大的大头婚纱照，照片上爸爸妈妈露出幸福的笑容，球球的视线经常会越过小床上的摇铃，好奇地盯着照片上两个笑靥如花的人看。妈妈高兴地说："球球这么小就会欣赏艺术照啦。"在3个月大的球球眼中，爸爸妈妈的结婚照是什么样的呢？

一、婴幼儿感知觉发展特点及指导

婴幼儿感知觉发展特点及指导

（一）婴幼儿感知觉发展的特点

感知觉是人类最早出现的心理活动，也是婴儿期最早成熟的心理活动。婴儿阶段是感知觉发展最快、最敏感的时期。美国神经生物学家胡腾洛赫尔在1979年的研究中证实，婴儿视觉、听觉皮层突触量在出生前1个月左右开始加速递增，在出生后3个月左右达到高峰，后逐渐消减，消减过程一直延续到4岁左右，4岁后消减速度减慢，此后视觉、听觉皮层突触量与成人水平一致。这表明，从出生前1个月到4岁是视觉、听觉皮层神经发育最快的时期。由此得出，婴儿阶段是感知觉发展最快的时期。最新的脑科学研究表明，大脑发展在某个时段存在进行某类学习和心理发展的敏感期。在3岁以前，人类主要依靠感知觉认识世界，感知觉是认知结构中最重要的部分。皮亚杰将儿童0～2岁的时间段称为"感知运动阶段"，在这个阶段里儿童对客观事物的反应是

① 李英，贾米琪，郑文廷，等. 中国农村贫困地区儿童早期认知发展现状及影响因素研究[J]. 华东师范大学学报（教育科学版），2019（3）：17-32.
② 文颐. 婴儿心理与教育：0～3岁[M]. 2版. 北京：北京师范大学出版社，2015：30.
③ 冯夏婷. 透视0～3岁婴幼儿心理世界：给教师和家长的心理学建议[M]. 北京：中国轻工业出版社，2016：30.

无意的，只有当他们看到、听到、摸到事物后才产生心理活动，事先并没有我要去看或去听什么的目标[①]。比如，婴幼儿拿笔在纸上涂鸦时，往往是画出什么就是什么，不会提前在脑海中勾勒出自己要画的内容，再进行下笔。

婴幼儿的感知觉发展遵循一定规律：①从感觉的无意性向有意性发展。新生儿的感觉只由外部刺激引起，他们的感知觉是无意的。随着大脑和神经系统的发展以及受教育的影响，孩子才开始进行有意感知。条件反射的产生与发展展示了婴幼儿的感知觉从无意向有意发展的过程。②整体感觉与部分感觉从分离向统一发展。儿童随着年龄的增长，慢慢能理解部分与整体的关系，能把部分作为整体事物的一个方面来看待，能理解整体是由几个部分组成的。3 岁前的儿童对事物的感知觉是片面的，尚不能既认识事物的部分又认识事物的整体，反映出来的事物的整体与其部分是分离的。婴儿的图画处于乱涂乱画阶段，临近 3 岁时才可能偶尔在他们的画中看到一些代表事物的符号，但是整个画面没有完整物的出现。③从感官单一反应向感官协同反应发展。

（二）感知觉能力对婴幼儿发展的作用

1. 感知觉能力促进婴幼儿脑的发育

出生前后到学龄前期是人脑重量和质量增长最具决定性的时期，表现为神经元和突触数量的增加、神经网络框架及模式的定型和完善[②]。感知觉刺激作为最主要的环境刺激，是促进脑发育的重要前提。对 1 个月的婴儿进行三四天的光线剥夺，其大脑的视觉区域就会退化；把婴儿置于黑暗中两个月，将导致永久性的视觉区域损伤[③]。研究发现，每天得到数次轻揉按摩的早产儿比未接受这种刺激的早产儿体重增长快，而且运动和认知能力发展更好[④]。

2. 感知觉能力启动和完善婴幼儿运动

感知觉和运动信息间的联合对人的神经系统具有基础性作用。婴幼儿运动动机的启动常依赖于感知觉信息的接收。如幼儿看到感兴趣的物体，就可能跑过去看，再用手摸摸。此外，感知觉是婴幼儿运动能力发展的重要因素，婴幼儿运动的协调性和灵活性需要感知觉的参与。婴幼儿不断地将运动和感知觉信息相协调，从而学会如何保持平衡，如何迅速够到物体，如何穿越各种各样的表面和地形[⑤]。

---

① 文颐. 婴儿心理与教育：0 ～ 3 岁 [M]. 2 版. 北京：北京师范大学出版社，2015：62.
② 孙久荣. 脑科学导论 [M]. 北京：北京大学出版社，2001：78.
③ 贝克. 儿童发展 [M]. 吴颖，等译. 5 版. 南京：江苏教育出版社，2002：26.
④ 徐芳. 特殊儿童感知觉能力评估量表的编制 [D]. 上海：华东师范大学，2012.
⑤ 桑特洛克. 儿童发展 [M]. 桑标，王荣，邓欣媚，等译. 11 版. 上海：上海人民出版社，2009：178.

3. 感知觉能力是婴幼儿认知能力发展的基础

信息加工理论把人的认知过程看作信息的输入、编码、储存、输出和使用的过程。在这个程序中，信息的输入是首要环节，而人接收信息依赖于感知觉的参与。如果没有感知觉这一联系大脑和客观现实的通道，认知活动便无法顺利进行。皮亚杰认为触觉和视觉相配合完成对物体的操控是早期认知发展的基本要素。婴幼儿通过感知觉，逐步认识不依赖于他们而存在的客观世界。婴幼儿知觉的辨别分类能力不仅是其生存所必需的基本能力，也是其抽象概括能力及认知能力发展的基础，对数学能力、语言能力等的发展均有重要意义。

4. 感知觉能力对婴幼儿语言能力发展的作用

感知觉能力对婴幼儿语言能力发展的影响贯穿语言学习的全过程，包括语言接收、语音矫正和语义理解。婴儿早期对语音的偏爱，对语音的分辨，对不相干语音的敏感性降低等，为其口头语言的发展奠定了良好的基础。幼儿开始有意识发音后，须把自己的发音与他人的发音进行比较，才可能不断形成正确的发音。幼儿可通过视觉、触觉、嗅觉、味觉、运动觉等多感官协调参与，丰富对词义和语义的理解[①]。

5. 感知觉能力对婴幼儿情感和社会交往能力发展的作用

感知觉能力是与他人进行交互影响的基础，与其他人的情感和交流必须通过感知觉通道，只有通过感知觉接收对方的信息才能和他人进行信息交换从而维持这一交往过程。此外，感知觉是与他人进行情感交流的重要方式。在儿童成长过程中，被人触摸或触摸他人，是他们重要的社会交往方式。感知觉障碍会影响婴幼儿情感和社会交往能力的正常发展。

（三）婴幼儿感知觉发展指导

1. 重视环境营造，利用环境因素培养婴幼儿感知能力

婴幼儿感知的主要特点是无意感知。这一特点决定了婴幼儿的学习方式以自发、随意学习为主，他们的行为易受周围环境的影响。成人要关注婴幼儿的需要。孩子生来就有了解周围环境的需要，当周围的人与婴儿交谈时，婴儿若是看不见周围的人，就有可能会用哭闹表示反抗，因为此时婴儿已经能将视觉和听觉联合起来，如果视线内没有发出声音的物体，婴儿便会大哭起来。4 个月左右的婴儿会对着成人微笑，能用眼睛寻找发声的物体，父母可以在婴儿的小床或摇车上挂几个不同颜色和形状的发响的玩具，这有利于婴儿视觉的发展，但是这些玩具不一定总放在婴儿眼前，以免其形成习惯。让婴儿的视力得到休息，同时使其能自

① 徐芳. 特殊儿童感知觉能力评估量表的编制[D]. 上海：华东师范大学，2012.

由地环视周围环境也是非常必要的。成人要为孩子创设条件，尽最大可能引导孩子的触摸动作。婴儿在半岁时看到什么东西都伸手去抓，而不管其形状、大小、重量如何。到了1岁左右，触觉的作用越来越大。他们逐渐掌握被抓物体的特点，手也逐渐适应各种物体。此时，父母应该在安全的前提下，允许孩子触碰各种物体，使其在操作过程中获得各种体验。随着年龄增长，婴幼儿探索的空间更加广泛。婴幼儿的衣、食、住、行、游戏等活动都可以成为开发其感知觉的专门活动。生活为我们提供了丰富的感知觉环境，父母要启发孩子去感受。

2. 保护好婴幼儿的感官，促进婴幼儿健康发展

婴幼儿感官的健康发展，是提高其感知能力不可或缺的生理条件。婴幼儿看需要眼睛，听需要耳朵，闻需要鼻子，尝需要嘴，摸需要手……感官是婴幼儿完成感知探索活动的工具，因此，保护婴幼儿感官的健康是促进婴幼儿健康发展的前提条件。父母要注意婴幼儿的用眼卫生，培养婴幼儿良好的用眼习惯，根据其视力发展情况，提供相应的图书；要保护婴幼儿的听力，避免让婴幼儿长期在过于嘈杂的环境中生活和活动，教育婴幼儿不要挖耳，不要将异物塞入耳道等，及时发现婴幼儿听力方面的障碍，给予必要的治疗；要教给婴幼儿保护自己感官的知识，讲究卫生，确保婴幼儿拥有健康的感觉器官。

3. 以发展特点为依据，设计适合婴幼儿的感觉训练活动

婴幼儿阶段是感知觉飞速发展的时期，各种感知能力相继形成。如果家长能够在感知觉发展的关键时期给予婴幼儿良好的教育，可以促进婴幼儿感知能力的发展。婴幼儿感知觉发展的特点是进行感知觉训练的重要依据。例如，家长可根据婴幼儿不同时期视觉发展的特点，提供不同颜色、不同尺寸、不同材质的玩具，婴幼儿掌握形状、颜色、方位等都表现出一定的时间性和顺序性。这些都为家长的家庭教育活动提供了依据。

4. 满足婴幼儿好动的兴趣，促进感官的协调发展

兴趣是最好的老师。婴幼儿感知觉的发展要通过活动才能实现，兴趣引领婴幼儿去探索、去发现。在探索和发现的过程中，婴幼儿通过多种感知协调活动来提高其探究效果。家长在日常生活中可设计需要调动婴幼儿多种感官参与的活动，多给儿童提供需要视听协调、视触协调、视动协调的活动，使婴幼儿在活动中锻炼感官的灵活性。在认识事物的过程中，鼓励婴幼儿运用不同的感官感受事物，从不同渠道获得感知经验。

知识链接

许多人急于开发婴儿智力，用各种刺激轰炸婴儿的感官，美其名曰“不要输在起跑线上”。实际上目前还没有证据证明这些做法能造就更优秀的“聪明”儿童。相反，拼命把各种各样的刺激给还没有做好准备的婴儿会导致他们的退却。弗吉尼亚大学的研究人员设计了一项鹌鹑实验。他们将几百个鹌鹑蛋各剥去一小片蛋壳，让里面的鹌鹑幼鸟接触一连串闪烁的光，以为这种早期的刺激会诱发视觉发育。但实验发现，过早的光线接触会打乱鹌鹑对运动和声音的反应能力，出生后这些鹌鹑与正常发展的同类相比，显得动作茫然。更多的证据来自人类早产儿，过早的降生把婴儿强行推到一个充满光线、噪声、空气的世界里，这些早来的感知觉刺激并未给孩子带来好处，反而使孩子未来出现学习障碍、注意力缺乏、手眼协调能力差的可能性加大。所以，婴儿感知刺激并非越早越好、越多越好[①]。

实训项目：感觉系统训练[②]

材料准备：

各种颜色和形状的积木、皮球等若干。

训练要点：

1. 根据家长的指令，宝宝在周围寻找各种颜色和形状的物体。如，妈妈说“红的东西”，宝宝迅速从周围寻找一件红色物品跑回妈妈身边。

2. 开始玩时，要求宝宝按物体的单个特征取物，然后可以按物体的两个特征取物，如“红红的、圆圆的东西”“黄色的、长长的东西”等。

注意事项：

1. 这一训练方案的主要目的是使宝宝学会观察分辨不同颜色和形状的物体。

2. 训练应由简到繁，先要求宝宝按物体的单个特征取物，再过渡到按两个或多个特征取物。

婴幼儿注意力发展特点及指导

二、婴幼儿注意力发展特点及指导

（一）婴幼儿注意力发展的特点

注意是心理活动对一定对象的指向和集中，时刻伴随着我们的认识活动。注

① 文颐. 婴儿心理与教育：0～3岁[M]. 2版. 北京：北京师范大学出版社，2015：77.

② 徐朝霞. 蒙特梭利家庭教育实用方案：1～3岁[M]. 北京：中国宇航出版社，2005：129.

意是婴幼儿心理发展中的一个重要内容，是婴幼儿探索世界的“窗口”。3 岁之前婴幼儿的注意以无意注意为主，因为他们大脑的抑制机能发展得很不充分，兴奋很容易产生而且较难控制，大脑难以长时间地保持一个特定的优势兴奋中心，导致其注意力不稳定，容易转移。3 岁之后儿童进入幼儿园接受教育，有意注意随之出现。儿童 3 岁时的有意注意还不是很稳定，到进入小学之后，才开始能够独立地组织和控制自己的注意。

1 ～ 3 岁幼儿随着语言能力的发展能听懂很多话。言语活动支配着幼儿的注意选择，幼儿可以将注意力集中在成人用词表达的对象上，如集中注意在听故事、看图书、看电视等活动上。随着年龄的增长，幼儿的注意会逐渐明确，时间会逐渐延长。一般而言，18 个月的幼儿对有兴趣的事物只能集中注意 5 ～ 8 分钟，24 个月的幼儿能集中注意 10 ～ 12 分钟，30 个月的幼儿能注意集中 10 ～ 20 分钟。在 1 ～ 3 岁幼儿期，注意力的分配主要是无意识的，只有幼儿感兴趣的事物才会得到他们的关注。评价这一阶段孩子的注意力是否集中，不能再以他们是否用眼睛注视为唯一标准了，幼儿用手抓、用嘴咬、用脚踢等都表明其正在“专心研究”。这个阶段的幼儿主要是通过“玩”来进行学习的，家长需要通过语言、表情、肢体动作等来吸引幼儿进行互动游戏，并使其从游戏过程中学习技能。0 ～ 3 岁婴幼儿的理智没有完全建立起来，容易被身边的新鲜事物影响和吸引，专注度不够，对一件事情很难保持长时间的注意力集中，如果没有好的专注力，就很难产生学习兴趣，从长远来看，很难培养个性。这一阶段孩子的父母需要学会利用孩子逐步丰富起来的注意选择性，投其所好，培养和教育孩子。

（二）影响婴幼儿注意力的因素

1. 个性差异的影响

由于生理特征，一个人的年龄越小，对一个事物的专注度就越低。0 ～ 3 岁婴幼儿处于生理萌芽期，对一个事物的专注度非常低，很难形成持久的专注力。统计表明，1 岁婴幼儿的注意力平均保持时间在 2 分钟。当然，每个生命个体具有差异性，有的婴幼儿注意力持续时间略长，有的会低于 1 分钟。一般来说，性格活泼的婴幼儿专注力较差，对事物的转移度较高；而性格安静的婴幼儿对一个事物会体现出较长的关注。总的来说，在 0 ～ 3 岁这个年龄段，婴幼儿很难保持持久的注意力，注意力时间长短由个性差异所决定。比如，有的婴幼儿对红色的事物兴趣很浓，对绿色或者蓝色的事物几乎没有什么兴趣；有的婴幼儿则相反。

2. 环境的影响

环境是影响婴幼儿注意力高低的客观因素。婴幼儿对环境的接纳是一种被动的接纳，因此环境因素会影响到婴幼儿的专注力。环境由众多元素构成，如声音、图像、动作等。一个家庭中的人员数量，婴幼儿眼中的各种颜色，如墙壁的颜色、床的颜色、衣服的颜色等均会对婴幼儿造成影响。如果我们发现婴幼儿对哪种颜色产生兴趣，就可以据此进行注意力培养，这样就能较好地调动婴幼儿的积极性，不断提升其注意力的持久度。

（三）婴幼儿注意力提升指导

1. 语言相识法

婴幼儿的语言尚处在萌芽期，对语言的学习是婴幼儿最初的意识培养，也是注意力的培养。简单的语言都有具体的指代物，如妈妈、爸爸，都是特定的名词。学习语言的过程就是一种最基础的培养注意力的方法。父母在教婴幼儿的时候，可以一边念名词“妈妈、爸爸”，一边指向名词指代的对象实体。父母不断重复强化婴幼儿的记忆和条件反射，婴幼儿就在这个过程中形成了简单的专注现象，在短时间内注意名词所指的对象。随着婴幼儿年龄的增长，父母可以将语言的难度适当加大，形成一些短语或短句，使婴幼儿的注意力进一步提高。这个方式属于初级阶段，使婴幼儿萌发了注意力。

2. 音乐游戏法

音乐可以刺激婴幼儿的右脑，使婴幼儿在抽象的空间中提升注意力。家长可以播放一首简单的儿歌，或用锤铃击奏玩具，观察婴幼儿的反应。如果婴幼儿表现出较强的兴趣，那么就可以让婴幼儿自己尝试弄出声音，巩固对这一事物的专注度。对于 2～3 岁的幼儿，家长可以结合他们的兴趣，播放一些模拟声音，如小狗的叫声，然后问他们这是什么动物，要让他们多听几遍，使他们在听的过程中提升注意力。家长也可以躲藏起来，模拟出某种动物的声音让他们辨别。

3. 动作刺激法

肢体动作的刺激也可以提升婴幼儿的注意力。这种方法比较适合活泼好动的婴幼儿。培养活泼好动的婴幼儿专注力，可以采用动作刺激法。如通过手部活动，让他们做一些拿、放、拍、捶等动作，逐渐培养注意力。家长可以准备不同玩法的玩具调动幼儿的多样化动作，如让婴幼儿用绳子穿玩积木再拆开，用筷子夹玩具，把系好的带子解开。年龄稍大一些的幼儿，可以做更加复杂的动作，如迷宫、魔方、切分食物等。这些动作刺激，可以直接强化婴幼儿的注意力。

4. 感觉认知法

对于胆小内向的婴幼儿，可以使用感觉认知法来消除他们胆小、恐惧的心理，从而提升注意力。胆小内向的婴幼儿，很难对一个事物产生持久的注意力。由于这类婴幼儿害羞，不敢表现自己，会对周围事物有一种抵触，难以对其产生兴趣，注意力就难以持久。在这种情况下，家长可以买一些感知训练器材，如平衡木、障碍物、钻爬类器材，引导婴幼儿进行训练。在过一个关卡的时候，家长可以提醒婴幼儿，让婴幼儿认识到这个关卡并不可怕，从而提高认识、提升自信，对这类事物产生兴趣进而提高注意力[①]。

实训项目：宝宝注意力训练之雨的观察[②]

材料准备：

选择下雨的时候。

训练要点：

1. 带宝宝观察下雨前的景象。启发宝宝观察：太阳公公到哪里去了？天空中有什么？天空是什么颜色的？你听到了什么声音？

2. 请宝宝观察下雨时的景象。启发宝宝观察：外面怎么了？雨从哪儿来？雨落到哪儿了？雨像什么？然后让宝宝撑起小伞，在雨中站一站、走一走，听雨点落在伞上的声音，看小花、小草在雨中一颤一颤的样子等。

3. 雨渐渐停了的时候，引导宝宝观察雨后的景象。请宝宝看一看、听一听，这个时候和下雨时有什么不同。

注意事项：

1. 这一训练方案的主要目的是帮助宝宝感知雨的特征，认识雨前、雨中、雨后的不同景象。

2. 在整个过程中，家长应一直注意引导、启发，鼓励宝宝观察、倾听、体验，并说出自己的感受。

婴幼儿思维发展特点及指导

三、婴幼儿思维发展特点及指导

（一）婴幼儿思维发展的特点

对于3岁以下的婴幼儿来说，较低层次的判断与推理开始出现，但抽象逻辑思维水平的判断与推理尚未出现。3岁以下婴幼儿的思维表现出以下特点。

1. 将事物的表面现象或偶然的外部联系当成判断与推理的依据

婴幼儿的思维受感知觉线索左右，他们往往将事物的表面现象或偶然的外部联系当作判断与推理的依据。如有幼儿坐在行驶的汽车中看到天上的飞机，会说“汽车比飞机开得快”，即使成人纠正他，跟他解释，他仍然坚持自己的观点，因

① 程沿彤，耿杰. 浅谈如何从家庭视角提升0～3岁婴幼儿的专注力[J]. 中国校外教育，2016(10)：44-45.
② 徐朝霞. 蒙特梭利家庭教育实用方案：1～3岁[M]. 北京：中国宇航出版社，2005：129.

为幼儿从直观上看到的就是飞机逐渐落后于汽车的现象。

2. 逻辑推理能力

大部分情况下，婴幼儿的判断与推理受“自我中心思维”影响，但在有足够的经验支撑时，能够表现出逻辑推理能力。皮亚杰通过三山实验证明了2～7岁的儿童具有自我中心性的特征。自我中心性是指儿童只会从自己的立场与观点去认识事物，而不能从客观的、他人的立场与观点去认识事物。儿童假定他们自己的思考和别人一样，整个世界都分享着他们的感受和经验。自我中心性是皮亚杰认知发展阶段理论中前运算阶段的典型特征。随着年龄的逐渐发展，到具体运算阶段，儿童已经能够从别人的角度思考问题，也就是出现了去自我中心的特征。

3. “转导推理”

“转导推理”是婴幼儿常用的推理形式。从心理学定义的推理概念去界定，婴幼儿由于缺乏知识经验，对类概念、数概念等理解水平太低，因此无法进行严格意义的归纳、演绎和类比推理。婴幼儿主要的推理形式是“转导推理”，即从个别到个别的推理，这种推理只能对事物外部的非本质特征或事物之间的非本质联系进行归纳[①]。

（二）婴幼儿思维能力发展指导

1. 在活动中促进婴幼儿思维能力的发展

心理学研究表明，0～1岁婴儿还没有科学意义上的思维，1～3岁幼儿主要发展的是知觉动作思维，3～6或7岁的孩子由直觉动作思维发展到具体形象思维，并以具体形象思维为主。婴幼儿在学会走路以后，视野逐渐扩大。受好奇心的驱使，他们不停地用手摸索着周围丰富的世界，这一行为对孩子的思维发展是非常重要的。行走扩大了婴幼儿的认识范围，发展了婴幼儿的空间知觉，使他们能在直觉中分析、综合并思考眼前的行动问题，从而使他们的直觉动作思维得到发展，并为具体形象思维的发展打下基础。此外，手的动作，以及手和眼的协调运动，发展了婴幼儿对隐藏在物体当中的复杂属性和关系进行初步分析综合的能力，丰富了他们的感性认识，从而促进了婴幼儿直觉动作思维和具体形象思维的发展。对于婴幼儿，家长在保证安全的条件下不该去限制他们的行为，而应给他们创造一定的活动条件。如家长可为孩子布置一个小小的空间，用来摆放孩子的玩具，在这里孩子可以随意玩耍，进行玩具拆装，父母给予适当的帮助与指导[②]。

---

① 文颐. 婴儿心理与教育：0～3岁[M]. 2版. 北京：北京师范大学出版社，2015：217-223.

② 王玲凤. 促进婴幼儿思维能力发展的方法初探[J]. 湖州师专学报，1993(6)：63-67.

2. 丰富婴幼儿的感性认识

婴幼儿的思维主要表现在具体形象思维，感性认识是具体形象思维的基础。婴幼儿对世界的认识是从感性认识开始的。婴幼儿通过感官直接接触客观事物，接受客观事物一定的刺激，得到相应的感受，形成对客观事物的印象，这就是感性认识。婴幼儿的思维离不开客观事物的具体形象、表象的支持。婴幼儿对于抽象的“1+1=2”是难以理解的，却可以理解“1 个人+1 个人=2 个人”。要促进婴幼儿思维的发展，必须丰富婴幼儿的感性认识，通过具体形象思维的积累为今后抽象思维的发展奠定基础。家长可以通过引导婴幼儿认识家里的日常生活用品、认识周围环境、认识常见的动植物等手段丰富婴幼儿的感性认识。

3. 在游戏中发展婴幼儿的思维能力

游戏是婴幼儿期的主导活动，起着任何其他活动都不可替代的作用。发展婴幼儿的思维需要紧密地结合游戏来进行。游戏活动不仅为婴幼儿提供了思维活动的材料，也为婴幼儿创设了解决问题的情境，提升了孩子解决问题的能力。在游戏活动中，婴幼儿创设出各种解决问题的情境，在不同情境中解决不同问题，这些问题与在游戏中产生的需要有关。在每一种独立游戏中，婴幼儿为了满足这些需要提出一定的目的，游戏的过程是婴幼儿选择实现目的的手段和过程，游戏的结果即实现了目的。在游戏中解决问题的思维方式不是抽象的词语、公式能取代的，所以，游戏对婴幼儿思维的发展具有十分重要的意义①。

4. 多向婴幼儿提问并鼓励婴幼儿多提问

思维是伴随着问题产生的，思维的过程体现在解决问题的活动中。婴幼儿对世界上的一切充满好奇，好奇心驱使他们向家长提出多种多样的问题。对于孩子提出的问题，家长应该基于孩子的年龄特点和心理特点，给予恰当的答复。此外，家长也应向孩子提出多种多样的成人看来较简单的问题，引导孩子多观察、多思考。

5. 让婴幼儿多听多讲故事

婴幼儿期的孩子非常爱听故事，家长可以选择一些适合婴幼儿心理发展水平的、有教育意义的、生动优美的绘本与孩子一起阅读。在听故事时，婴幼儿会对学过的感性认识进行复习、整理，这使他们能够了解事物之间的各种联系，从而有效促进思维能力的发展。幼儿稍大些后，家长可以引导幼儿自己讲故事，一开始可以让孩子复述故事，然后令其看图讲故事或编故事，久而久之孩子就逐渐学会了讲故事。在讲故事时，孩子会将获得的感性材料进行重新整理并加以运用，

---

① 王玲凤. 促进婴幼儿思维能力发展的方法初探[J]. 湖州师专学报，1993(6)：63-67.

这使他们的思维处于积极的活动状态之中，同时也培养了他们的概括能力和言语能力，从而促进了思维能力的发展。讲故事也有利于幼儿想象力的发展，有利于幼儿思维创造性的发展①。

6. 培养婴幼儿的语言能力

语言是思维的工具，是思维的物质外壳，思维和语言紧密相联，语言是思维发展的主要推动力量。婴儿的思维主要是直觉动作思维，思维主要依靠动作来进行。幼儿由于语言的发展，思维更具有目的性和能动性，也形成了初步的概括能力，思维能力的发展也会促进语言能力的发展。婴幼儿语言能力的发展主要是口头语言的发展，口头语言丰富了，更容易掌握书面语言。三四岁起，家长可以通过游戏、玩乐等方式教孩子认识一些字，也可以教孩子朗诵一些儿歌，以促进孩子语言能力的发展。

7. 培养婴幼儿初步的概括能力

培养婴幼儿初步的概括能力，主要是形象概括能力，以促进婴幼儿掌握概念，为婴幼儿以后的抽象逻辑思维的发展打下基础。婴幼儿期孩子的思维主要是依靠直觉动作或事物的具体形象、表象以及它们的彼此联系来进行。如 2 ～ 3 岁的幼儿知道“猫”不只是代表自己家里的小花猫，还代表邻居家的猫，这时的幼儿概括的内容很贫乏。4 ～ 5 岁的儿童可以以物体的功用来概括物体，他们知道牙刷是用来刷牙的。根据婴幼儿概括水平的特点，家长可以通过以下方式培养婴幼儿的概括能力：丰富婴幼儿的感性认识；运用变式，让婴幼儿从事物的不同角度、不同方面去观察事物，从而使事物的本质特征全面地显露出来；帮助婴幼儿对事物进行分类，如进行卡片归类、生活用品归类、蔬菜水果归类、颜色归类等游戏②。

实训项目：宝宝思维力训练之小小蛋糕师③

材料准备：

彩泥 1 桶，白纸 1 张，彩笔 1 盒。

训练要点：

1. 妈妈与宝宝一起玩“蛋糕房”的游戏，用彩泥制作生日蛋糕。

2. 妈妈扮作顾客，宝宝扮作蛋糕师，根据顾客的要求分别制作出一个一层的蛋糕和一个三层的蛋糕。

3. 一起比较两个蛋糕的厚度，学习厚、薄的概念。

① 王玲凤. 促进婴幼儿思维能力发展的方法初探 [J]. 湖州师专学报，1993（6）：63-67.
② 王玲凤. 促进婴幼儿思维能力发展的方法初探 [J]. 湖州师专学报，1993（6）：63-67.
③ 徐朝霞. 蒙特梭利家庭教育实用方案：1 ～ 3 岁 [M]. 北京：中国宇航出版社，2005：129.

4. 妈妈在白纸上画出几个不同层高的蛋糕，请宝宝剪下来，并按从厚到薄的顺序排序。

注意事项：

1. 这一训练方案的主要目的是让宝宝学习区分厚薄，练习排序。

2. 彩泥做的蛋糕可以帮助宝宝进行具体的厚薄比较，用画在纸上的蛋糕比较厚薄则是抽象的，必要时给予提示。

任务3 婴幼儿语言发展指导

任务导读

语言既是社会文化继承、传播、创新的重要载体，也是个体获取文化资源、在社会中生存的必要工具。因此语言教育具有重要的社会价值与个体价值。0～3岁是个体发展的起点，是教育的启蒙和基础阶段。心理学、脑科学等研究表明，0～3岁是大脑、语言、精细动作等发育最快、可塑性最强的关键期，也是婴幼儿语言发展的关键期。遵循0～3岁婴幼儿语言发展的特点与规律，为婴幼儿提供适宜的发展与教育条件，能起到事半功倍的效果。

任务提要

婴幼儿语言发展既有普遍性又有差异性，这就要求外部提供适宜的帮助与支持，遵循婴幼儿语言教育的客观规律，促进婴幼儿语言更好地发展，为其后续的学习与生活奠定重要的语言基础。本任务将从婴幼儿语言发展与教育概述、婴幼儿语言发展指导策略两方面入手，为开展婴幼儿语言教育奠定基础。

从刚出生时无意义的发声，到6个月时的牙牙学语，再到3岁时说出完整的句子，再到熟练运用自己的母语，其中展示的是婴幼儿学习语言的惊人力量，令人赞叹。成人应重视0～3岁儿童语言发展的敏感期，为婴幼儿语言发展创设良好的教育环境，讲究多样的培养方法，促进其语言发展。婴幼儿学习语言的过程是什么样的？我们可以使用哪些方式促进婴幼儿的语言发展？本任务将围绕婴幼儿语言发展与教育展开讨论，揭开0～3岁婴幼儿语言发展的神秘面纱。

一、婴幼儿语言发展与教育概述

问题导入

“康纳，不！轮到我了！”当康纳挤到前面走上滑梯的时候，詹姆斯这样说道。“他总是这样！”詹姆斯的姐姐珍妮说，“而且他什么都不说！下次我要去告诉他的妈妈。”4岁的珍妮已经学会了大量语言来表达她的愤怒，并且尝试着寻求解决方案，即使是2岁5个月的詹姆斯也会用语言来表明自己的立场。但是康纳呢？是他自己选择不说话，还是他不会说话呢？[①]

案例中的康纳为什么不说话？作为家长或教师，我们该如何做呢？

（一）婴幼儿语言发展与教育的内涵

婴幼儿语言发展及影响因素

1. 语言的内涵

语言是人类在社会实践中逐渐形成和发展起来的交际工具，语法规则反映了人类思维的逻辑规律，所以语言是人类重要的交际工具[②]。语言是以语音为物质外壳、以词汇或字形为建筑材料、以语法为结构规律而构成的体系。语言以其物质化的语音或字形而被人感知，它的词汇标示着一定的事物，它的语法规则反映着人类思维的逻辑规律，因此它是作为人类最重要的交际工具而产生和存在的。认知神经科学把语言作为一种认知功能，而不是单纯作为一种信息交流的工具。彭聃龄提出，语言是人类通过高度结构化的声音组合，或通过书写符号、手势等构成的一种符号系统，同时又是一种运用这种符号系统来交流思想的行为[③]。

因此，从语言学的角度来说，语言有三种基本属性：一是符号属性，指语言是一种符号系统；二是工具属性，指语言是一种交际和思维工具；三是信息属性，指语言是一种信息系统。此外，我们还应从儿童语言教育的角度理解“语言是儿童学习的对象”这一属性。

2. 婴幼儿语言教育的内涵

婴幼儿语言教育有狭义和广义之分。广义的婴幼儿语言教育把婴幼儿的所有语言获得和学习现象、规律以及训练与教育作为主要的研究对象，认为对婴幼儿应加强听、说、读、写的训练。狭义的婴幼儿语言教育只把婴幼儿掌握母语口语的过程，特别是把婴幼儿早期掌握母语的听说训练和教育作为主要的研究对象，认为对婴幼儿应加强口语听说训练。

本任务所指的0～3岁婴幼儿语言教育，是从狭义的角度单指在婴幼儿的生活环境中成人与婴幼儿进行的语言交流或专门的语言训练等活动，语言教育的最终目的是促进婴幼儿语言能力的提高。语言教育应设计相对科学的活动方案，以科学的方法促进婴幼儿语言能力的提高，包括提高婴幼儿倾听语音、辨析语音的能力，理解词义的能力，口头表达的能力，欣赏和阅读的能力。对0～3岁的婴

① 麦克莱根，巴克利．0～6岁，抓住孩子的语言关键期[M]．逯洁，译．北京：九州出版社，2018：2.
② 张明红．婴幼儿语言发展与教育[M]．上海：上海科技教育出版社，2017：1.
③ 彭聃龄．普通心理学[M]．5版．北京：北京师范大学出版社，2019：132.

幼儿来说，主要是培养倾听能力和口语能力。

3. 婴幼儿语言发展

语言一般由语音、词汇（名词、动词、形容词等）及语法（完整句、简单句，陈述句、疑问句等）构成。语言的发展即语言的获得，指儿童对母语的产生和理解能力的获得，主要指口语中说话和听话能力的获得。一般认为，婴幼儿语言的发展要经历三个阶段，即准备语言阶段、理解语言阶段和表达语言阶段。

准备语言阶段（0～1岁）：这个阶段婴儿虽然还不会说话，但是在为语言的产生做积极的准备。

理解语言阶段（1～1.5岁）：这个阶段幼儿开始开口说话，能说出一定数量的词语，对成人语言的理解能力迅速发展。

表达语言阶段（1.5～3岁）：这个阶段幼儿的语言能力飞速发展，是语言发展的爆发期，词汇量迅速增加，并且能说出短语和句子，听和说的积极性很高，而且听和说的能力提高很快[①]。

（二）婴幼儿语言发展的影响因素

1. 生理因素

生理因素为婴幼儿语言发展提供了可能性。所谓生理因素，是指整套发音系统（例如口腔、声带、气管、肺等）和大脑神经系统，这些系统是否健全会影响儿童的语言学习。发音器官是婴幼儿语言输出的生物基础，听觉系统是语言输入的生物基础，大脑神经中枢是婴幼儿语言发展的动力。

此外，感觉器官包括眼（视觉）、耳（听觉）、皮肤（触觉）、口（味觉）、鼻（嗅觉）等，对语言的学习也会产生重要的影响。比如视觉和听觉有障碍的婴幼儿，学习语言会倍感困难，因为他们不能靠视觉和听觉去接收外界的信息。

2. 心理因素

影响婴幼儿语言发展的心理因素包括认知和个性品质。

首先是认知。语言能力无论是输入性的（例如听和阅读）还是表达性的（例如说和写），都建立在对语言内容理解的基础上。也就是说，语言能力和认知能力有密切关系。例如，在婴幼儿语言发展过程中，有一个语言过渡阶段——手指语言，即用手指指东西。在这一阶段，当你向婴幼儿提问“玩偶在哪里”，大部分的婴幼儿能很快找到，并用手指指出来。婴幼儿的手指语言充分表明，当他们对事物积累了相当水平的认知了解后，就能将其所熟知的事物与语言建立起准确的联系，增加词汇积累，促进语言的发生发展。

---

① 袁萍，祝泽舟. 0～3岁婴幼儿语言发展与教育[M]. 上海：复旦大学出版社，2011：2-3.

其次是个性品质。一般性格外向、喜欢与人交往的儿童，其语言发展的速度较快，这是因为性格外向、善于交际的儿童善于观察周围环境，并乐于模仿，于是他们就会有更多语言学习和表现的机会。反之，性格内向的儿童会因缺乏自信、胆小怕羞而失去一些语言学习和表现的机会，缺乏吸收语言信息的主动性和有效性。总而言之，个性品质将影响婴幼儿的语言发展。

3. 社会因素

首先，婴幼儿的语言发展会受社会环境的影响。威特默、彼得森和帕克特认为，随着婴儿逐渐长到 1 岁，他们所处的语言环境影响着他们学习新词汇的效率，他们需要环境中存在丰富的语言刺激，具有回应性，但同时也不能过量[①]。武进之的研究向我们展示了许多因社会生活环境不同而影响儿童语言发展的例子。例如，云南的撒尼人生活在山区，撒尼儿童对于“陡”这个形容山势的形容词，比汉族的城市儿童掌握得要早；四川、湖南以吃辣椒而著称，这两个地区的儿童对于“辣”这个词的掌握，要比其他地区的儿童早一年或一年半[②]。其次，婴幼儿的语言发展受成人语言教育观念的影响。语言教育观念是指成人对于促进婴幼儿语言发展所采取的一系列态度和方法。奥尔伍德在一项研究中表明，溺爱、未能提供语言环境、频繁地使用不规范婴幼儿语言、对婴幼儿的语言缺乏支持和鼓励等都会使孩子的语言发音产生一定的缺陷。而越来越多的实证研究也告诉我们，过于苛责的教育方式不适合儿童身心健康发展，同时对儿童的语言能力发展也是弊大于利[③]。因此在儿童语言发展的早期阶段，成人应使外界的语言刺激以多种形式渗透在儿童的一日活动之中，在为儿童提供丰富语言刺激的基础上，多为儿童提供听和说的机会，抓住教育时机，以促进儿童语言的习得和发展。

（三）开展婴幼儿语言教育的意义

蒙台梭利认为：“一个人的智力发展和形成概念的方法在很大程度上取决于语言的发展。”[④]语言的发展是儿童心理发展的重要方面，它对儿童其他方面的促进作用十分突出，因此开展婴幼儿语言教育意义重大。

1. 促进婴幼儿语言发展

0 ～ 3 岁是婴幼儿大脑发育的关键期，同时也是语言发展的关键期。据研究，8 ～ 10 个月是婴幼儿开始理解语义的关键期，9 个月到 2 岁是理解语言的关键

---

① 威特默，彼得森，帕克特. 儿童心理学：0 ～ 8 岁儿童的成长 [M]. 何洁，金心怡，李竺芸，译. 原书第 6 版. 北京：机械工业出版社，2015：121.

② 武进之. 幼儿使用形容词的调查研究 [J]. 心理发展与教育，1986（1）：39-43，65.

③ 奥尔伍德，安德森，达尔. 语言学中的逻辑 [M]. 王维贤，李先焜，蔡希志，译. 北京：北京大学出版社，2009：29.

④ 蒙台梭利. 蒙台梭利早期教育法 [M]. 祝东平，译. 北京：中国发展出版社，2003：15.

期，1.5岁左右是口头语言开始发展的关键期，2～4岁是表达语言发展的关键期，3～4岁是语言发展的飞跃期。关键期理论为婴幼儿语言发展提供了理论基础。在婴幼儿关键期内如有适宜条件，对其施加正确的教育影响，其各方面的语言能力就可以得到迅速发展。反之，如没有适宜的环境和教育，婴幼儿的语言发展将受损，而且今后无法弥补①。因此在0～3岁这一时期，我们结合婴幼儿语言表达的需求，充分利用婴幼儿说话的积极性和主动性，进行适宜的语言教育活动，就能更好地促进他们语言的发展。

2. 促进婴幼儿认知发展

爱因斯坦曾说："一个人的智力发展和他形成概念的方法在很大程度上取决于语言。"②语言与认知活动密切联系，相互促进，共同发展。

首先，语言发展能扩大婴幼儿认知空间。婴幼儿最初通过直接感知来探索周围环境，认识事物，当婴幼儿理解并掌握语言之后，他们开始通过间接经验来认识世界。借助语言，婴幼儿可以认识事物的名称、形态、习性及特征，把感知的事物及其属性特征标示出来。例如，幼儿吃糖时经常听成人说起"甜"字，渐渐地他们知道了"甜"指的是一种味道。之后，当幼儿吃苹果、西瓜时，就知道它们是甜的，甚至在没有品尝到味道时，也能从"甜"的描述中感知到味道。

其次，语言发展能促进婴幼儿思维发展。皮亚杰在很早的时候就指出了语言和思维的关系：思维是语言发展的基础，语言发展又可以进一步促进思维的发展。他指出，由于语言是在个体中产生的，它在广度和速度上增强了思维的能力。语言行为只要通过回忆和叙述就可以迅速地描述一连串的动作，而不必借助直接的动作经验。此外，语言具有跨时空性，可以方便地传播信息，在一定程度上会刺激儿童想象力和创造性思维的发展。

总而言之，语言发展促进婴幼儿的认知发展，在由直接的感知、表象进入分析、综合、判断、推理、概括等抽象思维的过程中，语言起关键作用。反之，儿童认知范围的扩大、认知内容的加深，也丰富了他们的语言。语言发展的过程，往往也是认知丰富和深化的过程。因此，语言与认知之间相互联系、相互作用。

3. 促进婴幼儿社会性发展

在婴幼儿会说话之前，他们无法理解成人语言，也无法进行自我表达，啼哭可以说是交流的基本方式之一。而当婴幼儿能进行自我表达之后，语言的发展能促进与同伴的交往。他们互相打招呼、玩玩具、做游戏，很容易在交往中获得成功的体验，同时在同伴交往和集体活动中又提高了学习语言和运用语言的积极性。

---

① 张敏．浅谈对0～3岁婴幼儿开展语言教育的意义[J]．佳木斯教育学院学报，2011（4）：234，240.

② 爱因斯坦．爱因斯坦文集[M]．许良英，赵中立，张宣三，编译．北京：商务印书馆，1979：395.

掌握语言交往技能是社会性发展的一项重要内容。有研究表明，儿童的语言交往技能在一定程度上影响儿童在同伴群体中的社会地位。通常，语言发展较好的儿童往往善于通过协商、说服等比较文明的方式与同伴交往。

除此之外，婴幼儿语言教育也会促进其学习社会行为规范。婴幼儿学习语言时会接触大量以社会生活为内容的语言材料，其中渗透了运用语言进行交际的社会规则，如讲礼貌、说话要清楚、影响到别人要说对不起等。

语言教育促进语言发展，这对婴幼儿社会交往能力的提高、社会交往技能的发展、社会行为规范的掌握都将产生积极而深远的影响。

二、婴幼儿语言发展指导策略

问题导入

0～3岁婴幼儿的语言发展究竟有什么样的特点？我们应如何根据语言发展特点进行语言教育？婴幼儿在学会说话之前主要采取非语言的方式与他人交流，如用哭叫表达饥饿、疼痛、疲倦等不愉快感觉或其他需要，或用手、脚、身体、动作、面部表情表达各种情绪。但只有能准确表达各种意思的有声语言才是最简便、准确、迅速的交际工具。婴幼儿语言发展的速度有快有慢，因人而异，但他们都有大致相同的语言发展趋势。在婴幼儿语言发展的过程中，每个阶段的语言发展都有一定的特点。本部分我们就来了解每个年龄段婴幼儿语言发展特点及教育指导。

(一)0～1岁婴儿语言发展特点与教育指导

1. 0～1岁婴儿语言发展特点

0～1岁婴儿语言发展指导

0～1岁是婴幼儿语言发生的准备期，也称前语言期或语言准备期。具体是指婴幼儿在掌握语言之前，有一个较长的语言发生的准备期，一般是指从婴儿出生到说出第一个具有真正意义的词之前的这一段时期（0～12个月）。在这个阶段，婴儿还不会说话，但不是消极地等待说话，而是在积极地做说话前的准备工作，主要分为以下四个阶段。

(1)0～3个月感知分辨语音，能发出单音节

0～3个月的婴儿以感知分辨语音为主。出生12天的新生儿能以目光凝视或转移、停止吮吸或连续吮吸、停止蹬腿或连续蹬腿等身体行为，对说话声音和敲击物体声音的刺激做出不同的反应。出生24天之后的婴儿能够对男人的声音和女人的声音、抚养者（如父母）和不熟悉者的声音做出明显不同的反应。不同人说话声音的差别主要表现在说话时的音高、音量和音色等方面。每个人说话时都具备

由特定的音高、音量和音色综合而成的语音轮廓。婴儿感知语言时能够较早地辨别这种轮廓性的差异。

此外，0～3个月婴儿的发音一般以单音节为主。在1个月婴儿的哭声中，尤其是哭声稍停一下的时候，我们有时听到他们发“ei”“ou”的声音。他们还会发出愉快的自言自语的声音。此时，婴儿基本韵母发音较早，声母还很少，主要是“h”音，有时是“m”音。2个月婴儿发的音如表3-1所示。

表3-1　2个月婴儿的发音

a	ai	e
ei	hai	ou
ai-i	hai-i	u-è

（2）4～6个月寻找、应和语音，发出连续音节

4～6个月时，婴儿头部一般能够完全挺立，语言发展也产生了变化：①开始对成人的话语逗弄给予语音应答，仿佛开始说话交谈。②开始出现与成人轮流“说”的倾向，即成人说一句，婴儿发几个音，待成人再说一句，婴儿再发几个音。这种语言交际的对话规则的雏形，表明婴儿开始敏锐地感觉到人们语言交往的基本要求。③当成人和婴儿之间的一段“对话”结束后，婴儿会用发一个或几个音来主动地引起另一段“对话”，从而使这种交流延续下去。④4～10个月时，婴儿逐渐学会使用不同的语调来表达自己的态度，而这种表达往往伴以一定的动作和表情。例如，用尖叫声或急促上扬的语调，伴以蹬脚、伸手的动作，表明自己不愿意躺下的态度；当目的达到、要求得到满足后，婴儿便会用平静温和的语调或表情来表示出愉快。我们可以看出，此时婴儿的前言语交际已有明显的“社会性”成分。

此时婴儿的发音也出现了明显的变化，发音增加很多重复的、连续的音节。一方面，婴儿发音较多的是对成人的社会性刺激做出的反应；另一方面，发音内容以辅音和元音相结合的音节为主，并且有一个从单音节发声过渡到重叠多音节发声的过程。

（3）7～9个月发出近似音

自6个月之后，婴儿开始有近似词的发音。有的音开始具有某种意义。婴儿独自玩的时候，或对成人的逗弄做出反应的时候，他们操练着这些更接近说话的声音，如“ba-ba-baba”，这些与言语多音节组合非常相似的发声，是婴儿从表示愉快舒适的单音发声向表示具体意义的词语发声的转换过渡。

7～9个月的宝宝能发连续的音节，他们发音的频率越来越高，喜欢重复发

出相同的音节，能重复发出某些元音和辅音，听懂成人对自己的召唤，会用自己的语音来表达不同的情绪，发音越来越像真正的语言，并懂得一些常用词语的意思，会用简单的动作、语调和表情等方式表示，发音与实际事物的联系更为密切，语音含义的指向性越来越明确，家人能够较快地理解宝宝发音所表达的意思，能够更好地回应宝宝的需求。

（4）10～12个月发出不同声调

10个月的婴儿会将不同的音节连起来发，如“yé-yo”“a-you-hu”等。显然，10个月以后的婴儿发音比上一阶段更丰富，重复连续音节的发展也和上一阶段有所不同。10个月之前的婴儿发音大多是同一音节的重复，10个月以后的婴儿重复连续音节加长，声调除了第一声之外，出现了其他三声，之前那种单调的声音已变得抑扬顿挫，形成了语调，听起来更接近于成人的正式发音。虽然这些音节仍旧是婴儿无意识的语言，没有任何实际意义，但他们开始慢慢建立起语音、具体事物和语义之间的单一联系。他们虽然还不会说话，但已能初步理解话语的含义，开始以主动的方式参与语言交际活动，把言语、动作、表情结合在一起表达意见。1周岁左右的婴儿还会对直观形象的图书感兴趣，喜欢观看，会边看边指指点点，同时发出不同语调的声音。这些发展为其以后学习说话在发音上做了充分的准备。

2. 0～1岁婴儿语言教育指导

（1）运用各种策略，创造语言学习环境

罗斯等和威斯伯格的研究表明，成人对3个月以内的婴儿给予频繁的语言刺激，可以增加婴儿的发音率。成人对婴儿发音的反应，将对婴儿的语音发展产生影响。

因此，成人应在与婴儿身体接触时尽量跟婴儿说话，既能传递成人对孩子的爱，又能使婴儿近距离地观察成人讲话时的口舌运动，以便婴儿模仿发音。谈话时要注意声音柔和并运用不同的语调，最好伴之以不同的手势，每次说出的词和声调要与所运用的手势相对应，如每次说“再见”时可以挥挥小手，而不是抓抓小手或勾勾手指，这样婴儿能够逐渐辨认并学会这些词。

这种简单而又始终如一的谈话，能很好地创造一个语言学习环境，让婴儿学会倾听和模仿，并有意义地使用语言，对婴儿语言的发展起着非常重要的作用。成人要尽量提供各种不同的声音，帮助婴儿迅速发展听力，但切忌强烈的声音和噪声。

（2）开展早期阅读，初步激发阅读兴趣

文学作品的语言往往是艺术结构语言的产物，是婴儿进一步学习说话较成熟的语言样本之一，可以为扩展婴儿词汇量、丰富语言内容奠定基础。

心理学研究发现，2个月大的婴儿能分辨不同形状的物体与图案，而且偏爱诸如人脸、靶心图等既和谐又相对复杂的图形；4个月左右的婴儿能区分母亲和别人的面孔；5～6个月的婴儿对待书就像对待其他东西一样，会把书放在嘴里咬，用手去拍、推、撕，开始了较早的无意识的玩书行为；8个月以后，婴幼儿对书的兴趣使他们想去翻动书页，但往往一把抓起好几页，可能把书颠倒着看，嘴里还会喃喃自语；1岁以后的孩子会说简单句子和简单对话，这种认知能力的发展为早期阅读做了一定的准备。因此在出生后不久即满月以后，就可以开展阅读教育，培养早期阅读的兴趣和行为。成人可以在让孩子听和说的同时，选择一些适合这一年龄阶段的读物，如图片、图形、脸谱等，进行早期阅读。选择的读物要求背景简单，不要太复杂，色彩对比度要强烈，主要认知物要突出、明朗，图书页面最好是大16开。

家长可以边指导婴儿观看画面边用语言进行讲解，在阅读过程中采取"点读"的方法，指到哪儿就读到哪儿，以使婴儿的注意力集中指向阅读的内容。每次阅读的时间1～3分钟不等，阅读内容不必频繁更换，根据婴儿的兴趣情况而定。

（3）进行有针对性的亲子语言游戏

语言游戏可分为两个阶段，前期的亲子游戏以训练婴儿的听音和发音能力为主，比如以下几个游戏。

①"我们一起来笑一笑。"在婴儿比较舒适的时候逗他，让他能笑出声来。成人也可以在婴儿面前示范笑出声音，让婴儿模仿成人的笑声。引导婴儿笑的时候，也可以辅以"啊"的音回应婴儿。

②"我是爸爸（妈妈）。"爸爸或妈妈在抱宝宝时，或与宝宝玩时，都可以用手指着妈妈或爸爸说："这是妈妈（爸爸）。"让宝宝把发音与人联系起来。无论成人为宝宝做什么，都可以强调这两个发音，如"妈妈来了""爸爸来了""妈妈和宝宝玩""妈妈喂宝宝吃奶""妈妈喂宝宝喝水""妈妈给宝宝换尿布""妈妈给宝宝洗澡""妈妈给宝宝抹香香"……如此反复做，可以提高婴儿听音和发音的积极性。

③唤名游戏。靠近婴儿，并呼唤他的名字。如果成人坚持在每天靠近他时都这样面带微笑地呼唤他的名字，用不了多久，婴儿便会在成人每次呼唤他的名字时给予积极的响应。

后期的亲子游戏则用来提高听力和发音水平，比如以下几种游戏。

①认识图片。抱着宝宝看大的挂图，成人指着图片说出名称，然后让宝宝用小手去拍图片中的物体。成人可以教宝宝说出物体的名称，如成人用手拍拍小狗的图片，说："汪汪。"宝宝会模仿成人的动作和语言。如果宝宝说出了正确的名称，成人要及时鼓励："对了，这是汪汪，宝宝真棒！"也可以用家人的照片，引导婴儿找一找家人。

②打电话。可以让宝宝拿着电话打电话，成人在旁边配合宝宝一起说话。“喂，宝宝吗？你好呀！”“你在给谁打电话呢？”“喂，是宝宝吧，你好呀。我是妈妈哦，我正在给你做好吃的呢。”宝宝会跟着成人的语言说话，会发出“嗯”“哦”“唉”的回答。在玩这个游戏的时候，家里的成人可以轮换着跟宝宝玩，让宝宝体会跟不同的人打电话的乐趣，增强婴儿发音积极性。

（二）1～2岁幼儿语言发展特点与教育指导

1. 1～2岁幼儿语言发展特点

1～2岁幼儿
语言发展指导

经历了近一年的语言准备阶段，幼儿开始进入学习口语的全盛时期，因此1～2岁被称为语言发生阶段。这一年中，不同于1岁前婴儿以接受性语言理解能力发展为主，1～2岁的幼儿从理解性的语言强于表达性的语言发展到习得词汇量猛增，经历“词语爆炸”；从咿呀学语发展到开始能清楚地说出词语，从单词句到双词句，直到开始说一些复合句。总的来说，1～2岁是幼儿表达性语言发展的十分重要的时期。根据幼儿语言发展的基本情况，可以把这一年幼儿的语言发展分为两个阶段：13～18个月的单词句阶段；19～24个月的双词句阶段。

（1）13～18个月的单词句阶段

13～15个月的幼儿会经历语言沉默阶段。这一阶段的幼儿似乎突然没有了以前热情的咿呀声，就连以前已经学会的几个简单的词，如“爸爸”“妈妈”等，很多时候都不再说了。这一阶段的幼儿主要是听，对输入的可理解性语言进行加工、整理。沉默期是儿童在接触和理解语言时的吸收与消化的过程。

这一阶段的幼儿说得少，相对而言，就更愿意听成人说话。他们对语言学习突然有了一种特殊的热情，非常喜欢听成人说话或聊天，甚至会要求成人说同样的话，而且喜欢听好几遍，不厌其烦。经过一定的“听”的积累，幼儿语言学习才会达到一个质的飞跃。因此“听”是幼儿语言习得的重要形式，通过“听”幼儿可以积累记忆大量的语言材料并能从这些材料中总结出该语言的基本规则。

度过了语言暴风雨前的“平静时期”，16～18个月的幼儿进入了语言学习的快速发展时期。这一时期的幼儿不但能理解更多的句子，如述事句、述意句，而且能给常常见到的物体命名，但他们通常以声音代物来为物体命名，如“咕咕”“喵喵”等。这一时期幼儿的语言发展还有一个显著特征，即在命名物体和使用新词时常常会出现一种词义泛化、词义窄化和词义特化现象，因此这一阶段是词义错误阶段。词义泛化，又称词语扩充，是指儿童对词义的理解使用超出了目标语言范围的现象，即一词多义。它是由幼儿对于词的含义特征掌握过少造成的。如孩子常常用“毛毛”代表所有带皮毛的动物或用毛皮做的东西。词义窄化，是指儿童对于词义理解和使用达不到目标语言的现象。婴幼儿早期的词义具有专指性。有些窄化是儿童语言能力的限制所致，有些则是儿童的主动选择所致。如婴幼儿最早理解的“车”，就是婴幼儿自己的婴幼儿车，而不是所有的交通和运输工具。词义特化，是指儿童的词语指称对象与目标语言完全不同。如婴幼儿尿床了，妈妈过来给他换被褥，说了一声“糟糕”，以后孩子每当要小便时都会说“糟糕”。

与此同时，在这一阶段，幼儿往往用一个词表示一个句子，我们称之为单词句，因此13～18个月的语言发展称为单词句阶段。如幼儿说“妈妈”这个词常常反映多种意思，有可能是让妈妈抱，也可能是要吃东西，还可能是要一个玩具玩等。这时候幼儿说出的词，并不单独地和词所代表的对象发生联系，而是和包括这个对象在内的一种情境相联系。

（2）19～24个月的双词句阶段

19～24个月的幼儿会经历词汇爆炸阶段。这一阶段，幼儿似乎突然开口，说话的积极性很高，语词大量增加，出现了“词汇爆炸现象”。如18个月的幼儿挂在嘴边的是20个左右的词，到21个月则能说出100个左右的词，到24个月则能说出300多个词。近70%的词仍然是名词，其他各类有动词、形容词、数词、代词、副词、感叹词等，虽所占比例尚小，但都开始出现在幼儿的话语当中。

幼儿能理解的词越来越多，每天都在增加新的词，他们对名词和动词的理解在该阶段有一个飞跃，但对词义还很难达到完全理解的水平，始终在日常词义的范围内，像对科技词义、文学词义还不能理解。

此时的幼儿语言理解逐步摆脱具体情境的制约，词语理解能力不断提高，进入了真正理解词语的阶段。它的标志就是幼儿已经可以脱离具体情境、准确地将词与物体或动作联系起来。如命令幼儿把玩具狗拿过来，他们就能把玩具狗从一堆玩具中挑出来，而不会再把毛茸茸的东西都误以为玩具狗。达到这种水平，就说明词的称谓功能开始形成。幼儿的词语理解不再受物体的非本质特性干扰，变得更为准确、概括。

大约20个月开始，幼儿的语言使用开始出现双词句。所谓双词句，是指由两个词组成的句子，如“妈妈抱抱”“爸爸抱抱”“宝宝吃”“苹果削”。这些话听起来就像我们发电报时所采用的省略句，因此又被称为电报句。大约从20个月开始，幼儿开始出现双词句，该阶段后期又出现了复合句，所以1.5～2岁的幼儿说话是多种句式并存的阶段。常用的句子有单词句（占1/3以上）、双词句（占1/2以上）、复合句（不到1/10）。

双词句一般是双词组合，主要是名词和动词的组合。大约从20个月起，幼儿每个月的双词句成倍增长，如21个月时幼儿的双词句是50个，22个月时是100个，23个月时则增长到250～500个。满2岁时，幼儿的双词句达到近1000个。

2. 1 ～ 2 岁幼儿语言教育指导

（1）帮助幼儿掌握新词，扩大词汇量

这一阶段的幼儿喜欢给各种物品命名。在这一阶段，幼儿学习语言的主要任务就是学习新词，扩大词汇量，此时既可以丰富大量的消极词汇（能理解但不会正确使用的词汇），也可以丰富少量的积极词汇。让婴儿掌握新词汇要尽量使用简短的话语，不要让大量多余的语言淹没了所要教的新词，可以变换句中的其他成分，但一定要突出所教的词。如名词“积木”，成人可以指着积木对孩子说：“这是积木，有红色的积木、白色的积木、蓝色的积木……给你一个红色的积木……宝宝，请给妈妈一个黄色的积木……”在说“积木”这个词时，要加重语气，予以突出强调，这种频繁、夸张的刺激，可以使幼儿较快地掌握这个词。

（2）多跟幼儿交谈，提供语言模仿的榜样

研究表明，幼儿所掌握的新词中，约有 2/3 是通过日常与父母有意无意地交谈而获得的。虽然这个阶段的婴幼儿会说一些简单的词，但鉴于他们发音不准的特点，家长和孩子说话时要注意语言精练、语音清晰。能吸引孩子注意的语言才是真正有效的语言。家长不要用娃娃腔与孩子说话，有的家长觉得孩子小，与孩子这样交流既亲切又好玩，有时就有意逗孩子，或故意学孩子错误的发音。其实这是潜意识地强化孩子的错误发音，一旦错误的发音被巩固，以后纠正起来就很难。家长应鼓励孩子多说话，给他们创造说话的机会，发现语病及时纠正，帮助他们慢慢把话说完，不要急着代替孩子说话，而应为孩子创造更多的语言交流的机会，提供语言模仿的榜样。

（3）正确对待幼儿的提问

幼儿在这一阶段好像成了一个“勤学好问”的人。他们常常不断地提问，不断地讲述，仿佛要了解大千世界的一切问题。这时候，成人千万不能图耳根清净而随便打断、斥责或搪塞幼儿，应耐心地回答，认真地面对，激发幼儿的求知欲，保护幼儿的好奇心。成人不要坐等幼儿提问，最好的办法是主动告诉幼儿，把所有幼儿感兴趣的东西都不厌其烦地说出来（当然要适当考虑幼儿的理解和接受能力），可以结合图片、图书、电视、电影、参观、游览等多种形式的材料和活动来进行。

（4）在游戏中进行词语练习

针对 1 ～ 2 岁的语言游戏，成人可将重点放在激发幼儿的发音兴趣上，鼓励幼儿正确表达，比如以下几个游戏。

①词语接龙。比如问答式接龙，往往是一问一答。问：“谁会飞？”答：“鸟会飞。”问：“谁会游？”答：“鱼会游。”这可以丰富和巩固幼儿的词汇。

②小喇叭。这个游戏是让幼儿重复或者模仿成人的语言。成人为幼儿准备一个用报纸做的小喇叭。成人或幼儿拿着这个小喇叭，玩传声筒游戏，让幼儿模仿或重复成人说的话。如妈妈在喇叭一端说“星星亮晶晶”，幼儿在另一端重复妈妈的话“星星亮晶晶”。

③你说我来做。这一阶段的幼儿已经能够听从成人的简单指令来做相应的事情，因此，成人可以有意识地让幼儿去拿东西，以认识物品的名称。成人事先把东西放在幼儿能安全够取的地方。如成人可以对幼儿说：“妈妈好累哦，宝宝你可以帮我把拖鞋拿过来好吗？”当幼儿成功地把东西拿过来之后，成人要说：“谢谢你，宝宝。”或说：“宝宝你真棒！”需要注意的是，当幼儿把东西拿来后，成人可以问问幼儿拿的是什么，鼓励他说出来。

总而言之，1周岁以后是孩子正式开始学习语言的阶段，也是婴幼儿语言发展的关键时期，此时家长应给予及时的引导和帮助，要有意识地训练宝宝说完整话；要根据婴幼儿语言发展的特点，结合具体事物、情景、动作，反复耐心地训练。

（三）2～3岁幼儿语言发展特点与教育指导

2～3岁幼儿语言发展指导

1. 2～3岁幼儿语言发展特点

2岁以后，一直到入学前，是幼儿基本掌握口语的阶段。他们在掌握语音、词汇、语法和口语表达能力方面都较前一阶段有明显的进步，他们开始逐步用语言来表达自己的需要和情感，用语言来调节自己的动作和行为，基本上能用语言与人交往。语言成了这一阶段幼儿社会交往和思维的一种工具。根据幼儿语言发展特点，可以把这一时期划分为两个阶段：简单句阶段（25～30个月）和复合句阶段（31～36个月）。

（1）25～30个月的简单句阶段

2岁以后的幼儿开始学习并说出更多的句子，他们已经基本上能理解成人所用的句子，而且语音逐渐稳定和规范，发不出的语音逐渐减少，但这一时期的婴幼儿经常使用接尾策略，即不管实际情况如何，只选用问句末尾的一些词语作答，主要发生在1.5～2.5岁，3岁左右消失。

首先，幼儿词汇量迅速增长，增长率大约为200%。这一时期也是幼儿对语言的理解能力迅速提高的时期，此时幼儿能理解的词达900多个，词的泛化、窄化和特化现象明显减少，对词义的理解也日益接近成人用词的含义。词的概括性程度进一步提高，其对有些词（如树、花等）已能理解为代表一类事物的词。但是，对某些词在理解上还具有直接性和表面性。

其次，2岁左右是幼儿疑问句产生的阶段，2岁4个月以后则是幼儿疑问句的急速发展期。2岁出现反复问句（吗、呢、吧、什么等），以及5W1H，包括who（谁，2岁出现），where（什么地点，2岁3个月出现），what（什么，2岁3个月出现），when（什么时候，2岁4个月出现），why（为什么，2岁4个月出现）和how（如何，怎么，2岁2个月出现）。这5W1H是幼儿疑问句的主要表现形式。

最后，25～30个月的幼儿，在使用句子的过程中，简单句占大多数，约90%。幼儿在25～27个月开始出现三词句，基本上涵盖了“主、谓、宾”三种成分。在28～30个月出现四词句，某些语言发展特别迅速的幼儿还会出现五词句、六词句，咿呀声完全不见了。简单句句型较多，主要有主谓结构和主谓补结构两种类型。幼儿使用的复合句大多是不完全复合句，结构简单而松散，是省略连词的简单句的组合，多由几个单句并列组成，往往使句子意义不甚明确，听话者必须结合说话的情境才能理解。幼儿在3岁时开始使用极少数的连词，之后逐渐增加。到6岁时，使用连词的句子仍然不多，只占复合句总数的1/4左右。三四岁时，幼儿使用最多的是“还”“又”“也”“以后”等。

这个阶段的幼儿虽然在使用句子方面有明显的进步，但表达水平仍是不高的，尚处在情境语言阶段，说话时多用些不连贯的短句，辅以手势、动作和面部表情。这种情境性语言，对于不熟悉情况的人，往往是难以理解的。

（2）31～36个月的复合句阶段

这一阶段是目标口语初步发展阶段，也称复合句阶段。此时幼儿的单词句、双词句这一类特殊语言成分已经大大减少，语言已经被纳入目标语言的轨道。其对语言系统和基本语法规则已经掌握，具有了一定的词汇量和一定的语言运用技能，可以初步用词语来解释词语。复合句是指由两个或以上意思相关联的单句合起来而构成的句子。幼儿一般从2岁开始就能说出极为少数的简单复合句，4～5岁时复合句的发展较快。复合句主要有联合复合句和主从复合句两大类。联合复合句是幼儿比较容易掌握的复合句，其中出现最多的是并列复合句。比如：“妈妈排排坐，宝宝吃饭饭。”“我不喜欢小狗，我喜欢小猫。”其次是连贯复合句和补充复合句。连贯复合句的前半部分和后半部分说的事情是连续的，前后分句的次序不能调换，比如：“吃好饭之后，我去小华家玩了一会儿。”“我先去了积木区，后来去当小医生了。”补充复合句如：“我搭马路，你搭桥。”幼儿比较难掌握的是主从复合句，因为它反映了较为复杂的逻辑关系。主从复合句中最常见的是因果复合句，比如：“我不要穿绿色的裙子，它不好看。”“我喜欢小佳，她跳舞很好看。”不同年龄段的幼儿所出现的复合句的复杂程度是有差异的，年龄越大，复合句的复杂程度越高。

幼儿在2～3岁这段时期，在使用语法能力上也有戏剧性的改变。通过强有力的语言工具，他们能够表达许多心中的想法和意图。到了3岁左右，母语里的每一项规则他们都已经能运用自如，这一阶段可以称为“语法爆发期”。2岁的时候，幼儿开始把他们会的字组合在一起；27个月到30个月时，他们已经可以说3～4个字的句子了；等到31～33个月这阶段，他们说出的平均句子长度可以达到5～6个字，还有很多较为复杂的句型；等到3岁时，当幼儿开始说出6个字及以上的句子时，我们还可以发现幼儿可以说出“附属句子”了。比如，幼儿会表达“到家以后我可不可以吃冰激凌？”“到了商店我可不可以买饼干吃？”等类的句子后，接下来会说出连接两个句子的词——“而且”和“但是”，如“他说是我拿的，但是我真的没有拿”或“我想玩这个车子，而且他就有”。这反映了幼儿开始掌握语法中的因果关系。

2. 2～3岁幼儿语言教育指导

（1）丰富生活实践，帮助幼儿正确使用语言

日常生活是幼儿学习语言的基本环境。在日常生活中，幼儿接触到的词句都是与具体的事物、动作同时出现的，即物与动作—词与句，总是同时作用于幼儿的视觉和动觉，对幼儿来讲凡是形象具体的事物，都比较便于建立音—义之间的联系，易于理解和掌握。成人应善于抓住时机对幼儿进行语言培养。例如，利用清晨、午睡、外出前等生活中的穿衣时间和幼儿对话；在盥洗过程中与幼儿对话，能帮助幼儿学习用“先……后…”的句式表达；在散步时，主动向幼儿介绍所见到的能理解的事物，同时丰富有关词句。幼儿语言教育应创设条件、丰富生活内容，帮助幼儿在实践中认识世界，发展语言能力。

（2）欣赏文学作品，帮助幼儿重复和理解作品内容

文学作品是促进幼儿语言发展的重要手段。它可以让幼儿学习文学语言，丰富词汇，提高倾听能力。

儿歌、故事等幼儿文学作品，用的都是经过作家提炼加工的文学语言，具有生动形象、富有节奏感等特点，易于被孩子理解和接受。文学语言的早期输入，对提高幼儿对语言艺术的兴趣和敏感性、文学语言模式的“储存”、早期“创作欲”的激发、艺术思维的萌发都具有积极的作用。

此阶段的文学欣赏活动可以以感受为主。要反复地让幼儿欣赏、感受幼儿文学作品中美的语言、美的情节、美好的主题、美好的生活。幼儿往往很喜欢反复听同一个故事，百听不厌正基于此。

此外，注重婴幼儿的复述。复述是幼儿学习、重复和模仿文学作品的表述语言、再现文学作品的一种手段。它可以加深文学作品的教育效果，促进幼儿记忆、思维和连贯性言语的发展。复述不是对完整作品的重复讲述，有时可以是对一个优美的词或一个句子的复述，有时可以是对幼儿感兴趣的一段对话或一些动作的

重复讲述。成人可以让幼儿反复地听、反复地说，甚至也可以用表演的方式来帮助幼儿再现作品的有关内容。

（3）开展幼儿谈话活动

谈话活动可以促进幼儿的语言表达。谈话可以围绕一个中心话题，运用已有经验，宽松自由地在一起交谈。幼儿的独白语言发展较慢，尚不能独立叙述一件事情的过程，而交谈往往采用的是对白语言，所以组织谈话活动是幼儿语言发展的较好方式。成人可以随机地和幼儿进行日常谈话，也可以有目的、有计划地组织集体谈话活动。

（4）鼓励幼儿与同伴之间的自发模仿和相互交谈

2 岁以后的幼儿常常会出现同伴相互间的语言模仿。1.5 岁的幼儿进托儿所时，除了哭叫以外，基本没有什么说话的声音。而 2 岁以后的幼儿则不同，他们午睡起床后会叽叽喳喳讲个不停。有的互相模仿，有的呼唤同伴，有的小声念儿歌，有的要求老师帮助，也有的向同伴或老师讲述某个问题，表现出在集体活动和自由活动中说话的基本态度。教师应该提倡和鼓励幼儿这种积极说话的态度，以及同伴间的自发模仿和相互交谈，这会带给幼儿许多乐趣，增加相互间语言交往和学习的机会。因为练习说话和练习其他技能一样，需要有许多自由实践的机会。

课后练习

1. 观察 0～3 岁婴幼儿，自选某一个月龄段，以视频或文字的形式记录婴幼儿的语言，并结合该阶段的发展特点进行分析。

2. 结合教材内容，寻找一些你觉得适合 0～3 岁婴幼儿开展早期阅读的材料，与大家分享交流。

3. 结合本任务内容，设计适合 0～3 岁婴幼儿语言发展的游戏。在实训室中模拟演练，小组点评。

任务4 婴幼儿情绪发展指导

任务导读

我们几乎每时每刻都能体验到不同的情绪：开心、害怕、愤怒、悲伤……不同的情绪会给我们带来不同的体验，并影响着我们的行为。对于0～3岁的婴幼儿来说，他们有情绪吗？他们能感知快乐与悲伤吗？婴儿在刚出生时就能感知快乐吗？婴幼儿哭泣是因为他们在难过吗？对于婴幼儿，很多人会简单地认为他们处在一个什么都不懂、什么都不会的阶段，因此，我们只有掌握了婴幼儿情绪发展的规律和特点，才能真正了解他们心中所想，解读婴幼儿不同情绪表现背后的原因。

任务提要

情绪是个体心理过程的重要组成部分，发展积极的情绪体验是促进婴幼儿健康发展的关键要素。本任务将通过解读婴幼儿常见情绪、分析婴幼儿情绪发展特点使读者对婴幼儿情绪有所了解，并提供一些婴幼儿情绪发展的教育指导策略，为家庭、学校教养实践的开展奠定基础。

一、婴幼儿情绪发展概述

（一）情绪

情绪（emotion），在普通心理学中解释为人对客观事物是否符合自己的需要而产生的态度体验及相应的行为反应。一般认为，情绪是以个体愿望和需要为中介的一种心理活动。情绪是由独特的主观体验、外部表现和生理唤醒等三种成分组成的。主观体验是人的一种自我觉察，即一种感受状态。人有许多种情绪，每种不同的情绪有不一样的主观体验，代表了人的不同感受，构成了情绪的心理内容。情绪的外部表现，通常称为“表情”，它包括面部表情、姿态表情、语音语调表情等。面部表情被认为是鉴别情绪的主要标志，姿态表情和语音语调表情是指除面部表情以外的表达情绪的方式，如人悲伤时会痛哭流涕，激动时会手舞足蹈，高兴时会开怀大笑。生理唤醒是指由情绪产生的生理反应，它涉及一系列生理活动过程，如神经系统、循环系统、内外分泌系统等活动。不同情绪的生理反应模式是不一样的，如人激动时血压会升高，紧张时心跳会加快，愤怒时浑身会发抖等①。

（二）常见的婴幼儿情绪类型

人类的情绪非常复杂，不同学者对于婴幼儿的基本情绪有不同的研究结论。华生认为，人类出生时只有几个情绪反应，如惧、爱、怒等。我国学者孟昭兰认为，根据出生的不同时间，可以把婴儿的情绪分为三个阶段：在出生后的1周内，新生儿出现的情绪是痛苦、厌恶、快乐和兴趣；在出生后的1～4个月，出现了愤怒、悲伤和害怕；在出生后的6～9个月，出现了惊奇和害羞②。

1. 快乐

快乐是人类最早体验到的基本情绪之一，快乐情绪的外部表现形式主要为微笑。对婴儿来说，他们能感受到的快乐不是通过后天学习与模仿习得的，而是从自身的活动与活动成果中体验到的。在新生儿时期，快乐的外部表现形式是自发的微笑，又称“内源性微笑”，这种微笑可以在没有外部刺激时发生，与中枢神经系统活动的不稳定性有关，在睡着时最普遍。出生后3～4周，婴儿有了无选择的社会性微笑，又称“外源性微笑”，这时人的声音和人的笑脸特别容易引起他们的微笑。5～6个月左右，婴儿有了有选择的社会性微笑，能辨别熟悉的脸和陌生的脸，并对此做出不一样的反应，面对熟悉的人会微笑，而对陌生人则会保持警惕。

2. 痛苦

痛苦是最普遍的消极情绪，痛苦情绪的外部表现形式主要为哭泣。在新生儿时期，哭泣是婴儿与外界进行社会性交往的主要联系方式，此时婴儿的哭泣主要与饥饿、排泄、不适等生理因素有关，当生理需求得到满足后，哭泣就会及时停止。出生后1个月左右，婴儿的哭泣是为了引起外界注意的一种低频、无节奏的“假哭”，开始有了社会性内容，当成人来到身边后，哭泣立刻停止。2个月后，婴儿的哭泣变成了一种有区别的社会性行为，例如当婴儿与照料者，特别是母亲分离时，婴儿有被抛弃的感觉，从而因为痛苦而哭泣，当母亲回到身边后，哭泣就会停止③。

3. 害怕

害怕是个体因为受到威胁而产生并伴随逃避愿望的情绪，其产生带有进化的痕迹。研究表明，害怕随着年龄段的不同，有着不一样的变化。婴儿在出生后6

① 施塔，卡拉特. 情绪心理学[M]. 周仁来，黄琼，邓雅菱，等译. 2版. 北京：中国轻工业出版社，2015.
② 周念丽，张春霞. 学前儿童发展心理学[M]. 上海：华东师范大学出版社，1999：208.
③ 马丽枝. 0～3岁婴儿的认知与情感世界[M]. 北京：九州出版社，2019：137-138.

个月左右，开始害怕陌生人，对陌生人的反应从6个月前的微笑转为害怕的哭泣，即认生。1岁左右，幼儿会对突然发生的巨响、陌生的事物和妈妈的离去感到害怕。2岁左右，幼儿会因为听到某些声音，如打雷、动物的吼叫等，看到某些事物，如黑暗、危险的情境、大灰狼等而感到害怕。3岁开始，使幼儿感到害怕的因素进一步增多，如陌生人、黑暗、父母在夜间的外出等。一般来说，婴幼儿产生害怕情绪也和许多因素有关，如照料者是否在场、环境是否熟悉等，也存在一定的个体差异[①]。

4. 愤怒

愤怒是指个体愿望不能实现或行动受到挫折而引起的一种紧张而不愉快的情绪。愤怒情绪并没有明显的阶段性变化特点，常见的会引起婴幼儿愤怒的情况有强烈愿望受到抑制时、身体运动受到限制时、愿望的实现和自我表现受到阻碍时、遭遇挫折或被迫去做违反个人意愿的事情时等。愤怒作为一种负面情绪，不一定会产生负面的效果，但有时也会导致攻击性行为。

二、婴幼儿情绪发展特点

问题导入

轩轩是一个12个月大的孩子，平时非常爱笑，来家里做客的人都喜欢逗逗他，他也会表现出开心的样子。但是今天家里来了一位陌生叔叔，当叔叔想要靠近轩轩时，轩轩就把头埋到了妈妈怀里，小手紧紧地抓住妈妈的衣角，显得很害怕的样子。当叔叔把买的小汽车递给轩轩时，轩轩还用手把玩具打到了地上。随着玩具掉在了地上，轩轩也跟着大哭起来。不管叔叔怎么逗他，他都抓着妈妈的衣角不放，对叔叔的亲近行为很抵触。之后，妈妈只能把轩轩带回了卧室，回到卧室后，轩轩依旧不理会叔叔给他买的新玩具，默默地拿起旧玩具在房间玩了起来。

从这个案例中我们能看出，12个月大的孩子情绪发展有什么样的特点？

（一）0～1岁婴儿情绪发展的特点

1. 0～3个月婴儿情绪发展的特点

该月龄的婴儿，其情绪发展以情绪表达为主，主要有以下几方面特征。

0～1岁婴儿
情绪发展特点

① 刘文. 幼儿心理健康教育[M]. 2版. 北京：中国轻工业出版社，2021：142.

（1）愉快与微笑

在新生儿身体舒适、心情良好的时候，他们对眼前的任何刺激都会有非社会性微笑。当婴儿身处温暖、安静的环境中时，会表现出他们的愉快，可能是安静地睡觉，甚至会在睡梦中露出一丝微笑，不过这种微笑与外界刺激无关，是神经兴奋周期的反应和身体内部状态的反射而引起的面部肌肉运动。出生后5周左右开始，婴儿的微笑逐步从无意识行为变成了有意识行为，此时婴儿对人脸有极大的兴趣，虽然这时婴儿还不会区分那些对自己有特殊意义的个体，但能够专心注视人的脸庞，会因为听到人声、看到人脸和微笑显得高兴而活跃，任何人的脸庞都会引起他们的微笑。

（2）不愉快与哭泣

当新生儿受到突如其来的刺激时，会出现莫罗反射（Moro reflex），又名惊跳反射，它是人类婴儿反射的一种。这是一种全身动作，在婴儿仰躺着的时候看得最清楚。出现惊跳反射时，婴儿的双臂伸直，手指张开，背部伸展或弯曲，头朝后仰，双腿挺直，双臂互抱。这种表现属于不愉快的恐惧表达。婴儿最初期的不愉快表现为哭泣，例如在刚出生时，新生儿就会用哭声表达这种离开了温暖的子宫的不愉快情绪，同时，在他们感受到饥饿、寒冷、疼痛等不舒服时，也会用哭泣与外界交流，以得到照料者的关注，缓解或消除不舒服、不愉快的状态。

2. 4～6个月婴儿情绪发展的特点

与0～3个月的婴儿相比，4～6个月婴儿的情绪已经从愉快与不愉快两种分化出了更复杂的内容，如快乐、愤怒、害怕、好奇等。

（1）快乐的情绪表达

3～4个月开始，婴儿有了快乐的情绪，这种情绪的表达可能是微笑，也可能是安静的状态。例如，当婴儿听到舒缓、悠扬的歌曲时，会有微笑的表情；当照料者在他身边说话或对他说话时，他的目光会追随说话者；当他吃饱喝足，纸尿裤干爽舒适，环境温暖干净时，他会安静地用眼睛观察四周，偶尔发出愉悦的笑声。这个时期的婴儿已经可以意识到微笑的力量了，他会在和别人交流时，通过快乐的情绪表达来吸引注意、博得喜爱。

（2）愤怒的情绪表达

常见的愤怒的情绪表达为哭闹。例如，当婴儿饥饿时，或纸尿裤不舒适时，他会用哭闹来表达自己的愤怒情绪并提醒照料者，如果不适没有及时缓解，哭闹可能进一步加剧。

（3）害怕的情绪表达

当婴儿独自一人睡觉或玩耍时，如果感到害怕，就会哇哇大哭，甚至有时会伴有蹬腿、号叫等行为，这种反应是人类在进化过程中保证个体存活的表现。照料者应该对这种情绪加以关注，在状况发生时，轻轻拍打、用言语安抚婴儿，及时缓解害怕情绪，这样也能给婴儿带来充足的安全感，有利于婴儿积极情绪的发展。

（4）好奇的情绪表达

3～4个月开始，婴儿会对一些色彩鲜艳、动态的新事物产生好奇，比如那些在身体上方悬挂的动态彩色玩具，他会瞪着好奇的眼睛注视它们，跟随它们移动；同时，他也会盯着人脸仔细观察，对人脸有较强的好奇心。

3. 7～9个月婴儿情绪发展的特点

随着月龄的增长，婴儿的情绪从单纯满足生理需求发展到了满足心理需求，这一时期的婴儿产生了对陌生人的害怕情绪，有了分离的焦虑，还出现了嫉妒心理。

（1）情绪表达的发展特点

①陌生人焦虑与分离焦虑。在婴儿7个月时，会同时产生陌生人焦虑与分离焦虑，这是婴儿形成社会性依恋的产物。这个时期的婴儿会表现出对照料者特别依恋的情况，当与照料者分离时，会很不开心甚至大声哭闹。同时，婴儿在面对陌生人或者处在陌生环境时，也会比较敏感。这些反应就是婴儿的陌生人焦虑与分离焦虑的表现。

②嫉妒情绪。真正的嫉妒情绪在婴幼儿1岁后才会产生，但在7个月开始，婴儿已经有了一定的嫉妒情绪的表现。美国学者哈特做了一个实验：他请来一位母亲和她6个月大的女宝宝，让母亲把宝宝放在实验室一张高高的椅子上，前面是两台摄像机，用来记录小宝宝的神态和表情变化。准备工作做好之后，哈特交给母亲一本书，让她读书、和哈特聊天，就是不要理宝宝。开始时，小宝宝只是好奇地打量着实验室里的一切，显得有些无聊。接下来，哈特从外面抱回一个和小宝宝差不多大小的布娃娃交给她母亲，让母亲好好“哄哄”这个小“婴儿”。看到自己“失宠”，小宝宝就不干了，她先是冲着母亲甜甜地笑，在发现母亲不理她之后，她就开始拿脚踢椅子，母亲还是忍着不看她。小宝宝这时忽然放声大哭起来，甚至哭得快要吐了，实验到此结束。结果证明小宝宝也和哈特在过去10个月的实验中碰到的每个小婴儿一样，表现出了强烈的嫉妒心理。

（2）情绪理解的发展特点

7～8个月时，婴儿产生了情绪的社会性参照。情绪的社会性参照是婴儿情绪社会化的一种重要现象和过程，充分显示了情绪的信号作用和人际交往功能。例如，当婴儿看到陌生人递过来的玩具时，他会抬头看照料者，从照料者的表情或行为表现中搜寻能够帮助他确定当时情境的信息，以做出相对应的反应。在语言能力尚未发展时，情绪的社会性参照可以帮助婴儿来确定他人的内在心理状态和偏好并以此来决定自己的行为，促进婴儿探索新事物，扩大活动范围，从而促进智力发展。

（3）情绪调控的发展特点

随着好奇心的发展和爬行技能的产生，7 个月开始，婴儿不再满足于单纯地待在原地，而开始尝试通过爬行去探索世界。同时，随着与照料者互动的增加，婴儿开始主动向照料者寻求安慰，如遇到陌生人时，他们会更倾向于躲在父母身边缓解焦虑；当照料者不在身边时，他们也会首先尝试用闭上眼睛、捂住眼睛的方式逃避焦虑，而非直接哭闹。

4. 10 ～ 12 个月婴儿情绪发展的特点

（1）情绪表达的发展特点

10 ～ 12 个月的婴儿与母亲之间的依恋关系基本确定，而对于不同的婴儿来说，会有不一样的依恋状态，主要可以分为四类。

①安全型依恋。安全型依恋，顾名思义，就是婴儿能够和依恋对象建立起一段有安全感的关系，婴儿会把妈妈作为“安全基地”，以此为中心积极地探索新环境。婴儿对家长的依恋保持在一个舒服自在的状态，家长暂时性离开时婴儿会出现短暂的焦虑，但是大多可较快适应新环境。有这样的依恋产生，需要家长表现出积极、乐观的态度，多和婴儿沟通，使他们感觉到放松和快乐，让他们在有需要时，总能获得主要照顾者的响应，从而使他们相信，自己是值得被爱的，这个世界是温暖的。

②抗拒型依恋。此类型婴儿可表现出没有活力的状态，当家长离开的时候会有明显的哭闹不止，情绪波动较大。抗拒型依恋的婴儿对新环境没有太大兴趣，进入陌生环境时会表现出排斥和焦虑。在妈妈离开和回来的整个过程中他们都密切关注，在妈妈表现出要离开的时候他们就显得很不安，当妈妈离开后他们会忧伤，等妈妈回来时他们会表现出矛盾行为，会表现出愤怒，感到委屈，甚至会打妈妈。被妈妈抱起后，他们也不会轻易恢复过来，也不能把妈妈作为“安全基地”去探索新环境。这类婴儿不会主动接近陌生人，社会适应状况表现消极，情绪调节能力差。建议家长平时多重视陪伴，多夸奖和奖励，帮助婴儿逐渐克服此类依恋。

③回避型依恋。回避型依恋的婴儿对妈妈是否在场表现淡漠，当妈妈离开时他们不会表现出伤心，当妈妈回来时，一般会表现出对妈妈的回避或者缓慢接近妈妈，但不愿意和妈妈拥抱或者亲昵，回避与妈妈的亲密行为。回避型依恋的婴

儿对妈妈和陌生人的安慰反馈基本一致，并没有形成对成人的依恋。部分研究者把这一类孩子称作“无依恋儿童”。这种依恋类型多数发生于不和谐的家庭环境下成长的婴幼儿，父母吵架时他们会有逃离家庭的想法，容易受到陌生人的哄骗，对以后的成长不利。这需要家长为婴幼儿营造良好的家庭氛围，正确地教育他们，使他们形成健康的心理。

④紊乱型依恋。此类型的依恋又称无序依恋，包括抗拒型依恋和回避型依恋。有时部分儿童可出现矛盾、冲突情况，同时，他们具有高焦虑、高回避的特点，有时会和焦虑依恋一样。当婴儿与母亲分离或重聚时情绪、行为表现混乱，不适宜，无规律，难以监控和预测，其内心实际上是由婴儿对依赖对象的情感不确定造成的犹豫和徘徊。例如，在当妈妈短暂离去及归来后抱起婴儿时，婴儿会表现出令人费解的情绪。对此类型的婴儿，家长要及时与其沟通交流，进行教育，从而帮助其逐渐修复不良心理。

（2）情绪理解的发展特点

10～12个月的婴儿对成人表情的理解能力进一步加强。例如，婴儿会根据照料者赞赏、微笑的表情而强化并反复做某个行为或动作。当他们做了一些危险的事，如把手指伸进插座时，照料者生气、着急的表情会使他们停下来。

（3）情绪调控的发展特点

10～12个月的婴儿情绪调控能力进一步发展。除了在情绪波动时接受照料者的安抚外，他们在许多情况下已经能够进行自我情绪调控，或进行自我安抚避免哭泣。例如，在他们独自一人，照料者不在身边时，他们会通过和自己的玩偶一起玩来缓解焦虑、害怕的情绪。同时，这个阶段的婴儿开始学会爬和走，能够通过回避的方式，躲避影响自己情绪的事物或场景。

（二）1～2岁幼儿情绪发展的特点

1. 1～1.5岁幼儿情绪发展的特点

1～2岁幼儿情绪发展特点

1岁以后，随着运动能力的发展，幼儿的活动范围逐渐扩大，这使他们的情绪种类逐步增加。

（1）情绪表达的发展特点

①更强的依恋与分离焦虑。许多家长发现，幼儿从1岁开始变得更“黏人”了，比如说即便孩子已经会独自走路，他们也仍然会黏着成人要抱抱。心理学家伯克把幼儿的依恋关系形成分为四个阶段，随着这四个阶段的不断深入，幼儿依恋关系逐渐形成。在幼儿出生8个月到1.5岁以前，幼儿与妈妈的依恋关系表现得最为强烈、亲密，此时幼儿变得特别黏人，即便是短暂性分离，也有可能导致幼儿出现非常强烈的哭闹情绪，并有明显的焦躁和不安。当幼儿有这种情绪产生

时，成人应及时给予情感上的回应和反馈，这样既满足了幼儿内心的安全感需求，同时也为他们之后的独立性发展打下了基础。例如，当家长感到疲惫，或者需要加班的时候，可以让家里其他人来代替，多增加亲子互动和交流。又如每次分别时家长都要正式和幼儿打招呼，告知他妈妈要去做什么，反复的经历自然会让幼儿清楚并对妈妈产生信任：妈妈会离开一段时间，但一定会回来陪他的。

②恐惧感产生。1 岁左右的幼儿开始有了恐惧感，这是由他们的身心发展水平决定的。动物、打雷，甚至只是样貌和善的陌生人，都可能让 1 岁左右的幼儿感到害怕甚至大声哭闹。但家长也无须过度担心，因为这时候的幼儿对世界充满好奇与恐惧是很正常的，这意味着幼儿能够从记忆中获取信息，并根据信息判断未来的动向。比如幼儿预知闪电后打雷会有巨大的响声，从而在闪电产生后就捂着耳朵哭着跑向妈妈寻求安慰。有恐惧感意味着幼儿开始能对他们所不熟悉的事物产生具体的感知觉。当幼儿产生恐惧时，家长应提供给幼儿足够的安全感，缓解他们的紧张情绪，使幼儿在安抚中不断增强胆量，逐渐成熟。

（2）情绪理解的发展特点

随着语言能力的发展，1 ～ 1.5 岁的幼儿已经能够听懂并说简单的词。因此，此时的幼儿已经能用动作，甚至简单的词对常见礼仪做出回应。比如，当成人与幼儿挥手说再见时，他们会对着成人说“见、见”，并挥挥自己的小手。

（3）情绪调控的发展特点

1 ～ 1.5 岁的幼儿开始能用动作表达自己的情绪与需求。比如在他们感到高兴时会拍拍手并哈哈笑，当他们想要一样东西时会用手指指向它以表达自己的需求。同时，1 ～ 1.5 岁的幼儿情绪控制能力进一步加强，即使看到陌生人会有害怕心理，他们依旧能在父母的引导下主动打招呼。

2. 1.5 ～ 2 岁幼儿情绪发展的特点

（1）情绪表达的发展特点

1.5 ～ 2 岁的幼儿开始逐步发展出了同情心。当幼儿和其他小朋友交往时，如果其他小朋友哭了，幼儿会将自己的玩具给那个小朋友玩，或用亲亲、抱抱来安慰他，这就是关心他人的一种表现，也是同情心的一种萌芽。在这一阶段，家长可以通过不同的方式培养幼儿的同情心，使幼儿学会应对和处理他人情绪的技能。家长可以有意识地培养幼儿良好的行为习惯，例如生活中，要及时用高兴的表情、赞许的口气肯定幼儿的良好行为表现。家长还要让幼儿知道别人也会痛苦与不快，特别是自己的行为给别人带来的痛苦，更要注意引起幼儿的同情。如：幼儿用手捶打妈妈的时候，妈妈可做痛苦状，用手捂脸“哭泣”，让幼儿感觉妈妈很疼，妈妈和自己一样也会疼痛。家长可以以身作则，并教幼儿学会帮助别人，比如妈妈的手不小心划伤，可以让幼儿吹一吹伤口，或者让幼儿亲手帮助妈妈涂抹药膏或贴创可贴。

（2）情绪理解的发展特点

1.5～2岁的幼儿开始逐步进入秩序敏感期。在这段时间他们会要求事物按照一定的秩序来，如果不这样他们就会有焦躁不安的情绪产生。比如，幼儿吃饭时要按照原本的顺序坐好，如果昨天爸爸坐在他的左边，今天却坐到了右边，幼儿就会觉得顺序不对从而用哭闹表达自己的情绪，直到爸爸坐到正确的位置才停止；又如，幼儿吃饭时要先吃米饭再吃菜，如果连续吃了两口菜幼儿也会哭闹，因为这和记忆中的顺序不一样。

（3）情绪调控的发展特点

自我意识是意识的一种形式，指主体对自身的认识，比如对自身机体及其状态的意识，对自己肢体活动状态的意识，对自己的思维、情感、意志等心理活动的意识。在心理学中著名的“点红实验”中，研究者在幼儿的鼻尖上点一个红点，然后将幼儿放在镜子前，观察幼儿的动作。研究发现1.5～2岁的幼儿，已经开始摸自己鼻子上的红点了，这说明幼儿从1.5岁开始，其自我意识开始出现并逐步增强，客体自我开始形成并发展，幼儿开始用言语表示出自我，如使用代词“我”“你”来区别自己与他人。比如，这个时期的幼儿喜欢模仿成人的行为，在成人拿碗筷吃饭时，他们也想自己吃饭，在成人扫地拖地时，他们也想拿扫把做一做。此时成人可以在幼儿的能力范围内满足他们的自主意愿，这同时也能锻炼他们的自信心和日常的生活自理能力。

（三）2～3岁幼儿情绪发展的特点

1. 2～2.5岁幼儿情绪发展的特点

2～3岁幼儿情绪发展特点

2～2.5岁的幼儿发音器官日趋成熟，基本能够理解成人所说的话，并能准确执行成人的指令，因此，这个时期的幼儿能借助语言表达自己的情绪。

（1）情绪表达的发展特点

随着语言能力的发展，2～2.5岁的幼儿在情绪稳定时，基本能较为准确地表达自己的需求，如表达拒绝、求助、提问、要求等，也能用语言表达开心、悲伤、难过、恐惧等情感概念，比如幼儿在黑暗中会说“黑，宝宝怕”。

（2）情绪理解的发展特点

随着幼儿自主能力的增强，幼儿对于情绪的理解也越发多元化。这个时期的幼儿可以通过观察表情或肢体动作等，感受到周围人的生气、开心、难过等情绪，并能对不同的情绪做出反应，如看到妈妈不开心时，幼儿会去抱抱妈妈表示安慰。

（3）情绪调控的发展特点

幼儿在2岁左右，自我意识开始变得强烈，出现人生第一个叛逆期，也称“宝宝叛逆期”。随着语言的发展，他们会从之前的“乖宝宝”变成令人感到无奈的“调皮捣蛋”的孩子。这个时期的幼儿凡事总喜欢以“不”字打头，他们最喜欢的事情就是在成人说的指令前面加个“不”字来回应。比如：“吃饭”“不吃”，“要不要”“不要”，“好不好”“不好”等。因此，成人既不可无视这种行为，也不能一味地顺从。家长应充分理解幼儿要自己尝试、独立表现的要求，帮助幼儿理解自己情绪波动的原因，并引导他们用合理的方式调控与表达自己的情绪，而非单纯地哭闹或说“不”。

2. 2.5～3岁幼儿情绪发展的特点

（1）情绪表达的发展特点

2.5～3岁的幼儿正处在一个认识自我的过程中，他们通过把自己与其他人做比较来认识自己是一个独立的个体。因此，这个阶段的幼儿会出现“别人有，我没有”或者“妈妈是我的，不是弟弟的”等明显的“嫉妒”心理。这些可能引发幼儿不安、烦恼、痛苦的嫉妒心理，容易使幼儿出现愤怒、闷闷不乐的抑郁情绪。对此，成人应了解这是一种正常现象，引导幼儿健康地把握自己的情绪和欲望，创造情绪学习和表现的机会，指导他们学会合理表达自己的情绪，增进情绪表现的适当性，发展人际交往能力。

（2）情绪理解的发展特点

有研究发现，幼儿阶段是情绪理解迅速发展的时期，幼儿开始掌握情绪词汇；从3岁开始，幼儿能够评价引发情绪的原因，能够意识到引起一种情绪可以有不同的原因，并开始自发地追问这些原因。大多数研究证实3岁是获得情绪理解能力的关键期。也有研究认为，幼儿对积极情绪理解的能力要高于对消极情绪的理解，女孩对影响情绪的环境因素的理解比同龄的男孩好，女孩推测他人情绪状态的能力要高于男孩，等等。因此，这个阶段的成人应有意识地帮助幼儿理解和正视自己的情绪，帮助他们在活动中识别和体验他人的情绪，发展自我与他人情绪认知能力和移情能力。

（3）情绪调控的发展特点

从2.5～3岁幼儿情绪表达和情绪理解的特点中不难看出，这一阶段的幼儿极易产生消极情绪。因此，成人应给予幼儿一定的宣泄情绪的机会，不要试图压制消极情绪，并通过和善而坚定的方式应对。比如家长可以情绪平静地抱起尖叫哭闹的幼儿，共情幼儿的情绪，引导其转移注意力，帮助他们正确地处理自己的情绪，说出发脾气的原因[①]。

三、婴幼儿情绪发展指导策略

婴幼儿情绪
发展指导策略

（一）创设健康的家庭环境、教育环境

0～3岁婴幼儿的主要生活环境是家庭，因此家庭环境的氛围对其影响非常大，父母关系是否和谐、父母的日常情绪是否稳定都会给婴幼儿带来不同的情绪感受。因此，要使婴幼儿建立正确健康的情绪感受，获得积极的情感体验，创设健康的家庭环境是必不可少的。一方面，父母遇到生活、工作上的难题时，应尽量避免在婴幼儿面前展露负面情绪，因为婴幼儿对于情绪是十分敏感的，他们能敏锐地感受到父母的消极情绪，并有可能将消极情绪归因于自己，产生内疚、害怕的感觉。另一方面，父母不能在婴幼儿面前发生激烈争执甚至打架，这会使婴幼儿产生恐惧的情绪体验，不利于他们的情绪发展。

有学者曾对上海城市家庭养育环境现状及其对幼儿情绪和社会性发展的影响做过相关研究，研究对象为上海市普陀区、闵行区四个社区卫生服务中心的945名幼儿，分为四个年龄组（12～17月龄、18～23月龄、24～29月龄、30～36月龄），采用中国城市幼儿社会情绪评估量表、1～3岁儿童家庭养育环境量表和自行编制的社会人口学问卷进行分析。研究结果表明，在不良的家庭养育环境中成长的幼儿更容易出现情绪和行为问题，而且社交能力得不到更好的发展。不良的家庭养育环境包括忽视儿童的情感需求，或态度忽冷忽热，常采用不合适的控制方法，如过度限制、恐吓、打骂等。其中，不良的家庭养育环境可能与家庭收入低、居住面积小，父母年龄小、受教育程度低，以及从事职业为工人、农民、个体或无业，母亲产后有紧张、焦虑、抑郁、恐惧情绪等因素有关[②]。

与此同时，对于0～3岁婴幼儿来说，早教中心、早教机构的教育环境创设对婴幼儿的情绪发展也十分重要。首先，教师应该为婴幼儿创造与同伴交往的机会，使他们学会在团体中的情绪表达。其次，应在早教机构内创设良好的物质环境，营造安全、温馨的教室氛围，帮助婴幼儿产生良好的情绪体验。同时，教师在与婴幼儿沟通时，也要加强引导，态度温和，不能强硬地命令，营造良好的心理环境。最后，由于许多家长没有相关的学科知识和专业背景，教师也要充当婴幼儿和家长之间的纽带，告诉家长孩子产生某些情绪问题的原因，帮助家长掌握正确处理婴幼儿情绪问题的方法，共同促进婴幼儿情绪的发展。

---

① 周念丽. 0～3岁婴幼儿观察与评估[M]. 上海：华东师范大学出版社，2021.

② 张媛媛，金星明，陈津津，等. 上海城市家庭养育环境与幼儿情绪和社会性发展的相关性研究[J]. 教育生物学杂志，2020，8（3）：36-42.

（二）建立安全稳定的亲子关系

亲子关系是人一生当中的第一种人际关系，也是最基本、最重要的关系，构建良好的亲子关系既需要父母主动掌握婴幼儿的性格习惯，也需要婴幼儿通过与父母的互动自发调整行为状态。

虽然 0 ～ 3 岁的婴幼儿年纪尚小，但他们依旧是独立的个体，父母需要平等对待，学会换位思考，从孩子的角度去思考、反思，以此来掌握孩子的心理需求。同时，父母需要关注婴幼儿的日常生活规律、情绪的反应强度、对新鲜事物的感知能力，“对症下药”，采用适合自己孩子的教养方式，为婴幼儿营造和谐的成长环境，帮助其形成正面、积极、抗压的情绪性格。安全稳定的亲子关系会给婴幼儿的成长带来无限的益处，帮助其更懂得爱护周围的人和物。实践表明，婴幼儿和照料者之间良好的情感基础是教育成功的重要前提。安全、稳定的亲子关系意味着婴幼儿能从父母身上感受到信任、亲切、关心与爱，这对他们情绪的稳定性至关重要。

（三）提供积极的情绪体验

积极的情绪有兴趣、决心、自豪、专注、幸福、放松、快乐和安心等，作为成人，不管是照料者还是早教机构的教师，都要有意识地为婴幼儿提供积极的情绪体验，要以理解、包容、平等的态度与婴幼儿交往，尽最大努力为婴幼儿提供积极的情绪体验。

班杜拉在波波玩偶实验后得出儿童的学习都是观察学习的结果。他认为所有学习现象，都可以在替代的基础上发生，即都可以通过观察他人行为及其结果而实现，也就是说婴幼儿的情绪可以通过观察而习得。从这个理论我们也能看出，教师、照料者的情绪表现会影响婴幼儿的情绪，前者的情绪调控能力也对婴幼儿的情绪发展有重要意义。成人在与婴幼儿交往的过程中要始终以一种积极、快乐、幸福的状态来影响婴幼儿，用平和的情绪对待婴幼儿，帮助他们慢慢探索、了解这个世界。长此以往，婴幼儿的心态也会变得平和，能够友好地与他人相处，愿意发现和寻找世界的美。受父母的影响，婴幼儿的情绪也会比较稳定，愿意去发现别人的优点，愿意与别人相处，也能够更快地适应陌生的环境，这对促进他们积极情绪的发展和提高适应社会的能力也有积极作用。

（四）提供应对消极情绪的策略指导

消极情绪包括悲伤、愤怒、紧张、焦虑、痛苦、恐惧等。人的情绪多种多样，每个人在生活中都会遇到不同的消极情绪，婴幼儿作为发展中的人，其情绪的起伏变化会比成人更大，情绪调控能力也会更弱。作为成人，我们首先需要了解的是婴幼儿产生消极情绪是十分正常的情况，虽然有时他们的消极情绪会给成人带来很多困扰，但我们依旧要积极应对，而不能忽视不管或暴力制止。

作为照料者，我们首先要以包容、接纳的态度面对婴幼儿的消极情绪，感同身受，耐心地倾听婴幼儿的情绪表达，帮助婴幼儿接纳自身的消极情绪。其次可以通过拥抱、抚摸等肢体动作安抚婴幼儿情绪，在他们适当平静后，用平静、温和的语气循循善诱，指导婴幼儿合理宣泄消极情绪。最后可以通过一些转移注意力的方式，在婴幼儿产生消极情绪时，帮助他们消除、淡化、转移消极情绪产生的影响。

课后练习

1. 什么是情绪?
2. 0～1 岁婴儿情感发展的特点是什么?
3. 面对婴幼儿产生的生气、愤怒等消极情绪，成人可以如何引导?

任务 5 婴幼儿社会性发展指导

任务导读

人类从出生之日开始，便与周围环境以及环境中的人发生着交互作用，社会性发展对于人类个体而言十分重要。0～3 岁是社会性发展的关键期，在这一时期，婴幼儿开始认识自我，分辨自己与他人的不同，学习正确的社会交往规则，开始尝试帮助他人以及与他人合作。孩子打人对吗？孩子打人应该如何应对？当孩子因为想要玩具而在地上哭闹打滚时我们应该怎么办？……这是很多人会有的疑问。对婴幼儿社会性发展的学习，能帮助我们了解婴幼儿社会表现的原因，并能以此“对症下药”。

任务提要

本任务系统阐述社会性发展的定义，分析归纳 0～3 岁婴幼儿社会性发展的特点，并从婴幼儿常见的亲社会行为和攻击性行为出发，解释产生行为的原因，并提供教育指导策略。

一、婴幼儿社会性发展概述

（一）社会性的内涵

社会性是指生物作为集体活动中的个体或作为社会的一员在活动时所表现出的有利于集体和社会发展的特性，是个体不能脱离社会而孤立生存的属性。关于社会性的界定，不同专家学者有着不同的观点。

美国耶鲁大学心理学教授齐格勒认为，社会性主要指人的社会知觉和社会行为方式。通过社会知觉，人们觉察他人的想法，向他人表达行为的动机和目的；通过社会行为的学习，人们掌握约定俗成的举止行为、道德观念，从而能够适应自己所生存的社会。

我国学者陈会昌提出：“广义的社会性指人在社会的生存过程中所形成的全部社会特性的总和，包括人的社会心理特性、政治特性、道德特性、经济特性、审美特性、哲学特性等，它是和人作为生物个体的生物性相对而言的。狭义的社会性指由于个体参与社会生活、与人交往，在他固有的生物特性基础上形成的那些独特的心理特性，它们使个体能够适应周围的社会环境，正常地与别人交往，接受别人影响，也反过来影响别人，在努力实现自我完善过程中积极地影响和改造周围环境。”①

（二）常见的婴幼儿社会性发展类型

常见的婴幼儿社会性发展主要有亲子关系、同伴关系、亲社会行为、攻击性行为等方面。

1. 亲子关系

亲子关系作为婴幼儿最早建立起来的人际关系，是个体在婴幼儿时期的全部情感依赖，包含父母与其亲生子女、养子女或继子女之间的关系。婴幼儿很依赖父母的抚养，不管是生理上的喂养、照顾和保护，还是心理上的安全感、信任感。在这种关系中，父母的教养方式、人品人格、行为态度等都直接地对孩子的身心发展产生影响，也在一定程度上影响着婴幼儿今后的人际交往。

2. 同伴关系

同伴关系是指年龄相仿（相同或相近）的婴幼儿之间的一种共同活动与相互协作的关系，也可以指同龄人之间、心理发育相当水平的个体之间，在交往过程中发展起来的一种人际关系，具有平等、互惠的特点。常见的同伴关系有五种类型，分别为受欢迎型、被拒绝型、被忽视型、矛盾型和一般型。

3. 亲社会行为

亲社会行为又叫利社会行为，亲社会行为的发展是婴幼儿道德发展的核心问题，是指符合社会希望并对行为者本身无明显好处，而行为者却自觉自愿给行为的受体带来利益的一类行为。一般亲社会行为可以分为利他行为和助人行为，具体包括分享、关心、安慰、合作、谦让、援助等。

4. 攻击性行为

攻击性行为也称侵犯行为，是任何形式的有目的地伤害另一生物体而不被该生物体接受的行为，可能是言语上的也可能是身体上的。但在婴幼儿的攻击性行为中，有着不同的种类，主要分为无意型攻击（即在活动或游戏过程中无意地伤害到别人）、表现型攻击（即对攻击者来说是一种无心的玩笑或探索性的行为导致了其他人不开心）、工具型攻击（即为了争夺物品、领土或权力而发生的身体上的冲突且使他人在此过程中受伤的行为）。

---

① 陈会昌．儿童社会性发展的特点、影响因素及其测量——《中国3～9岁儿童的社会性发展》课题总报告[J]．心理发展与教育，1994（4）：1–17.

二、婴幼儿社会性发展特点

问题导入

依依是一个14个月大的小朋友。有一天，爸爸妈妈带着依依下楼晒太阳，碰到了和依依差不多大的欢欢。依依被自己的妈妈抱着，欢欢也被自己的妈妈抱着，依依妈妈逗欢欢玩，欢欢开始笑了起来。依依扭过头，把眼睛看向欢欢，一直盯着欢欢看。欢欢一笑，依依也跟着笑。欢欢想要挣脱妈妈，自己独自站在地上，依依也开始想要挣脱妈妈的怀抱自己站。

这是通过逸事记录法观察到的幼儿依依。在观察中，能够发现婴幼儿同伴交往有什么样的特点？

针对0～3岁婴幼儿社会性发展的特点，本部分主要从社会行为、社会适应和自我意识三方面展开。

（一）0～1岁婴儿社会性发展的特点

1. 0～3个月婴儿社会性发展的特点

0～1岁婴儿社会性发展的特点

0～3个月的婴儿，其社会性发展仍处在萌芽时期，还不能区分自身与他人的区别，其关注的基础在于自身的生理需要和自我感受，意识中心主要来源于本体的直接感知和情绪情感体验。

（1）社会行为的发展特点

刚出生的婴儿对人脸图案有着明显的偏好，并喜欢关注成人愉快的表情与声音，这是类似于本能的一种反应。在出生后45天左右，婴儿会出现社会性微笑，如会自主地观察成人的面部表情，对夸张的表情做出反应等。同时，这个月龄段的婴儿，其社会行为主要基于自身的生理需求，比如会通过哭泣、挥舞手臂、吸吮、抓握等方式，表达自己的需求或以此对成人的行为做出回应。因此在这个阶段的婴儿还没有形成明确的依恋关系，也没有真正的依恋对象，他们对所有人的反应基本是一样的。

（2）社会适应的发展特点

0～3个月的婴儿还不能区分自身与他人，他们的社会适应是基于自身生理需求的，只要生理需求得到了满足，对于提供满足的对象没有具体的要求。同时，虽然此时的婴儿已经出现了社会性微笑，但是他们无法区分照料者与陌生人，对于任何微笑的人脸，他们都能做出相同的反应。环境因素同样也会影响婴儿的状态。在舒适的环境中，即使面对陌生人，他们依旧会感觉良好，而在不舒适的环境中，即使面对熟悉的照料者，他们依旧会产生啼哭。

（3）自我意识的发展特点

0～3个月的婴儿尚处于自我意识的萌芽阶段，这个阶段的婴儿对自我的感知处于对身体内部知觉的感知状态，因此他们会出现一些能引起自身积极情绪的重复性肢体动作。

2. 4～6个月婴儿社会性发展的特点

4～6个月的婴儿，其社会性发展较0～3个月时有了一定发展。这个阶段的婴儿有了初步的同伴意识，也有了对他人的喜好倾向，自我意识、对自身的控制能力逐步增强，生活适应能力提升。但整体而言，其社会性发展仍处于萌芽阶段。

（1）社会行为的发展特点

4～6个月的婴儿开始能够区别照料者与陌生人，他们喜欢与照料者或是熟悉的人待在一起，有了较为明确的依恋对象。当照料者或是熟悉的人出现时，4～6个月婴儿的眼睛会随着他们移动。同时，婴儿对熟悉的人的声音也十分敏感，听到熟悉的声音时，会十分高兴，在一起时，也会挥挥胳膊要求抱抱，并紧紧地趴在抱他的人身上。此阶段的婴儿喜欢亲近照料者，开始害怕陌生人，但对于照料者的离开尚未有激烈的反抗行为。

（2）社会适应的发展特点

4～6个月的婴儿逐步有了认生的行为，认生既体现在陌生人的出现中，也体现在陌生环境上。这个阶段的婴儿会因为看到陌生人而害怕、啼哭，也比较害怕处在陌生的环境中。同时，还会出现一定的生活适应能力，如在喝奶时能主动自己扶着奶瓶进食。

（3）自我意识的发展特点

4～6个月的婴儿逐步开始了解属于自己的个体性，知道自己的名字，对别人呼唤其名字能做出反应并感到开心。同时，对自我的控制感增强，能主动做出一些对外界事物的重复性动作，如摇晃铃铛、抓握玩具等。这时的婴儿也能意识到自身与他人的不同，在和同龄小朋友处于一个空间时，能知道对方与自己是不同的，也能知道镜子倒影中的人物是他自己。

3. 7～9个月婴儿社会性发展的特点

7～9个月的婴儿社会性进一步发展，开始出现了分离焦虑，有了特定的依恋关系，自我意识进一步发展，生活适应能力增强。但较4～6个月的婴儿而言更为“认生”。

（1）社会行为的发展特点

7～9个月的婴儿对成人的语言理解能力增强，对语言中的高兴、生气等情绪有了辨别能力，因此能根据成年人说话的语气做出不同的反应，如听到愉悦、温柔的语音语调会高兴，对低沉、生气的语气则会啼哭。在语言上，7～9个月的婴儿也开始能听懂简单的指令，如听到成人说“跟阿姨说再见”，他们能与之对应地做出微笑等表情，并用眼神看向对方。

在亲子关系中，7～9个月的婴儿开始能用准确的哭与笑表达自己满意与不满意的特定偏好，也有了更密切的互动交流。比如，当成人夸奖他们时，他们能够重复获得夸奖的这一行为。因此，这一阶段的婴儿同时也出现了明显的依恋行为，依恋对象往往是母亲或直接照料人，他们喜欢与母亲或照料者游戏，当母亲或照料者离开时，婴儿会有明显的不舍或哭闹情况。

（2）社会适应的发展特点

7～9个月的婴儿已经能够分辨照料者与陌生人，出现了“认生”的状况，当被陌生人抱起时，他们会出现抵触情绪，甚至可能会哭泣。

（3）自我意识的发展特点

7～9个月的婴儿独立意识、探索欲与自我控制能力均有所增强。如在进餐时，喜欢自己拿吃的食物，在玩游戏时有特定的偏好，对喜欢的玩具与不喜欢的玩具会区别对待。此时期的婴儿开始会爬，喜欢爬到房间的各个角落默默看看。这时成人一方面要保证婴儿的探索欲，另一方面也要通过语言、表情和动作明确告诉婴儿什么可以做、什么不可以做，通过反复引导在发展婴儿独立意识、满足婴儿探索欲的同时，培养婴儿的自我控制能力，避免危险的发生。

4. 10～12个月婴儿社会性发展的特点

10～12个月的婴儿有了较为明显的依恋行为，人际交往时更愿意与熟悉的人产生联系。同时，对于陌生、奇怪的人或物，会产生害怕的情绪。此外，该阶段的婴儿自我概念更明确，喜欢得到肯定与表扬，会为了肯定而去做一些成人喜欢的事。

（1）社会行为的发展特点

在亲子交往中，10～12个月的婴儿喜欢与成人交往，并会想方设法引起注意。该阶段婴儿能够理解并执行成人的简单指令，如当成人要求婴儿帮忙拿东西时，他们会执行并期待获得表扬。在成人的指导下，部分婴儿能用挥手的方式说再见，并有一些分享玩具、食物的行为。

在依恋方面，10～12个月的婴儿出现了明显的亲子依恋，这种依恋的对象一般为母亲。对于母亲的离开，婴儿会出现明显的分离焦虑。同时，母亲的情绪一定程度上会影响婴儿的情绪，当母亲开心快乐时，婴儿也会跟着笑，当母亲难过生气时，婴儿也会低落或哭泣。

在同伴交往中，10～12 个月的婴儿对成人的行为有着浓厚的兴趣，并喜欢模仿年长同伴的行为与动作。在与同龄人交往时，也出现了一定的简单交往行为，但此时的交往仅以物品为中心，即他们没有共同游戏，只是在某个特定物品中有着共同注意，有了一定交集，他们并不在意同龄人具体在做什么，而是集中于物品本身。

（2）社会适应的发展特点

10～12 个月的婴儿对于陌生的人与环境有明确的区分。当面对熟悉的人时，他们能通过语言、动作进行积极交流，而面对陌生人时，则会有害怕的表现，如部分婴儿看到陌生人时会回避视线，或躲藏在母亲怀中。为缓解此类情绪，该阶段的婴儿会有特定的安抚行为或安抚物品，如部分婴儿在睡觉时喜欢吸吮手指，在陌生的环境中喜欢抱着特定的娃娃等，这些都是婴儿的心理需要，他们用熟悉的行为或物品来进行自我情绪安抚。因此，如果婴儿和母亲或熟悉的照料者身处陌生的环境，经过短暂适应以后，他们也会停止哭闹。

（3）自我意识的发展特点

10～12 个月的婴儿其自我意识开始萌芽，能认识照片、镜子中的人与自己之间的关联，自我表达的意愿也更加强烈，更加热衷于探索周围环境，开始根据自己的意愿与想法行事，当自己的行为受到限制时，会通过哭闹、摔东西等形式表达自己的不满。这个阶段的婴儿开始想要自己吃饭，或拿着杯子自己喝水，成人应有意识地加强婴儿自我意识的引导。

（二）1～2 岁幼儿社会性发展的特点

1. 1～1.5 岁幼儿社会性发展的特点

1～2 岁幼儿社会性发展的特点

1～1.5 岁的幼儿客体自我意识开始发展，他们进一步了解了自己与他人的差别，对于物品的所有权更加重视，开始掌握更多的社会交往技能，能够理解成人希望他们做的事情是什么。

（1）社会行为的发展特点

在亲子关系中，随着运动能力的增强，1～1.5 岁的幼儿在依恋行为上表现得更加明显，如他们会通过不同的方式，或哭闹或爬行接近等吸引注意，或在看到母亲后通过紧紧抓住母亲来表明依恋关系。同时，该阶段幼儿对成人的期许有了一定的了解，有了一定的社会模仿行为，在日常生活中，理解成人希望自己做的事，模仿行为也会随着得到表扬而巩固与强化，如当幼儿随着音乐律动做出动作得到成人积极回应时，在下次音乐响起时会重复做出上述动作希望得到表扬。

在同伴交往中，以物体为中心的社会互动技能开始发展，1～1.5 岁的幼儿喜欢与同伴游戏，在游戏时更倾向于玩同样的玩具，达到接近同伴并传递信息的目的，但这个阶段的幼儿往往容易在交往中出现争抢行为，这是由自我意识的发展决定的。

（2）社会适应的发展特点

1～1.5 岁的幼儿较上一个阶段而言更加依赖熟悉的物品，一旦这个喜欢的东西不带在身边，就容易剧烈哭闹，如部分幼儿在安抚毯子清洗后，由于闻不到熟悉的味道而产生哭闹行为。同时，此年龄段的幼儿在碰到陌生人时会产生“害羞”情绪，但往往不会产生非常强烈的抵触心理，不会很容易地大声哭闹。

（3）自我意识的发展特点

1～1.5 岁的幼儿独立性增强，自主意愿更加强烈，如果照料者没有根据他们的意愿行事，他们就会有反抗行为，如部分幼儿会反复地将餐具拿起、扔掉。同时，该阶段幼儿的客体自我意识开始发展，对物品的所有权意识增强，更加明白自己与他人的区别，不允许他人随意乱动自己的物品或玩具。

2. 1.5～2 岁幼儿社会性发展的特点

1.5～2 岁的幼儿有了“我”“我的”的概念，以自我为中心，同时也能理解他人的情绪与感受，对他人的痛苦、难过情绪会做出安慰等亲社会行为。

（1）社会行为的发展特点

1.5～2 岁的幼儿社会互动逐渐增加，互动技能逐步发展，产生了一些如分享、合作的亲社会行为，出现了一些主动交往，与他人的互动也越来越多。幼儿为了建立互动，会创造一些原先并不存在的相同点。比如，如果这个幼儿想要和一个手里拿着红球的幼儿接触，他就有可能会先捡起一个红色的球。

（2）社会适应的发展特点

1.5～2 岁的幼儿有了一定的生活自理能力，能在成人的引导和帮助下自己脱衣物，对于碰到陌生人时产生的“害羞”“怕生”情绪也逐步减弱，这也与其生活经验相关。

（3）自我意识的发展特点

1.5～2 岁的幼儿开始能够认出自己的形象，知道自己的名字，并出现性别认同，开始意识到男孩和女孩之间的生理差异。大部分幼儿有了一定的自我控制能力，如能在父母的提醒下在公众场合小声说话，不大声哭闹影响他人，在自己的要求没有得到及时满足时能进行等待，等等。

（三）2～3 岁幼儿社会性发展的特点

1. 2～2.5 岁幼儿社会性发展的特点

2～3 岁幼儿社会性发展的特点

2～2.5 岁的幼儿随着自我意识的发展，开始出现“反叛”，他们由于社会性发展还不成熟，行为上有冲动、易怒的倾向，经常跟成人“唱反调”，与同伴相处时冲突的频率也不断增加。同时，他们也开始有了一定的性别意识，知道自己的性别并能了解一定的行为特征。

（1）社会行为的发展特点

2～2.5岁的幼儿所有权意识增强，对物品的占有欲提升。由于这个年龄段的幼儿还不懂得从他人的角度看问题，也不知道什么叫社交礼节，虽然已经会用一些规则来解决冲突，但往往比较初级，因此冲突往往是不可避免的，强壮的幼儿也经常能够在冲突中获胜。但同时，该阶段幼儿特别热衷于模仿成人的行为。随着语言的发展以及基于对成人的模仿，该年龄段的幼儿亲社会行为也在逐渐增多，在游戏、互动中有了主动的交往行为。

（2）社会适应的发展特点

2～2.5岁的幼儿生活自理能力进一步提升，能做到自己穿衣、自己吃饭等。随着语言的发展，能通过语言或动作表达自己的意愿和需要，主动性逐渐增强。在遇到陌生人时，能通过照料者的引导，逐渐适应陌生人和新的环境。

（3）自我意识的发展特点

2～2.5岁的幼儿自我意识快速发展，对自己的物品有一定的占有欲，他人无法拿走“属于他的东西”。同时，该年龄段幼儿喜欢和成人“对着干”，例如喜欢在进餐时扔碗、玩食物，尽管他们已经能够理解成人的要求，但出于对自己能力的显示，他们依旧会做出“反叛”行为。在性别意识的发展上，该阶段幼儿开始了解小男孩、小女孩、男宝宝、女宝宝这些词的含义，但仍不知道自己属于哪个性别类型。

2. 2.5～3岁幼儿社会性发展的特点

2.5～3岁的幼儿自我中心意识进一步增强，经常会对成人的要求“表示反抗”。同时，大部分幼儿出现了更多的社会技能，如会使用分享、合作等行为解决问题，能逐步与同伴沟通交流。

（1）社会行为的发展特点

随着问题解决能力的发展，2.5～3岁的幼儿开始有了较好的游戏伙伴，逐步建立起相对稳定的同伴关系。幼儿彼此间的互动更加复杂成熟了，他们在一起玩玩具、做游戏，还学会了轮流玩，幼儿友谊从“一起完成某件事情”发展到了单纯的“在一起”。与此同时，社会技能的发展在不同的幼儿身上有一定的差异。例如对于受欢迎幼儿，他们更容易通过积极行为发起互动，获得玩伴，而对于不受欢迎的幼儿，他们更容易通过抢夺、推搡等消极行为产生社会交往行为。

（2）社会适应的发展特点

2.5～3岁的幼儿在社会适应能力上进一步发展，大部分幼儿能够逐渐独立完成日常生活的任务，如自己吃饭、自己穿衣等，展现出自身的独立能力。与此同时，随着交往能力的提升、生活经验的增加，该年龄段的幼儿对陌生人、事、物和陌生环境的适应能力进一步增强，对于陌生人与陌生环境的适应有着属于自己的应对方法，这也意味着在社会适应中的个体差异开始显现。

（3）自我意识的发展特点

2.5～3 岁的幼儿已经能够说出自己的名字，性别观念也有了进一步发展，如能够准确说出自己的性别，有了关于性别角色的知识，开始知道与自己同性别的人的相似性，如女孩子扎辫子、喜欢公主，男孩子短头发、喜欢汽车等。同时，该阶段幼儿的自我控制能力也逐步增强，对自己行为的控制力，以及根据外部要求调节自己行为的能力都显著提高[①]。

三、婴幼儿社会性发展指导策略

（一）攻击性行为的指导策略

婴幼儿社会性发展指导策略

1. 攻击性行为

攻击性行为在婴幼儿期就已经出现，是婴幼儿中较常见的一种不良的社会行为。攻击性行为的发展既会影响攻击者的人格和品德发展，也会对被攻击者的身心健康造成不良的影响。攻击性行为又称侵犯性行为，是以伤害他人或他物为目的的有意伤害、敌视或破坏性行为，可以是直接的身体侵犯、语言攻击，也可以是间接的心理攻击[②]。

2. 影响婴幼儿攻击性行为的因素

（1）家庭环境因素

社会学习理论认为，攻击性行为是婴幼儿观察和模仿的结果。婴幼儿的攻击性行为可能是从成人、伙伴、动画片等方面习得的。照料者对婴幼儿具有榜样作用，他们的诸多行为会在潜移默化中被婴幼儿模仿和学习。

发展心理学认为，家庭的情感氛围会直接影响婴幼儿的适应，造成家庭不良环境的一个主要因素是父母间的冲突。家庭内部存在长期持续的冲突可能使婴幼儿与同伴形成攻击的互动模式。如果婴幼儿长期处于强制型家庭环境中，即家庭中的人不愿意谈话，即使谈话也以威胁、激怒他人为主，这会使婴幼儿的行为具有高攻击性，甚至会使其长大后的反社会或犯罪行为的概率大大增加。

同时，家庭教养方式在一定程度上也会影响婴幼儿的攻击性行为。当婴幼儿身处“过度溺爱”家庭时，他们已经习惯于直接索取，知道自己的需求一定能得到

① 周念丽. 0～3 岁婴幼儿观察与评估 [M]. 上海：华东师范大学出版社，2021.
② 钱文，俞晖. 婴幼儿社会性发展与教育 [M]. 上海：上海科技教育出版社，2019：133.

满足，这会助长婴幼儿利己排他的行为，一旦与他人交往时他们的需求受到了限制，他们往往会通过抢夺、哭闹、反抗的方式达到目的，从而导致攻击性行为的产生。

（2）性别因素

从许多国家的研究数据来看，男孩比女孩更具有外显（身体和语言）的攻击性。同时，身体攻击的性别差异出现得很早，有研究发现17个月的婴儿就存在这种性别差异。这种较高的雄性攻击性行为可能和其具有较高的睾酮水平相关，雄性的性激素在增强活动的同时，也容易致怒，从而助长攻击性行为。

（3）婴幼儿身心发展水平因素

0～3岁婴幼儿身心发展水平还比较低。例如在语言方面，这个时期的婴幼儿语言发展水平较差，其口语表达有时往往难以被成人听懂和理解，导致成人无法了解他们的需求。这种情况下，婴幼儿就只能通过肢体动作来表达想法，着急的婴幼儿可能还会用抓、抢、挠等方式迅速达到自己的目的。同时，随着婴幼儿动作的发展，他们认识世界的范围通过爬行、走路变大了，伴随对新事物强烈的好奇心，他们会用拍、摸、尝等方式探索世界，但由于其动作发展得不成熟，往往难以掌握合适的力度和规则，部分行为可能演变为打人、咬人、摔东西等。

3. 0～3岁婴幼儿攻击性行为的解决措施

（1）营造愉悦、积极、温馨的生活环境

首先，照料者要树立正确的榜样。婴幼儿的攻击性行为可能来自模仿，这就需要照料者在生活中规范自身的言行，用正确的方式引导婴幼儿的社会行为。照料者在生活中富有同情心、爱心，对待他人十分和善，对待弱势群体能够充满善意、平等交流，就能在无形中消除或弱化婴幼儿的攻击性行为。

其次，照料者可以提供充足的物质资源和丰富的精神资源。例如，在满足婴幼儿正常生活需求之外，提供数量充足且内容适宜的玩具、卡片、绘本等，以满足其除了物质以外的精神需求，促进积极行为的产生。

最后，照料者应有意识地引导婴幼儿学习恰当的社会交往规则和社会交往技巧。例如，遇到陌生人时需要用挥手、微笑来释放自己的善意；与同伴游戏出现冲突时首先尝试用理智的态度应对，而非直接用打人、推人等攻击性行为解决问题。

（2）积极引导攻击性行为

对于婴幼儿产生的攻击性行为，部分成人误认为此类行为会随着时间的流逝而消失，因此持置之不理的态度。首先，照料者要改变这种错误观点，要让婴幼儿了解到攻击性行为是不被允许的。如果婴幼儿出现了攻击性行为，家长需要立刻通过语言、表情、动作等方式表明态度，提示婴幼儿这种行为是错误的。其次，当婴幼儿出现攻击性行为时，家长可以通过换位思考的方式帮助他们理解攻击性行为可能带来的不良后果。例如，当婴幼儿打人时，家长可以让他们回忆曾经自己被打时是否疼痛、难过，让他们了解到同样的事发生在他人身上也是疼痛的、不被允许的。当然，部分婴幼儿的攻击性行为可能是出于某种目的，比如企图通过打人来吸引照料者的关注。在这种情况下，照料者需要仔细观察和辨别，了解婴幼儿某种行为背后的原因，可以采用冷处理的方法，待婴幼儿情绪稳定后，再引导告知他们这种行为的不恰当，以及如何正确表达自己的需求。

（3）帮助婴幼儿掌握宣泄情绪的方式

当婴幼儿出现攻击性行为时，成人不能一味地抑制他们的行为，因为任何不良情绪都应有一个合理的宣泄方式，一味压抑只会导致婴幼儿进一步产生暴力行为，同时也不利于婴幼儿的身心健康发展。因此，照料者要帮助婴幼儿掌握正确宣泄情绪的方式，让他们知道在生气、愤怒、悲伤时，打人、摔东西不是唯一的方法，还有许多方法可以排解情绪。例如，在情绪类绘本《生气汤》《我变成一只喷火龙了》中，主人公虽然有许多不开心事，但他们在即将要产生暴力行为时，通过母亲的疏导，用煮生气汤并对着锅子尖叫等方式，合理宣泄了自己的不良情绪，也没有对他人造成伤害。

（二）亲社会行为的指导策略

1. 亲社会行为

亲社会行为又叫利社会行为，包括分享、关心、合作、安慰、帮助等，是指符合社会希望并对行为者本身无明显好处，而行为者却自觉自愿给行为的受体带来利益的一类行为。例如，能安慰或帮助一个看起来痛苦的人，能与人合作或帮助他人实现某个目标，能和他人分享自己珍惜的某样东西等。几乎没有成人会教育孩子说，只在可以获得报酬或者承诺得到回报时才去帮助他人的行为是恰当的。

2. 影响婴幼儿亲社会行为的因素

（1）家庭环境因素

社会学理论认为，婴幼儿常常会因为照料者，尤其是父母奖励亲社会行为而习得和强化分享、帮助等行为。所以，父母在家庭中的直接教育与间接引导十分重要。同时，当婴幼儿观察到榜样的某种亲社会行为后，也会自发地模仿和学习。父母可以在做出榜样行为的同时，经常向婴幼儿做出利他劝诫，为婴幼儿提供机会去内化社会行为规范，从而促进亲社会行为的发展。我们往往能够发现，愿意做出亲社会行为的婴幼儿，其父母往往会鼓励利他行为，并做到言传身教。

（2）认知因素

婴幼儿亲社会行为的产生在一定程度上也是由他们的认知水平决定的，其中最重要的是道德发展水平。

皮亚杰把儿童的道德判断分为三个阶段，分别是前道德阶段（0到四五岁）、道德他律阶段（四五岁到八九岁）、道德自律阶段（八九岁后）。因此，年龄段在0～3岁的婴幼儿，还处于前道德阶段，其以自我为中心的特点意味着他们还没有形成真正的道德观念，不能做出正确的道德判断。科尔伯格提出的道德发展三水平六阶段理论认为，0～3岁婴幼儿的道德判断主要是为了维护自己的利益，以及避罚服从、遵守规则和权威。因此，0～3岁的婴幼儿无法在真正意义上主动做到亲社会性行为，需要照料者不断地提醒和引导。

3. 0～3岁婴幼儿亲社会行为的发展与教育

（1）训练常见的亲社会行为

对0～3岁的婴幼儿而言，常见的亲社会行为有帮助、合作、分享等。许多研究发现，助人行为起源于婴儿时期，婴幼儿会通过帮父母递东西、做家务等方式获得成人的认可，并获得与成人交往互动的机会。因此，我们在日常生活中，不要因为怕麻烦而拒绝婴幼儿的帮助行为，而应该在他们有意愿时主动让他们加入，并适时鼓励，强化他们的帮助行为。

合作与分享在婴幼儿18个月左右逐步发展。与帮助行为有所不同，合作与分享是一种既有利于自己也有利于他人的行为，需要婴幼儿能够在一定程度上感知他人的情绪和行为。这就需要照料者、教师有意识地培养婴幼儿的移情能力，帮助他们学会识别和感受他人的情绪情感状态，能够换位思考，想他人之所想。

（2）树立良好的榜样

与攻击性行为相似，亲社会行为也可以通过模仿习得。婴幼儿有模仿性强的特点，树立良好的榜样至关重要。在家庭中，不同的教养方式会影响婴幼儿亲社会行为的发展。例如，如果家庭中较为民主、平等、温和，一般婴幼儿的亲社会行为也会比较丰富和明显；反之，如果家庭中的长辈往往以刻薄自私的形象出现，婴幼儿也会自然习得这类行为。

在早教机构中，教师也要时刻关注自己的言行，与周围的人和睦相处、积极合作，并为婴幼儿提供一些优秀的儿歌、绘本、故事等，用富有童趣的音乐歌词、语言、画面帮助婴幼儿习得亲社会行为。

（3）正向强化亲社会行为

从道德发展水平能够看出，0～3岁的婴幼儿产生亲社会行为可能是为了维护自己的利益或者获得权威的赞誉，而非主动的行为。但无论是主动还是不主动，只要婴幼儿出现了亲社会行为，都应该及时巩固、正向强化。例如，在婴幼儿产生亲社会行为后，通过夸奖、表扬、竖大拇指等方式巩固这种行为，能有效促进婴幼儿亲社会行为的发展。反之，如果成人多次忽视亲社会行为，不做强调和巩固，婴幼儿就无法判断行为的正确性，从而使行为逐渐消退。

（三）社会交往能力的指导策略

1. 培养社会交往能力的重要性

交往，是动态词，字面意思为两人方为“交”，有所关系为“往”。社会交往是指人们在社会生活中运用语言符号系统或非语言符号系统交流信息、沟通情感的活动[①]。人类通过社会交往获得自身需要的物质、能量和精神慰藉。

婴幼儿时期是社会交往能力发展的关键期。婴幼儿的社会交往与成人的社会交往不甚相同，因为成人在不断成长和交往的过程中锻炼了社会交往潜能，而婴幼儿在出生时带有动物属性，如果把刚出生的婴儿放逐于大自然，不为他们提供社会交往的机会，即使后续将他们带回人类社会，他们依旧无法适应，并且会造成永久性的社会能力的缺失。婴幼儿社会交往能力的形成，与他们所处的社会交往环境和与之交往的人有很大关系。

婴幼儿的社会交往能力需要有规范的塑造，需要有正确的社会交往的引导，这样才能够让婴幼儿更好地适应社会规则。而婴幼儿在最初的社会交往场所——家庭，已经开始展现自己的社会交往能力。如当自己感到不舒适、痛苦时，他们能用啼哭传递信息、引起关注，从而引来照料者，特别是母亲的安抚。长此以往，婴幼儿就会对照料者的出现回应以微笑，并以此来表示愿意与其在一起的社会交往意愿。这种交往行为与能力会随着语言的发展而进一步发展，帮助他人更好地了解婴幼儿的内心，并帮助婴幼儿更清晰地表达与他人交往的意愿，释放友善的信号。由此可见，我们需要从婴幼儿时期就开始正确引导儿童的社会交往能力。

2. 0～3岁婴幼儿社会交往的特点

0～3岁婴幼儿的社会交往具有较强的模仿性，而照料者尤其是父母往往是婴幼儿最初的模仿对象，婴幼儿通过观察、模仿他们的社交行为，理解周围的人和事。从1.5岁开始，幼儿逐步开始有“自我”的概念，同时逐步意识到自己与他人的不同，开始获得自我意识。但由于0～3岁婴幼儿尚未能够用语言表达自己的需求，因此在社会交往过程中大多会以肢体动作辅助自己的交往，帮助他人理解自己的需求。这一时期婴幼儿的社会交往还有易受他人影响的特点，比如，父母不同的语气、表情所代表的不同态度会影响他们的交往是中止还是继续，同样，

① 徐冬梅. 社会性交往对婴儿情绪情感健康发展的意义[J]. 教育导刊，1999（4）：17.

玩具、新事物也对婴幼儿有较大吸引力。

3. 交往经验对社会交往能力的影响

对于 0～3 岁婴幼儿来说，他们的交往经验往往来自家庭和亲子关系，因此，亲子交往对婴幼儿来说是最重要的交往。鲍尔比和布雷泽尔顿的部分研究表明，通过小时候的依恋类型能够预测个体长大后的人际交往状况。

例如，与形成了不安全依恋的婴儿相比，12～18 个月时形成安全依恋的幼儿，其在 2 岁时的解决问题能力更强；会玩更复杂的象征性游戏，更具创造性；表现出较多积极情绪，较少消极情绪；作为玩伴更受同伴欢迎。而在婴幼儿期形成混乱型依恋的儿童，更容易成为充满敌意、具有攻击性的儿童，从而遭到同伴排斥。

同时，也有学者研究发现，15 个月时对母亲产生安全依恋的幼儿，在 3.5 岁时更易成为幼儿园的社交领袖，在 11～12 岁和 15～16 岁时社交能力更强，更可能拥有亲密的朋友；而同时期形成不安全依恋的幼儿则会出现某种程度的社交和情绪性退缩，不敢加入其他孩子的活动，在整个儿童期和青年期，他们与同龄人的关系更差，亲密朋友较少，心理疾病的症状也更多[①]。

4. 交往策略对社会交往能力的影响

婴幼儿交往策略可以指婴幼儿在与他人交往的过程中为达到特定的目标对自己的情感、思想、意图和行为进行整合而表现出来的交往方式[②]。0～3 岁婴幼儿由于尚处在社会交往的发展阶段，其社交技能是十分薄弱的，在社会交往时往往无法展现积极、正向的技能。例如，在玩玩具时会采用较为强制甚至带有攻击性的行为，如抢夺、语言攻击等，因为这样可以更为直接、快速地得到玩具。当然，由于语言、动作的发展不到位，部分婴幼儿在社会交往时会出现不恰当的过失行为。虽然有时其出发点是好的，如想要在发生冲突时缓和同伴关系，却通过打人的方式企图终止冲突行为。从这些都能看出，婴幼儿尚未掌握合宜行为的交往策略。

因此，照料者可以亲身示范，如从待人接物入手，教导婴幼儿如何关心他人、富有同情心、学会分享。当婴幼儿在游戏中出现冲突时，要引导他们学会稳定情绪的方法，并尝试用行动、语言等灵活有效的方式来处理，而非用暴力的形式解决冲突。

① 谢弗. 儿童品格的由来[M]. 陈会昌，译. 6 版. 北京：人民邮电出版社，2021：192-193.
② 周丽华，曹中平，苏林雁. 游戏情境中幼儿的同伴交往策略系统[J]. 学前教育研究，2012(4)：36-40.

课后练习

1. 什么是社会性?
2. 当孩子出现打人、咬人等行为时，成人应如何应对?
3. 依恋对婴幼儿今后发展的影响是什么?